U0358442

大夏
经典文丛

20

周年

教师如何做课题

李冲锋

/

著

华东师范大学出版社

·上海·

图书在版编目（CIP）数据

教师如何做课题 / 李冲锋著 .
—上海：华东师范大学出版社，2023
（大夏经典文丛：20 周年）
ISBN 978-7-5760-3939-9

Ⅰ.①教 ... Ⅱ.①李 ... Ⅲ.①教学研究—科研课题 Ⅳ.① G420

中国国家版本馆 CIP 数据核字（2023）第 121187 号

大夏经典文丛（20 周年）

教师如何做课题

著　　者	李冲锋
责任编辑	顾晓清
责任校对	杨　坤
装帧设计	奇文云海 · 设计顾问

出版发行	华东师范大学出版社
社　　址	上海市中山北路 3663 号 邮编 200062
网　　址	www.ecnupress.com.cn
电　　话	021-60821666　行政传真 021-62572105
客服电话	021-62865537
邮购电话	021-62869887
地　　址	上海市中山北路 3663 号华东师范大学校内先锋路口
网　　店	http://hdsdcbs.tmall.com/

印 刷 者	北京博海升彩色印刷有限公司
开　　本	890×1240　32 开
印　　张	12.25
字　　数	289 千字
版　　次	2023 年 8 月第一版
印　　次	2023 年 8 月第一次
印　　数	3 100
书　　号	ISBN 978-7-5760-3939-9
定　　价	688.00 元（全套）

出 版 人	王　焰

（如发现本版图书有印订质量问题，请寄回本社市场部调换或电话 021-62865537 联系）

目录

前言
走上课题研究之路

　　随着"教师专业发展"的不断推进，教育实践和社会期望对教师素养提出了更高的要求。"教师成为研究者"，不再仅仅是一个口号而逐渐成为现实。

　　在"教师成为研究者"的过程中，教师从事教学科研是必然的。教师教学科研，一般从研究教育教学中的小事情、小问题开始，从写教学反思、教育随笔入手，进而写教育教学论文。随着教学科研水平的提升，教师的教学科研逐步走向课题研究。课题研究是教师教学科研走向高级阶段的表现。

　　随着对教师要求的提高，人们已不再满足于教师能够写教学反思、教学随笔、教学论文了，而对教师做课题的能力也提出了新期盼、新要求。教师在评职晋级、获得奖励等方面，多需要有参加课题或主持课题的经历或成果。

　　每年各级教育行政部门、教育教学研究组织，甚至学校，都会下发课题。这一方面为教师做课题提供了平台，另一方面也在无形之中对教师做课题提出了要求。当其他教师都在申请课题、主持研究课题或参与课题研究时，自己却还没有课题，甚至不懂得课题研究，这种情形是相当不妙的。

在教师专业发展日受重视的今天，在教师教学科研要求愈加提升的大背景下，成为一个懂课题、会申报课题、会研究课题的教师，已经势在必行。

能够申请到课题、主持研究、完成课题，是教师具备较高教学科研能力和水平的标志，是教师专业发展的良好平台。

虽然时代和社会的发展对教师做课题的能力和水平提出了很高的要求，现实却是，仅有一小部分教师进入了主持课题研究的行列，还有相当一部分教师徘徊在课题研究之外，或者只是参与到他人的课题里"打酱油"，而没有真正主持过课题。这与教师还没有认识到课题研究的价值与重要性有关，更与没有掌握做课题的方法，不具备课题研究的能力相关。因此，提高对课题研究的认识，提升课题研究的能力，成为教师专业发展中的一个重要问题。

虽然做课题有一定的难度，但课题研究并不是少数人的权利，更不是少数人的专利。课题研究是每一个教师都可以做到、都应该做到而且能够做到的事情。只要掌握了课题研究的方法和技能，只要不断地付诸实践，每一个教师都可以有自己的研究课题。走上课题研究之路，应该是每位教师专业发展的方向。

基于上述认识，笔者写作了这本书，希望它能够为教师走上课题研究之路，顺利实施课题研究助一臂之力。

第一章
课题研究有何价值

问渠那得清如许，为有源头活水来。

——（宋）朱熹

你若要喜爱你自己的价值，你就得给世界创造价值。

——（德）歌德

在以前的学校任教时，我曾受"领导的建议"申报过一个县级课题，结果因为各种原因，未曾研究就不了了之。说实话，我心里是暗暗庆幸的，因为我觉得课题研究是那样的"高深莫测"——不知从何处下手，而且最后还要写的"结题报告"更是让我不寒而栗。调到逸夫小学后，我作为一名普通的数学教师，也被卷入"小课题研究"的洪流中。一开始只想做个教研组长的"跟屁虫"，但有些想不到的是这里的研究似乎非常不一样。更想不到的是，这些不一样的研究让我第一次真正地体会到了"传说中"的研究意义和价值：

它竟然真的能有效促进教师的专业发展！这似乎是一个成色很足的"黑色幽默"。

以上是一位从事课题研究的教师的转变历程，也是他对教师做课题价值与意义的认识过程。这位教师的经历，具有一定的代表性和典型性。很多教师可能一开始都会像他一样，感到课题研究"高深莫测"，对结题报告"不寒而栗"，但当真正走进课题研究时，就会真正体会到"传说中"的研究意义与价值。那么，就让我们先走进课题研究的"传说"吧。

一、课题及相关概念

从事课题研究，需要明白什么是"课题"，同时需要对与课题相关的概念有所了解，以便进一步确认课题。而经常与"课题"发生联系的概念是"问题"与"项目"，因此有必要对它们之间的关系做些辨析与澄清。

（一）课题与问题

课题与问题之间有着割不断的内在联系。《现代汉语词典（修订本）》对"课题"的解释是："研究或讨论的主要问题或亟待解决的重大事项。"

可见，课题是"问题"，是"重大事项"。然而，是否所有"研究或讨论的主要问题"或"亟待解决的重大事项"都是课题呢？回答是否定的。它应该与"问题"有关，然而，课题的问题与一般的问题不同，它应该具有以下特征：问题应该具有专业性，问题应该是有价值的，问题应该是需要探究的，问题应该是能够解决的。能够满足这些条件的问题，才能成为课题。

课题源于问题，但课题又不等于问题。课题是对需要研究的问题进行提炼、概括后形成的题目。课题包含着问题。

例如，学生在学习中存在焦虑情绪，那么如何消除学生的焦虑情绪就成为教学中的一个问题。基于这个问题，可以设置一个课题——"克服学生学习中焦虑情绪的实验研究"。这个课题包含着一个需要解决的问题，即"如何克服学生学习中的焦虑情绪"。

课题与问题之间有一种依存关系，问题是课题的基础，课题包含着问题。没有问题也就没有课题；没有课题，问题就难以得到很好的解决。

问题与课题之间又存在差异，两者之间不能画等号。没有问题就没有课题，但不能说没有课题就没有问题。没有课题，同样有问题存在。课题是人们主观关注、主动探索问题的产物，课题研究是问题解决的方式。

教育科研课题，是针对教育领域中具有研究价值的特定问题而确定的、具有明确而集中的研究范围、研究目的和任务的研究题目。

（二）课题与项目

什么是项目？《现代汉语词典（修订本）》对"项目"的解释是："事物分成的门类。"事物的一个门类里面应该包括很多领域，每个领域里面又包含很多问题。因此，科研领域里谈到项目时往往指由若干个彼此有联系的课题组成的一个较为复杂的、带有综合性的科研问题。

例如，"学校教育综合改革实验研究"就应称为科研项目，而不应称为课题。它可以包含以下一些课题：综合改革实验的目标、评价研究，幼小、小中衔接研究，课程、教材、教法综合改革研究，德育、智育、体育、美育综合管理研究，学校教育与家庭社会教育的沟通和联系研究等。

课题与项目既有区别，又有联系。一方面，课题是科学研究的基本单元，课题的有机组合形成项目。另一方面，课题与项目的划分标准也是相对而言的。对某一个研究者或研究群体来说，可以从单个的课题入手，不断深入，形成系列的课题，从而组成项目；或者承担一个项目后，分成若干个课题逐一进行研究，最终取得大的突破。

二、课题的基本类型

掌握课题的类型，有助于准确地申报课题和明确地做课题。根据不同的分类标准，可把课题分为不同的类型。常见或常用的有以下课题类型。

（一）规划课题与自选课题

从是否受课题发布者约束的程度，可把课题分为规划课题和自选课题。

1. 规划课题

规划课题是课题发布者发布课题时在课题指南里列出的课题。申报者可以从中直接选择相关课题进行申报。

有的课题指南是方向性或范围性的，课题申报者可以据此细化、深化、具体化这个方向或范围，选择自己想申报的课题。例如，课题指南里有"中小学德育研究"这样的范围，申报者可以据此申报"中学班主任思想教育方式研究"、"小学语文学科德育渗透研究"、"历史教学中的爱国主义教育研究"之类的课题。

2. 自选课题

自选课题是相对于规划课题而言的，是申报者不在课题指南的范围内选择，而是根据自己的研究积累和研究兴趣选择的课题。

有的课题发布者允许或鼓励申报者自选课题申报，有的则不允许。申报时看清楚是否允许自选课题。

（二）一般课题与重点课题

从课题的重要性角度，可把课题分为一般课题与重点课题，一般在申报类型中填写。

1. 一般课题

一般课题是研究学科领域里一般性问题的课题。这些课题所涉及的问题具有日常性、局部性、非迫切性、影响面相对较小等特点。

2. 重点课题

重点课题是研究当地或本领域改革与发展的全局性、战略性、前瞻性、长远性、迫切需要解决的重大问题的课题。重点课题一般会在课题指南中给出研究要点，以满足课题发布者的需要。

一般来说，在课题研究的难度上，重点课题难于一般课题；在课题立项的数量上，一般课题多于重点课题；在课题资助的金额上，重点课题多于一般课题。课题申报时要根据自己的研究积累和研究实力进行选择。

（三）基础研究课题、应用研究课题、开发研究课题

从课题功能的角度，可把课题分为基础研究课题、应用研究课题和开发研究课题。

1. 基础研究课题

基础研究课题主要目的是认知未知，发现普遍规律，形成发展理论。教育中的基础研究课题主要是关于教育教学基本规律的理论性课题。例如，对教育功能的研究、对教育与社会发展关系的研究、对人类学习行为的研究、对教育本质的研究等。具体到学科，也有基础研究。例如，语文阅读的研究，在其基础理论方面可以着眼于研究阅读

过程的心理结构、影响阅读理解的因素、阅读理解过程的信息加工模式等。

基础研究课题，侧重探索教育现象的本质规律，试图解决教育教学的根本问题，强调研究的深刻性和系统性，对教育科学的理论建设和教育事业的发展可能具有深远的意义。但在实践意义方面，有的课题比较清楚，有的则不能完全预见。

基础研究课题一般需要研究者具备较深厚的理论功底和学术素养，需要查阅大量的文献资料和长期研究的积累，要求比较高。经验丰富、学养深厚的教师可以尝试着做一些基础研究课题。

2. 应用研究课题

应用研究课题是运用基础研究中得出的一般规律、原则等理论性知识解决实际工作中、生活中的具体问题的课题。教育中的应用研究课题着重将已有的教育理论成果应用于教育实践，使教育理论和教育实践相结合，探索教育规律，检验教育理论。应用研究不但对于解决当前的教育问题、提高教育教学质量有意义，而且能够促进教育理论的深化和发展。

中小学教师所做的课题以应用研究课题居多。比较宏观的课题如"因材施教原则在差异性教学中的运用"、"多元智力理论在教育中的应用"。具体到学科，也有很多应用研究的课题，例如，语文阅读的研究，在应用研究方面有提高学生阅读能力的教学策略、阅读能力测量工具的制定、运用多媒体技术改进阅读教学方法等。

应用研究要走"学习、借鉴、融合、创新"之路，绝不能生搬硬套、照搬照抄教育理论，结合具体的教育实际进行应用研究，才能走出一条应用研究的创新之路。

3. 开发研究课题

开发有两层含义：一是努力开拓新的领域，二是发现和利用新的资源。开发研究课题是在基础研究、应用研究成果的基础上开辟新的应用途径的课题。

开发研究课题的成果一般表现为具有实施价值的规划、对策、方案、程序等，可直接应用于教育实践。教育研究中的开发研究多在资源的开发和利用、工具的开发和利用等方面。例如，课程资源的开发与利用，语文阅读教学软件的开发与推广、作文教学软件的开发与推广、教学用具的开发与推广等。上海市青浦区顾泠沅数学教改小组进行的"大面积提高教学质量"研究成果的推广研究，就属于开发研究课题。从某种意义上说，开发研究课题的价值和意义在于将研究的成果与经验加以推广和普及。

（四）大型课题、中型课题、微型课题

根据课题所涉及层次与所研究内容的丰简程度，可把课题分为大型课题、中型课题与微型课题，也可称为宏观课题、中观课题与微观课题。

1. 大型课题

大型课题是综合性研究课题，它所处的层次比较高，是对事物发

展或学科建设具有统领性或全局性、整体性影响的课题，也称为宏观课题。大型课题也可称为项目，一般含有子课题。

大型课题的研究往往需要多学科的支持、跨学科研究、较大的资金投入、强有力的机构或部门组织、学养深厚的学术带头人带动、较强大研究团队的合作以及较长的研究周期（一般为三到五年）才能完成，难度相对较大。

例如，"世界教育改革背景下的中国基础教育课程改革研究"就是一个大型课题。做这一课题，需要研究多个国家的基础教育课程改革情况、各国课程改革与实施的优劣、各国基础教育状况对我国课程改革的影响与启示，需要研究我国基础教育课程实施的现状、我国基础教育课程改革如何应对世界教育改革同时满足中国的现实需求、新的基础教育课程改革的途径与措施，等等。这里面的每一个问题都可以成为一个子课题加以深入研究。

2. 中型课题

中型课题是解决局部地区或学科研究中相关领域问题的课题，也称中观课题。这种课题介于大型课题与微型课题之间，既具有相对较高的层次性，又具有较强的可把握性，也具有问题解决的挑战性，所以，这种课题的研究也需要较高的水平。

中型课题研究可以团队合作，也可以个人独立完成，研究周期相对较短（一到两年），所需研究经费多少不等，相对来说研究难度中等。我们常见的很多课题是中型课题。课题太大了不易把握，太小了价值有限，因此，一般纵向申请的课题以中型课题居多。

3. 微型课题

微型课题是研究具体问题的课题，也称微观课题、小课题。微型课题具有范围小、周期短、见效快的特点，一般研究者个体或较小的研究团队就能完成。微型课题所需研究时间较短，一般为一个学期或一个学年。

微型课题比较容易把握，也比较容易见成效。教师在从事课题研究的起步阶段可以从微型课题做起。在微型课题研究中学习锻炼，积累经验，待研究经验丰富了，研究水平提高了，驾驭课题的能力增强了，就可以逐步向中型课题过渡，进而向大型课题挑战。

（五）纵向课题与横向课题

从课题来源及课题申报者与课题发布者关系的角度，可把课题分为纵向课题与横向课题。

1. 纵向课题

纵向课题是课题申报者或研究者从上级行政部门或课题管理部门获得的研究课题。纵向课题是自上而下发布的课题。

纵向课题中，研究者与课题发布者之间具有一定的上下级、管理与被管理关系，两者之间的关系往往通过课题管理制度来约束。

纵向课题按照课题级别，从高到低可依次分为国家级课题、省部级课题、市级课题、县级课题、校级课题等。一般而言，纵向课题的层次越高，价值越大，影响也越大。

2. 横向课题

横向课题是课题承担者从不具有上下级关系的单位获得的课题。

比如，两所学校共同开发一门校本课程所形成的课题就是横向课题。在这个课题研究中，第三所学校的某位教师特别优秀，被其中的一所学校邀请加入，他从中获得一个子课题。这个课题对该教师来说，也是横向课题。

横向课题中课题承担者与课题发布者之间是合作关系，而不是上下级或管理与被管理关系，两者之间的关系往往通过约定、合同或契约来约束。

（六）课题的其他分类

还可以从其他角度对课题进行分类，例如以下几种类型。

1. 综合性课题与单一性课题

从研究的内容看，教育科研课题可分为综合性课题和单一性课题。

综合性课题，主要指同时涉及教育若干领域或若干方面内容的课题。综合性课题一般要分成几个课题，组织较多的研究者协作完成。

单一性课题，主要是对教育的某一方面或某一现象进行探讨的课题。如教师教学反思研究、学生学业成绩研究、教材插图研究等方面的课题。

2. 实验性课题与描述性课题

从研究的手段看，教育科研课题可分为实验性课题与描述性课题。

实验性课题，主要指通过实验设计来实现研究目的的课题。

描述性课题，主要指通过调查研究、资料分析、逻辑推理等手段实现研究目的的课题，又称论理性课题。

3. 新开课题、结转课题、委托课题与自选课题

从课题选定形式看，还可分为新开课题、结转课题、委托课题、自选课题等。

新开课题，即当年经过反复评议、论证新列入年度计划的课题。这类课题是当前、当地教育发展和教育改革中居重要地位，且又是当前急待优先研究的课题。

结转课题，是指上一年或更早时间开设尚未完成的课题。对这类课题是否继续研究，应取审慎态度，既不能轻易放弃，也不能不看实效与条件继续从事徒劳无益、事倍功半的劳动。

委托课题，是指有关部门委托研究的课题。这类课题属协作性质，对于完成一些规模较大的科研项目是必需的、有益的。

自选课题，则是指研究人员自己选取的课题。

总之，对于教育科研课题可以进行多角度、多侧面的分类。各种类型的划分都是相对的。在现实的教育研究中，课题往往是几种类型的综合。

三、课题研究的定位

中小学教师的课题研究与大学或研究机构里专家学者的课题研究有所不同，这些不同之处决定了中小学教师课题研究的定位与他们不一样。中小学教师课题研究的定位或说特点是什么呢？

（一）以应用研究为主

从研究目的角度看，教师从事课题研究要以应用研究为主。教师从事课题研究的首要目的，是解决自己教育教学工作中碰到的实际问题与困惑，是改变目前的困难处境。这样的课题研究才真正有用，真正有价值。

有的人从事课题研究，是为了评职称、拿奖金、获奖励赢荣誉。这样一来，课题研究就会有所偏失，而且很可能没有多少用处，除了解决职称、奖金、面子等问题之外没有多大价值。

因此，中小学的教育课题研究要以应用研究为主，以解决实际问题和困难为主。

（二）以微观研究为主

从研究层次的角度看，中小学教师的课题研究应以微观研究为主。这主要是基于教师的工作现状来谈的。教师工作是一些比较具体的事情，容易面临各种具体的问题。这些问题虽然具体却往往带有普遍性，一旦解决就可以防止类似问题的发生。因此，需要对具体问题进行研究。再者，教师工作比较忙，很难有专门的、大块的时间用来研究宏观的问题，具体的、短时间可解决的问题比较适合研究。

微观研究具有内容具体、方法简单、研究周期短、见效快等特点，比较易于把握，适合教师对具体问题具体分析和短时间内研究见效的需求。

此外，如果具备较强的课题研究能力，也可以逐渐研究更高级别的课题，从事中观研究或宏观研究。总体来看，微观研究是中小学教师课题研究的基础，是主流。

（三）以教学研究为主

从研究内容的角度看，教师的课题研究要以教学研究为主。教师从事课题研究的最终目的应该是促进学生的发展。教学是促进学生发展的最重要的措施，是教师工作最重要的内容，因此，教师的课题研究要立足教学，以教学研究为主。

学无止境，教也无止境。如何解决教学中存在的各种问题，如何更好地改善教学手段、改进教学方法，提高教学能力和教学水平，永远是需要不断研究、不断探索、不断改进的。教学是动态的过程，总会给我们提出各种挑战与问题，也总需要我们去正视这些挑战，解决这些问题。因此，教学研究必不可少。

没有研究就不会有好的教学。教师只有认真研究了教材、研究了学情、研究了教法、研究了与教学相关的一切，才可能进行有效、高质的教学。教学即研究，教学的过程就是研究的过程。教师备课的过程是研究过程，上课过程是研究过程，课后的反思也是研究过程。教学与研究合一，是教师课题研究的重要特点。因此，教师的课题研究要以"立足教学"为原则，以教学为主要研究内容和研究过程来展开。

（四）以行动研究为主

从研究方法的角度看，中小学教师的课题研究要以行动研究为主。行动研究是改善教育教学实践的研究方法，其基本特点是：为行动而研究，在行动中研究，由行动者研究，对行动进行研究。将行动研究运用于教师的课题研究就是：教师要为改善教育教学的实践而研究，在教育教学的实践中展开研究，由教师自己来研究，对教师自己的教育教学行动展开研究。行动研究特别适合于教师的教育教学研究，同时辅之以其他研究方法，这样不仅有助于课题的顺利研究，而且有助于教师的提高。

（五）以校本研究为主

从课题研究的方式看，中小学教师的课题研究要以校本研究为主。"校本"，其英文为"school-based"，大意为"以学校为本"、"以学校为基础"。按照郑金洲教授的理解，它有三方面的含义：一是为了学校，二是在学校中，三是基于学校。为了学校，意指要以改进学校实践、解决学校所面临的问题为指向。在学校中，意指要树立这样一种观念，即学校自身的问题，要由学校中人来解决，要经由学校校长、教师的共同探讨、分析来解决，所形成的解决问题的诸种方案要在学校中加以有效实施。基于学校，意指要从学校的实际出发，所组织的各种活动都应充分考虑学校的实际，挖掘学校所存在的种种潜力，让学校资源更充分地利用起来，让学校的生命活力释放得更彻底。[①] 可以说，学校是教师课题研究的坚强后盾和肥沃土壤，只有依靠、利用学校的各种资源，走校本研究之路才是教师课题研究的便捷、易成之路。

四、课题研究的价值

课题研究对科学施教、提升教育质量、教师专业发展和学校发展都具有重要的价值和意义。

（一）探索科学施教的途径

科学施教是教育教学方式的一种追求。然而，科学施教不是凭空而来的，它需要以研究为支撑。科学施教的研究基础可以来自专家学者的研究成果，也可以来自教师自己的研究。教师的课题研究主要是针对自己日常教育教学工作中的问题和困惑而实施的，因而更具有针

---

① 郑金洲著：《校本研究指导》，北京：教育科学出版社，2002 年 8 月版，第 4–5 页。

对性和实效性。课题研究是探索科学施教的途径，通过课题研究可以寻找到教育教学的一些规律、原则、模式、策略、方法等，从而科学施教，有效施教。自己不研究，又没有现成的可供参考的解决方案，问题就会一直得不到解决，就会长期影响自己；通过做课题的方式去研究，问题就会得到解决，教育教学就会越来越科学，越来越顺利。

（二）提升教育质量的保证

中小学教师的课题研究，既追求教育过程中的科学施教，也追求教育结果上的高效高质。在课题研究过程中，教师会加深对所研究内容的认识，从而转变教学理念与教学行为，改进日常教育教学方式，进而提升教育教学质量。所以，课题研究是提高教育质量的保证。

（三）教师专业发展的方式

教师专业发展是教师职业发展的必由之路。教师可以通过教学、进修、教研等多种方式促进自己的专业发展，从事课题研究是教师专业发展的方式之一。上海市蓬莱路第二小学的教师通过"培养良好性格，提高小学生素质的实践研究"这个课题的研究实现了四个转变：由被动科研向主动科研转变，由传统意识向现代意识转变，由个体的研究向协作攻关的群体研究转变，由研究者致力于写论文向致力于解决身边有待解决的问题、促进教改实践转变。可见，课题研究可以改变教师，可以激发教师的科研动力，拓展教师的专业认识，提高教师的教学科研能力，使教师形成问题意识，不断从日常教学中发现问题并设法解决问题。在这个过程中，教师的专业能力与水平不断得到改善与提高。可以说，课题研究是教师专业发展的一个很好的抓手。

（四）校本研究的重要内容

校本研究是近年发展起来的学校发展的一种方式。课题研究是校本研究的重要内容。教师从事课题研究与日常的教学、学校的发展密切相关。校本研究直接指向学校中教育、教学、管理等方面发生的问题，其特点是将学校实践活动与教育研究密切地结合在一起，并大力倡导在学校第一线的教育者积极参与。学校教育中的众多教育教学现象，课堂教学、课堂管理、学生德育等，都可以成为校本研究的对象。教师借此可以探索、验证某种教育教学设想，乃至自己的教育理念。[1] 而学校也可以通过教师从事课题研究带动全校的科研发展。

五、课题研究的过程

课题研究是一项有计划、有组织、有过程、有方法的科学探索过

---

[1] 郑金洲著：《校本研究指导》，北京：教育科学出版社，2002 年 8 月版，第 15 页。

程，是一项有序的系统工程。一个完整的课题研究过程可划分为三个阶段、九个步骤。第一阶段是前期准备阶段，包括"选择课题"、"方案设计"、"立项申请"、"开题论证"四个步骤；第二阶段是中期研究探索阶段，包括"课题实施"、"中期检查"两个步骤；第三阶段是后期成果处理阶段，包括"撰写报告"、"课题结项"、"成果推广"三个步骤。在整个课题研究的过程中都涉及资料的收集与处理工作，同时需要不断反馈与调节。课题研究的基本过程如图1-1所示。

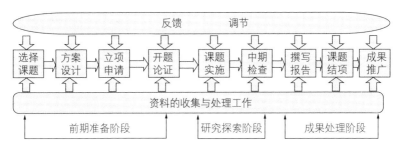

图1-1 课题研究的基本过程

为了使大家对课题研究流程有个整体的感知与认识，下面对各个环节简要加以介绍，详细的内容我们将在后面列专章探讨。

（一）选择课题

教育教学中有许多问题，要研究哪个问题呢？这就需要选择问题、确定课题。选择是课题研究很关键的一步，它决定了课题研究的方向、内容、价值、结果等，故选题不可不慎。选好题，起好步，课题研究就会顺利很多。

（二）方案设计

选题之后，不论是否申报课题，都需要设计研究方案。研究方案是对课题研究的整体规划，是课题研究的"施工蓝图"。研究方案主要回答三个问题——"为何做"、"做什么"、"如何做"，主要包括研究背景、课题依据、概念界定、研究现状、选题意义、研究目标、研究内容、研究假设、拟创新点、研究思路、研究方法、研究步骤等内容。研究方案设计的过程也是课题价值与意义、实施可行性等的论证过程。

（三）立项申请

立项申请，是课题负责人在课题方案设计或论证基础上，向科研主管部门申请认可课题，并获得相应支持或资助的过程。课题能够获得立项是课题研究价值获得科研主管部门认可的标志，也是课题负责人学术地位的标志，同时为课题研究的顺利实施获得了组织上、学术上、经济上等多方面的支持或帮助，有助于课题研究的顺利完成。

（四）开题论证

课题立项之后，需要对课题研究方案做进一步的深入论证，这被称为开题论证。开题论证是为了使课题研究方案更加科学、合理、有效，从而保障研究的顺利实施。开题论证的过程需要相关研究专家的参与，以便借助专家的专业智慧与学术水平提高研究方案的科学性。

（五）课题实施

经过科学、严密的论证后，课题就可以进入实施阶段。课题实施的过程主要是通过多种研究方法获取科研资料并进行分析。课题实施是课题研究的核心环节，课题研究的好坏、成败都取决于这个环节。

（六）中期检查

在课题研究过程中，科研主管部门会对课题实施中期检查。中期检查是为了对课题研究加以督促、诊断、指导，保障和促进课题研究的顺利实施。中期检查是科研管理的一部分，也是课题组自我检查、自我反思的好机会。

（七）撰写报告

课题研究的结束阶段，需要对课题研究进行总结，形成课题研究的成果。一般而言，结题报告有一般研究报告、教育调查报告、教育实验报告等文本形式。研究报告要将科研成果科学、严谨、确切地表达出来，以供他人学习、使用。

（八）课题结项

课题结项，也称课题鉴定，是课题研究的收束。课题组将完成的课题研究成果按要求报送到批准立项的单位或部门，由其来认定该项课题是否完成了研究任务，达到了预期的研究目标。课题获得鉴定通过，才可以结项，才算结束。

（九）成果推广

课题结束后，不能让研究成果只是停留在研究报告中，停留在纸上，而要让其发挥更大、更广的作用，这就需要对研究成果加以推广。课题成果推广是课题研究者应做的工作。课题成果推广的过程是扩大课题研究影响的过程，也是让成果带来更大社会价值和贡献的过程，值得重视，值得实行。

上述九个方面构成了课题研究的全过程，本书将从这九个方面入手对课题研究全程展开探讨，和诸位一起走上课题研究之路。

第二章
如何选择恰当课题

问号是开启任何一门科学的钥匙。

——（俄）巴甫洛夫

如果你从肯定开始，必将以问题告终；如果从问题开始，则将以肯定结束。

——（英）培根

　　课题研究，研究什么呢？好像没有什么可研究的。不知道从哪里选择，从哪里下手才好。好不容易选择出一个题目，却发现别人早就已经研究过了，没有什么新意。怎么才能选择到有价值的科研课题呢？

许多教师和研究者都经历过选题的苦恼。课题研究从选题开始，选题主要解决"研究什么"的问题。在一定程度上，选题决定了课题研究的价值和质量，主要包括发现研究问题、筛选研究问题和确定研究课题三个步骤。

一、选题基本原则

教学科研选题需要遵循一些基本原则，在这些原则的指引下，有助于选择到合适的、有价值的科研题目。

（一）立足教学

教师课题研究的选题和实施应遵循立足教学的原则，主要基于以下几方面的原因。

从研究目的角度来看，教师课题研究的目的是解决教学实践中的问题，解决自己教学实践中所面临的个别问题和广大教师教学实践中所面临的共同问题。因此，应该从教学实践中选题。

从研究资源优势角度看，教师的课题研究拥有教学实践的资源优势。与专家课题研究比起来，教师课题研究的一个重要优势在于教师在教学一线，面对大量的教学实践问题，拥有大量的教学实践资源。

从研究可行性角度看，教师对教学实践问题比较容易把握，而且可以在自己的教学实践中展开研究，教学过程与研究过程可以合二为一，不必另辟蹊径，专门研究，在研究时间、研究精力等方面都更有保障，从而使研究更具可行性。

（二）大小适中

课题研究大小适中是很重要的一项原则。课题的"大"与"小"，是指课题研究的内容和范围，而不是指课题研究的价值。课题的"大"与"小"是相对的，因研究者的身份、研究水平和课题的发展状况及客观环境而不同。做大小适中的课题有两层含义：一是选题适合教师，一是选题适合研究领域。

选题适合教师，就是教师选择的课题的大小适合自己，是自己能够把握的。对于刚刚踏上教学科研之路的教师，我们的建议是从小课题做起；已经有些研究经验的教师可选择稍微大一点的、中观层面的课题进行研究。如果不是申报纵向课题，而只是自己研究解决校本问题或班本问题，则可做些小、精、实的选题。

选题适合研究领域，是指所选择的题目在整个研究领域中属于中观层面的研究。微观层面的选题涉及面太小，普适的范围和价值有限；宏观层面的选题涉及的范围太大，需要的科研积累深厚，问题比较难以把握，不容易做出来。所以，都不甚合适。中观层面的选题，因其既有一定的辐射面，又能够在微观和宏观之间起到桥梁作用，而且比较容易把握，所以比较适合选择。

选题适合研究领域，是从整个学科或研究领域发展的角度来说的，这比较能够反映学科或研究领域的发展。在申报课题时，评审专家会看重选题在研究领域中价值的大小，所以选题适合研究领域，对课题申报而言，更为重要一些。

（三）力求创新

创新是科学研究的源泉和动力，也是科学研究的目标与追求。没有创新，就不需要研究。在一定程度上，选题没有新意，研究就没有价值。任何一个课题的研究都应该为这个专业、这个领域带来一些新的东西，否则就没有必要进行研究。课题研究的创新之处，不一定多，有时有那么一点两点的创新，都是非常宝贵的。

选题时切忌跟风。有些人看到什么东西热就选什么课题。有的人看到研究教学有效性的课题很热，就也选择教学有效性的课题；看到别人做课例研究，也跟风选择课例研究。这样的跟风课题往往并不成功。跟风选题与选择热点课题是两回事。选择热点问题是可以的，但要有自己的创新之处。课题选择的创新，可从研究领域、研究角度、研究方法、研究材料等方面考虑，只要有一项新内容加入，就可能带来创新。创新总是很难，但追求创新应该成为课题研究的一个目标。

二、发现研究问题

选题的关键在于选择有价值的问题。问题解决是诱发教学科研动机、激发教学科研兴趣的源泉，是教学科研的动力。没有问题，就没有研究；没有真问题，就没有真研究；没有有价值的真问题，就没有有价值的真研究。教师教学科研中存在的问题是对"问题"缺乏认识。要解决问题，首先需要发现问题。要很好地发现问题，需要树立问题意识。

（一）树立问题意识

教师做课题的一个困惑是感到没有什么可研究的。其实，并不是没有可研究的问题，而是缺乏发现问题的眼睛。要想拥有一双敏锐的发现问题的眼睛，需要树立起问题意识。

1. 什么是问题

《现代汉语词典》对"问题"的解释有四条：[①]

①要求回答或解释的题目。②须要研究讨论并加以解决的矛盾、疑难。③关键，重要之点。④事故或麻烦。

课题研究中的"问题"，是第二条，即"须要研究讨论并加以解决的矛盾、疑难"。

问题还可分为修辞性问题、测试性问题和实在性问题三类。

（1）修辞性问题是运用问题的形式来进行修辞性表达的问题。例如："怎么会弄成这个样子？""你难道不知道吗？"

（2）测试性问题是已经知道问题的答案，为了测试而设计的问题。例如学校里的考试题。这些试题是早已有标准答案或已知答案范围的。

（3）实在性问题是提问者不知道或不能确知正确答案的问题。提

---

① 中国社会科学院语言研究所词典编辑室编：《现代汉语词典（第 5 版）》，北京：商务印书馆，2005 年 6 月版，第 1431 页。

问的目的是探索求知现象，寻求正确答案，获取有关真知识。

课题研究中的问题是从已知条件出发探索未知，寻求确切答案的问题，即实在性问题。

2. 问题的三要素

一个问题一般包括三个要素：给定、目标和差距。[①]

（1）问题的给定，是指一组已经明确知道的关于问题的条件的描述，这是问题的起始状态。

（2）问题的目标，是指关于构成问题结论的明确的描述，即问题要求的答案或目标状态。

（3）问题的差距，是指问题的给定与目标之间直接或间接的距离，必须通过一定的思维活动才能找到答案而达到目标。

任何一个问题，都是由这三个要素构成的。例如，"学业成绩不良原因的个案研究"，其包含的"问题"是：个案（某生）为什么学业成绩不良？

这个问题的"给定"是：某生学业成绩不良，表现是学习成绩较差，屡教不改，难以取得学业进步。

这个问题的"目标"是：该生学业成绩不良的原因。

这个问题的"差距"是：学业成绩不良原因的结果。这个结果可以表述为：哪些原因（原因1、原因2、原因3，等等）导致了该生学业成绩不良？

---

① 张金华：《基于真问题　开展校本研究》，《当代教育论坛》，2007年第6期。

这三个要素之间的关系，如图 2-1 所示。

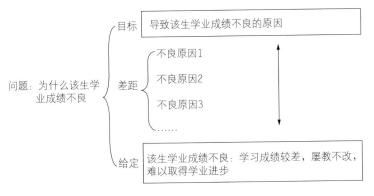

图 2-1　问题的三要素示例

3. 问题的表现形式

问题有两种表现形式：一种是疑问式的，一种是陈述式的。

疑问式的问题表现形式以问句的方式呈现，以问号作为结束。并不是所有以问号结束的问句都是问题的表现形式。我们知道，有些修辞方式是用问号结束的，比如明知故问的反问句、自问自答的设问句等。以问句的方式来提问是问题常见的一种表现形式。比如，"为什么学生学习成绩提高不大？"或"什么原因导致学生学习成绩提高不大？"

陈述式的问题表现形式以陈述句的方式呈现，以句号或不带标点符号作为结束。并不是所有的陈述句里都包含问题，很多陈述句是只管陈述事实的，比如，"学生的学习成绩提高不大"就表明了一个基本事实。只有那些含有问题的陈述句才表现问题。比如，"学生学习成绩提高不大的原因研究"，它包含的问题与"为什么学生学习成绩提高不大？"或"什么原因导致学生学习成绩提高不大"是一样的。

不论是疑问式还是陈述式，都要揭示问题所包含的事物之间的基本矛盾。因此，两种问题的表现形式是可以互相转换的。

4. 问题意识

问题意识薄弱是教学科研和课题研究的大忌。从事教学科研和课题研究必须具有良好的问题意识。

什么是问题意识？有论者认为，"所谓问题意识，是指教师在开展教育教学工作中经常意识到存在一些难以解决或感觉疑惑的实际操作问题和理论问题，并由此产生一种怀疑、困惑、焦虑、探索的心理"。[1] 问题意识确实是一种心理活动或心理状态。也有论者认为，"所谓问题意识，就是能够在复杂多变的现实问题或者学科学习中，于无疑处寻找问题的一种行为的主动性"。[2] 在我们看来，问题意识更多地表现为人对事物之间矛盾及其存在缘由的关注与探究的意愿，表现出人对事物探索的主动性。还有论者认为，"问题意识就是对问题的感受能力"。[3] 问题意识，不仅包括对问题的感受能力，而且包括对问题的深究能力，是一种比较综合的能力。

我们认为，问题意识是指人关注事物之间存在的矛盾及对其原因

---

[1] 乐军主编：《新课程背景下中小学教师如何选课题与做课题》，武汉：华中科技大学出版社，2008年2月版，第17页。
[2] 邵红军：《对发展问题意识和问题提出能力的一些思考》，《中小学教师培训》，2005年第5期。
[3] 张金华：《基于真问题 开展校本研究》，《当代教育论坛》，2007年第6期。

追究的心理品质。它表现为人对问题的关注与敏感。换言之，问题意识有两个基本特征：一是对问题关注，二是对问题敏感。

（1）对问题的关注。

对问题的关注是指头脑中几乎时刻有留意问题的心理准备。这种心理准备表现为遇到事情时会有"这里可能存在值得研究的问题"的想法。正是因为有这样的心理准备，所以遇到事物时注意力会朝着问题的方向思考，把注意力集中到可能出现的问题上。

对问题的关注表现为两种状态。一种是对问题的模糊关注，即不知道是什么问题，但能够意识到问题存在的可能性。第二种是对问题的明确关注，这种状态下，人已清晰认识到某一问题，能够带着这一问题去看待其他相关的事物或材料。

（2）对问题的敏感。

对问题的敏感是指一旦出现有价值的问题，便能够迅速地感知到它的存在。对问题的敏感表现为两个层面：一是迅速地感知问题的存在，二是迅速地判断问题的价值。

对问题的关注和对问题的敏感是连在一起的。正是因为有对问题的关注，才能够敏感地捕捉到问题；正是因为有对问题的敏感，才能够关注到问题的存在。所以，两者很难分开。

问题意识主要表现为"发现问题"和"提出问题"的能力。没有良好的问题意识，就难以有发现问题的"慧眼"，也就无法提出问题。具有问题意识的人，不仅能够从异常的现象中发现、提出问题，而且能够从平常的现象中发现、提出问题。瓦特看到沸腾的水可以把壶盖掀起，萌发出问题，发明了蒸汽机；牛顿看到苹果落地，产生疑问，发现了万有引力定律。他们都是从日常现象中发现了常人没有发现、没有思考过的问题，经过研究做出了重要贡献。

美国科学家谢皮罗教授，在洗澡时发现一个有趣的现象：每次放洗澡水时，水的旋涡总是向左旋转的，也就是逆时针方向旋转。这是为什么呢？谢皮罗教授百思不得其解。经过长期不懈的实验探索，谢皮罗终于找到了水流旋涡左旋转的原因。他发表论文指出：水流的旋涡方向是一种物理现象，与地球自转有关。如果地球停止自转，拔掉澡盆的塞子，水流就不会产生旋涡。由于地球不停地自西向东旋转，而美国处于北半球，地球自转产生的方向力使得该地的洗澡水朝逆时针方向旋转。谢皮罗还指出：北半球的台风都是逆时针方向旋转的，其原因与洗澡水的旋涡方向一样。他由此推断：如果在南半球，情况则恰好相反，洗澡水将按顺时针方向形成旋涡，而在地球赤道则不会形成旋涡。谢皮罗的论文发表后，引起各国科学家的极大兴趣。他们纷纷在各地进行实验，结果证实，谢皮罗的结论完全正确。[①]

洗澡水放掉时水流会旋转，这可能是很多人都见过的现象，但向哪个方向旋转可能没有多少人注意，更没有多少人去思考为什么它会向这个方向旋转。谢皮罗教授之所以能够从人们习以为常的现象中有惊人的发现，是因为他对"洗澡水旋涡的方向性现象"提出了疑问——"旋涡方向背后隐藏的规律是什么？"研究从问题开始。他从这一疑问开始展开了研究并取得了成功。所以说，具备问题意识，不断从寻常现象中发现问题是科学研究的重要开始。

---

① 问道、王非著：《思维风暴》，北京：华文出版社，2009 年 11 月版，第 162 页。

孔子是一个具有"问题意识"的人。《论语·八佾》:"子入太庙,每事问。"孔子"入太庙,每事问",是向别人请教。他能够从每一件事情里都提出值得请教的问题,这就是一种能力,是有问题意识的表现。"每事问",就是要开动脑筋发现问题、思考问题、提出问题。我们应该学习孔子的这种"每事问"的精神和能力。

问题意识不是与生俱来的,而是在后天的实践中逐渐形成的。特别是研究中所需要的理性程度较高的问题意识,更是需要后天的培养与锻炼。问题意识形成的关键是提问技能的形成,为此,要对进入头脑中的事物和现象进行"为什么"的思考和追问,思考其存在的合理性,追问其所以然。经过持之以恒的"每事问"的锻炼,问题意识就会逐渐增强并形成。因此,要在日常生活和教学实践中时刻存有问题意识,以便从中发现有价值的问题,进而形成课题。

(二) 把握问题来源

问题的来源,即问题源,是指问题产生的地方。就课题研究而言,问题的来源即是课题的来源。把握问题的来源,从中发现问题,提出问题,进而就可以确立课题。从不同的角度看,问题源有不同的来路。

1. 从相关领域发现问题

中小学教师的课题研究,是以课堂为现场,以教学为中心,以学生为主体的。选题应该聚焦课堂,聚焦教学,聚焦学生,以及由此带来的延伸领域。以下是教师课题研究问题所涉及的主要领域。

（1）教材使用。

教材是教师接触最多、最为熟悉的教学工具之一。对教材的研究和使用是教学必做的工作，因此也应该最能够从中发现问题、提出问题。比如，对教材编纂上存在的问题，可以指瑕指正；对教材分析中存在的问题，可以多元理解；对教材使用中存在的问题，可以提出策略以改进之，等等。教材研究是教学科研的一个重要领域，有宽广的研究空间和不少值得研究的问题。

（2）教学设计。

教学设计是课堂教学的前提，教学设计的质量在一定程度上决定了课堂教学的质量。要做好教学设计工作，同样需要研究教学设计。教学设计中存在的值得研究的问题，就是很好的课题来源。比如，如何进行学情分析，如何进行教学环节的设置，如何选择使用教学方法，如何进行板书设计，如何进行作业设计，如何进行教学设计的创新，等等，都值得不断探讨。

（3）课堂教学。

课堂教学是学校教育的主阵地，把这块阵地利用好了，教育教学就有了保障。然而，如何才能使课堂教学高质有效呢？这就需要研究。问题就存在于课堂教学过程之中。比如，课堂教学实施与教学设计之间总会有差距，差距在哪里，为什么会产生这样的差距，如何改变它？课堂教学实施过程中总会出现一些意想不到的事件，为什么会出现这样的事件，应该怎样预防或应对？课堂教学中总会有许多值得总结的经验，也总会存在这样那样的美中不足，这些经验是什么，如何承传它？这些不足又是什么，为什么会产生，怎么改正它？所有这些，都是需要研究的问题，也都是课题研究的对象。课堂教学中的问题，是课题研究中最贴近教师日常工作的，也是最值得教师关注的。

（4）学生教育。

这里的学生教育是广义上的，不仅指学科教学中的知识传授、能力培养，也指学科教学之外对学生的教育改变和管理。比如，如何改变学业成绩落后的学生，如何管理不遵守纪律的学生，如何教育屡教不改的学生，如何树立良好的班风，如何搞好班级管理活动，等等。问题在学生教育中，就是把问题意识指向学生身上，指向学生的改变和成长，在探讨如何促进学生改变和成长上做研究。

（5）教学反思。

在教育教学过程中，教师也需要关注自身的专业发展与成长，教师的专业发展与成长中存在的问题也可以成为课题研究的来源。教师对教育教学的反思和总结，都可以成为研究的题目。

（6）社会需求。

社会发展不断对教育教学提出新的要求，教育教学也要对社会发展需求做出必要的回应。因此，可以从社会需求与教育教学的回应之中选择研究的问题。比如，各种新的教育思潮或理论的输入对教育教学的冲击，新的科学技术的发展对教育教学提出新的要求或提供新的支持等。

2. 从问题产生方式发现问题

问题的产生有不同的方式，把握这些方式也有助于发现有价值的研究问题。

（1）思维转向产出问题。

常规思维往往不太容易看出问题，因为习以为常，就会视而不见，听而不闻。只有调整思维的方向，才可能从熟悉的事物中发现原来看不到的问题。发散思维、逆向思维、质疑思维等都可以产生新的问题。

发散思维，也称求异思维、扩散思维、辐射思维等，是一种从不同方向、不同途径、不同角度去思考问题的思考方式，是从同一来源材料、从一个思维出发点探求多种不同答案的思维过程。发散思维要求人们打开思维向四面八方扩散、无拘无束、海阔天空，甚至异想天开。正确的答案并非只有一个，解决问题的途径也并非只有一条。通过思维发散，可以打破原有的思维格局，提供新结构、新思路、新发现、新创造。

逆向思维，也称为反向思维，是实现某一创新或解决某一用常规思维难以解决的问题，而采用相反的方式求解问题的思考方式。有时答案或解决问题的路径就在事物的另一面，运用逆向思维可以取得意想不到的结果。

质疑思维，就是对平常事物存在合理性提出不同看法的思考方式。质疑思维也可称为批判思维，即用批判的眼光看待现存的事物，从而发现其中存在的问题。

（2）视角转换产出问题。

同样的事物，因为看的角度不同，所呈现出来的样态也各异，所谓"横看成岭侧成峰，远近高低各不同"。转换看待事物的视角，往往可以看出新的问题。

相对于常规视角的察看，我们可以通过转换视角来发现日常事物之中未曾见到的一面。

转换视角，也可以把事物放到一个更大的或新的参照系中进行思考，进行换位思维。

比如，对教师的研究可以从不同视角切入。教师的专业发展、教师的角色扮演、教师的技能发展、教师的教学风格等等，在这些研究中教师一般是作为教育教学的主体出现的，现在转换一下视角，把教师看作课程资源，研究"作为课程资源的教师"、"教师课程资源的开发与利用"、"教师如何开发与利用自身资源"等课题，这就与以往的研究有些不同了。

（3）学科交叉产出问题。

学科分化是学科发展的一种必然趋势，在学科分化的同时，学科整合也成为一种新的趋势。不同学科之间交叉会产生新的研究领域和研究问题，从学科交叉的角度思考看待事物，往往能够发现一些新的、有价值的问题。今天很多问题的解决需要借助其他学科的力量，而且需要多学科合力解决。这就为寻找和发现新的问题提供了可能的空间。

比如，心理学与学科教学交叉，可以产生学科教学心理学，具体到不同的学科可以产生不同的学科教学心理学，如语文教学心理学、数学教学心理学、英语教学心理学、物理教学心理学等等。具体到不同学科的不同教学内容，又会产生具体内容教与学的心理问题。比如，具体到语文学科的教学内容，则分化出识字心理、阅读心理、作文心理等内容。其中再细化出一些具体的问题，如作文心理研究又可分化出学生作文心理障碍的研究、作文构思心理研究等等。

学科交叉型问题在两个学科的交叉处，需要同时兼顾两个学科的内容才能够寻找到。这就需要教师在本学科之外，要多学习其他学科的知识，以便于在学科交叉中发现问题。

（4）两相比较产出问题。

对事物进行比较可以看清事物的本质。在比较中，往往可以发现有价值的问题。比如，对传统教材内容与当前教材内容加以比较，可以发现编辑思想、教材内容选择、教材编排等很多方面的问题。通过对它们之间异同的比较分析可以更好地理解传统教材与当前教材，从而有助于教育教学的实施。

比较有异同比较、纵横比较等不同的方式，可以运用它们提出问题。

异同比较，就是比较事物之间的相同点、不同点、同中之异、异中之同。比如，对两位教师教学共同点和不同点的比较，就是异同比较，通过比较可以看出两位教师之间的差异，从而提出可资研究的问题，比如，"教师教学风格的比较研究"、"教师课程理解对课堂教学的影响研究"。

纵横比较就是从事物发展的纵向方面进行比较，或同类事物的横向方面进行比较，或者纵横结合比较。比如，同一篇课文前后两次教学之间的比较，属于纵向比较；同一课文不同教法的比较，属于横向比较；对同一课文不同时期不同教法的比较，则是纵横比较。

（5）专题聚焦产出问题。

当把具有相似性质的事物归为一类时，就会发现它们之间的很多共同之处，这时就可以从中提炼概括出一些具有普遍性的东西，问题就隐藏在其中，这些共同的东西是什么呢？怎样才能把它们提炼出来呢？当然，事物之间的差异仍然存在，为什么在具有共同性质的同时，还具有这些差异呢？问题就出来了。

（6）理论运用产出问题。

当把一个（或几个）理论运用于具体的教育教学实践时，会产生一些理论运用的问题。比如：这个理论是否能够运用到学科教学中去？适切性怎样？如何把这个理论运用到学科教学中去呢？在理论运用于学科教学时，会遇到哪些困难、产生哪些问题，如何解决这些问题呢？什么样的策略有助于理论的实践运用？问题就这样伴随着理论运用而产生。选择其中有价值、需要迫切解决的，课题便产生了。

3. 从问题针对性发现问题

问题一般都有所针对，有的针对前人已有的研究，有的则针对前人未有的研究。这也可以构成问题的来源。

（1）循前人未竟之问题。

任何研究都不是凭空而来的，都需要先学习和借鉴前人的研究成果。比如，课堂教学有效性的问题，学生课堂上不遵守纪律的问题，学困生成绩提高不大的问题，等等，虽然已经有很多研究，但仍然具有研究的价值和空间。

研究就是在前人研究的基础上不断向前推进，有时即使比前人多走一小步也是很了不起的。所以，前人没有完全解决的问题，可以是我们继续研究的问题暨课题。

（2）驳他人未善之问题。

对同一问题，会存在不同的认识，产生不同的观点，由此形成学术争论，这是科学发展的正常现象，也是科学发展的一条重要途径。正所谓"真理越辩越明"。通过辩论、辩驳，能使问题得到澄清，进而得到解决。因此，可以选择他人未完善、未讲清晰的问题进行研究。这往往需要走到问题的"对立面"、问题的"反面"、问题的"后面"展开研究。

1820年，丹麦哥本哈根大学物理学教授奥斯特，通过多次实验证实存在电流的磁效应。这一发现传开后，吸引了许多人参加电磁学的研究。英国物理学家法拉第怀着极大的兴趣重复了奥斯特的实验。果然，只要导线通过电流，导线附近的磁针立即就会发生偏转，他深深地被这种奇异现象吸引。当时，德国古典哲学中的辩证思想已传入英国，法拉第受其影响，认为申和磁之间必然存在联系并且能够相互转化。他想既然电能产生磁场，那么磁场也能产生电。为了实现这种设想，他从1821年开始做磁产生电的实验。几次实验都失败了，但他坚信，从反向思考问题的方法是正确的，并继续坚持。10年后，法拉第设计了一种新的实验，他把一块条形磁铁插入一只缠着导线的空心圆筒里，结果导线两端连接的电流计上的指针发生了微弱的转动，电流产生了！随后，他又完成了各种各样的实验，如两个线圈相对运动，磁作用力的变化同样也能产生电流。经过 10 年的不懈努力，法拉第提出了著名的电磁感应定律，并根据这一定律发明了世界上第一台发电装置。[①]

奥斯特的研究止于电能产生磁，而法拉第却在该研究的基础上走向磁产生电，这是"反着做"，同样取得了成功，而且完善了人们对电磁感应的认识。

通过研究，进行辩驳，可以使认识由不完善走向完善，由狭窄走向宽广，由浅薄走向深刻。在物理学的研究中如此，在教学科研中也如此。例如，有人根据相关法律提出"教育拒绝惩罚"，有人同样根据相关法律分析后提出"教育，别放弃惩罚"。有人提出，"高考作文要诗歌除外"，有人针锋相对地提出"高考作文，不应诗歌除外"。双方各自给出理由，在两相对比中，人们对相关问题的认识深化了。

如果说循前人未竟之问题是"接着做"、"继续做"，那么，驳他人未善之问题则是"对着做"、"反着做"。研究有时就是在相反相成中使问题得到解决的。

（3）寻学界未涉之问题。

虽然已经有了很多研究，但仍然会有一些研究的盲区，即前人没有涉及的研究领域和研究问题。为什么这些领域没有人关注到，为什么这些问题没有人去研究？这本身或许就是一个值得关注的问题。在对未曾开发的研究领域和研究问题进行价值判断后，可以选择有价值的问题作为课题来研究。

---

① 问道、王非著：《思维风暴》，北京：华文出版社，2009 年 11 月版，第 45 页。

这类研究看上去是创新，没有已有成果累积的影响，其实困难也不少，正因前期研究基础薄弱或匮乏，所以无所借鉴与对照。研究这类问题需要有勇气。因为前人未曾涉猎过，所以没有什么可"接着做"或"对着做"的，只能是"试着做"、"闯着做"。问题研究的困难与价值往往呈正相关，即问题研究的难度越大，其所具有的价值也越大。

表 2-1　三类问题的比较

问题类型	问题来源	课题举例	做的类型	研究的价值
前人未竟之问题	他人未解决，自己来解决的问题	◆课堂教学有效性研究 ◆学困生成绩提升研究	接着做／继续做	积重问题解决之功
他人未善之问题	◆他人有漏洞，自己来完善的问题 ◆他人有错误，自己来纠正的问题	◆教育，别放弃惩罚 ◆高考作文，不应诗歌除外	对着做／反着做	问题深化完善之功
学界未涉之问题	他人未涉足，自己新发现的问题	利导思维的学科运用研究	试着做／闯着做	新领域的开创之功

三、筛选研究问题

《塔木德》中有言："好的问题常会引出好的答案。"选题所选择的研究问题必须是一个真正的问题。首先判断问题的真假，然后再去寻找正确的解决方法。因此，在发现问题之后，还要对问题进行筛选。问题筛选主要是辨析问题与问题域、真问题与假问题。教学科研的课题所研究的应该是问题，而不是问题域；是真问题，而不是假问题。选择真问题是课题研究的前提。筛选问题就是为了把问题找准确，从而为后续研究提供正确的前提，打下坚实的基础。找准问题，才能对症下药，有利于问题的顺利解决，否则就会白费力气。

（一）问题与问题域

教师教学科研中，除了对"问题"缺乏认识之外，还存在一个问题是"没有问题"。为什么会没有问题？很大程度上在于没有区分"问题"与"问题域"，往往把"问题域"当作"问题"来看待。

"问题域"指提问的范围、问题之间的内在的关系和逻辑可能性空间。在软件工程中，问题域是指被开发系统的应用领域，即在客观世界中由该系统处理的业务范围。这里我们是从研究的角度来看待问题域的，它是指问题所涉及的研究范围。研究范围越大，问题域越宽；研究范围越小，问题域越窄。选题中容易出现的问题之一是把问题域作为研究对象，而不是聚焦于具体的研究问题。

因为问题域是一个研究范围，其中有很多相关或不相关的问题。换言之，问题是在问题域之内的。问题与问题域之间的关系，如图2-2 所示。

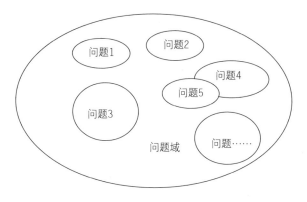

图 2-2　问题与问题域

问题揭示事物之间的具体的矛盾，而问题域不揭示事物之间的矛盾，只表现事物存在的范围。当然，问题也揭示事物矛盾的范围，但这些范围相对而言是具体的、可把握的。问题域所涉及的范围往往因其广泛而难以具体把握。

还有一个方法可以用来区别问题与问题域。问题是有核的，而问题域没有。问题的核是什么呢？就是问题所针对的、要解决的事物之间的矛盾。矛盾涉及两方之间的较量，涉及"给定"条件与追求"目标"之间的"差距"，而问题域不存在这些。

当把问题域作为一个研究课题时，往往会出现研究指向不明、研究范围宽泛、研究无法完成的情况。因此，需要区分问题与问题域，把问题域中的具体问题作为选题的对象、研究的对象。

【案例 2-1】问题与问题域举例

下面哪些是问题域，哪些是问题？

1. 小学语文教材研究

2. 小学语文教材插图研究

3. 小学语文教材图文配合研究

4. 小学语文教材插图的错误研究

5. 小学语文教材插图在教学中的运用研究

6. 小学语文教材插图对学生学习兴趣的影响研究

"小学语文教材研究"、"小学语文教材插图研究"，研究什么呢？研究"小学语文教材"、"小学语文教材中的插图"？它们只是"研究材料"，而不是"研究对象"，还构不成事物之间的矛盾和因果关系，因此这两个不是问题，而是问题域。

"小学语文教材图文配合研究"，关注的是图片与文字是否相配的关系问题，它可以简单回答为配合得好或不好，是一个问题，而不是问题域。

"小学语文教材插图的错误研究"是不是问题呢？它与"小学语文教材插图研究"是不是同一类型呢？它们不是同一类型。"小学语文教材插图的错误研究"，可以转化为："小学语文教材的插图错误在哪里？"这些错误很多是隐蔽的，一般人是看不出来的，需要通过研究才可能发现。这一问题可以具体回答为错处和误处的各自表现。但"小学语文教材插图研究"，就不能转化为："小学语文教材中存在哪些插图？"因为存在哪些插图是明显的事实，大家一看就知道。所以，它不是问题，而前者是问题。

"小学语文教材插图在教学中的运用研究"，它所要回答的问题是"怎样在教学中运用教材插图"的问题，可以回答出各种插图运用的措施出来，所以它是一个问题。

"小学语文教材插图对学生学习兴趣的影响研究"，它可以回答"教材对学生的学习兴趣有没有影响、有怎样的影响"的问题，可以简单地回答为有影响或没有影响，有好的影响或坏的影响，因此它也是一个问题。

可见，判断一个题目是问题，还是问题域，可以简单地看它是否可以转化为问句的形式，看能否给予它简单的回答。如果可以转化为疑问句的形式，而且可以给予简单的回答（真正的回答要等研究之后才能给出），那么基本可以判断是一个问题。

（二）真问题与假问题

在选择问题时，需要辨别问题是真问题，还是假问题。教学科研所要研究的问题应该是真问题。

如何来判断一个问题是真问题，还是假问题呢？我们提供几条判断真假问题的标准供选题时参考。

1. 是否客观真实地存在

真问题具有一定的基础，是客观真实地存在的，不是虚无的、主观臆想出来的。真问题是符合事实的问题，能够揭示事物真相的问题；假问题则可能是主观臆想出来的，缺乏存在的根据。

教师教学科研选题要善于从教育教学实践中寻找问题，从具体的教育教学场景中捕捉问题，从学科发展中确定问题，这样得来的问题一般是客观真实存在的真问题。

2. 是否揭示事物之间的真实矛盾、因果关系

判断一个问题是真问题还是假问题，不在于这个问题是否有人研究过，或者是否从某个角度研究过，关键要看它是否揭示事物之间的真实矛盾、因果关系。真问题揭示事物之间的真实矛盾、因果关系，假问题则不能。真问题涉及多个变量，而不是一个变量；假问题则不是。

3. 是否具有可探讨的答案

可探讨的答案是指问题可以得出一个结论，而不是一个不能被肯定，也不能被否定的结果。真问题一般具有一个可探讨的答案，但目前尚没有得出这个答案，需要探讨；假问题没有可探讨的答案，也无法探讨。

4. 是否具有可解决性

可解决性是通过一定的努力，这个问题会得到解决，可以获得问题的答案。具有可探讨的答案，指向问题研究的结果；可解决性，指向问题研究的过程。

真问题必须具有利用相关手段和资料解决的可能性，假问题则没有解决的可能性。可解决性，不是说它一定可解决，不解决就没有价值。很多重大的问题是猜想，尚未解决，而且也不知道能不能解决，这个猜想本身对于科学进步有重大意义，有时比解决一个问题更有意义。

5. 是否存在提法上的问题

问题的提法不当也会导致假问题的产生。"有些问题之所以长期形不成共识，是因为问题本身的设置或提法有问题，使人无法找到答案。问题的提法起着划定'楚河'、'汉界'，引导寻找答案思路的作用，所以，其不当就会把讨论引入死胡同。凡是这类提法本身有问题的'问题'，我们可以把它称为'假问题'，因为它把本不构成对立的范畴对立起来了，或者还存在着概念理解上的偏差。也就是说，从逻辑的意义上看它并不存在。"[1] 例如，教师教育中的"师范性"与"学术性"问题，就是一个在现实中存在的，但在逻辑上不存在的"真实的假问题"。

表 2-2　真问题与假问题

项　目	真问题	假问题
是否客观存在	有一定基础、客观真实存在	无基础、虚无、臆想的
是否揭示矛盾关系	揭示事物之间真实矛盾、因果关系，涉及多个变量	不揭示真实矛盾、因果关系，不存在多个变量
是否具有可探讨的答案	目前尚没有答案，需要探讨	没有可探讨的答案
是否具有可解决性	具有通过研究解决的可能性	没有解决的可能性
是否存在提法上的问题	提法准确	提法不准确

---

[1] 叶澜:《一个真实的假问题——"师范性"与"学术性"之争的辨析》,《高等师范教育研究》, 1999 年第 2 期。

【案例2-2】真问题与假问题举例

"语文学科的性质研究"VS"语文学科的属性研究"

"语文学科的性质研究"与"语文学科的属性研究",分别涉及两个问题:"语文学科的性质是什么?""语文学科的属性是什么?"

性质和属性这两个概念在意义上非常接近,许多文献将两者互用。《现代汉语词典》对两者的解释采用的就是互训的方法。具体解释为:性质是"一种事物区别于其他事物的根本属性",属性是"事物所具有的性质、特点,如运动是物质的属性"。总体看来,人们在描述事物的特征时一般用"属性",事物的属性又可分为一般属性和本质属性,事物的本质属性一般称为"性质"。过往的语文学科性质研究的目的就是寻找语文学科的本质属性,故用"性质"。[1]

事实是怎样的呢?新中国成立以来,语文学科性质论争中,对象不明,方向不对,方法错误,结果无用。语文学科性质问题是一个学术假问题。性质之争从根本上说就是面对一个学术假问题所进行的虽会血流漂杵却永远产生不了胜利者的战争。[2]

---

[1] 于源溟著:《预成性语文课程基点批判》,北京:社会科学文献出版社,2007年7月版,第274–275页。

[2] 于源溟著:《预成性语文课程基点批判》,北京:社会科学文献出版社,2007年7月版,第247页。

语文学科不存在"性质"问题，却存在一个"属性"问题。因此，语文学科的性质问题是一个假问题，而语文学科的属性问题才是一个真问题。

（三）问题与问题链

上面所说的问题指的是课题研究中的"主问题"，在"主问题"中，可以分化出与之相关的、具有一定逻辑关系的"分问题"或"子问题"。子问题之间通过逻辑关系而紧密地联系在一起，这些具有逻辑关系的子问题构成了问题链。选题与课题研究中要辨析主问题、子问题与问题链。选题主要是选择"主问题"，课题研究则要从"主问题"中细分出"子问题"进行研究。

1. 主问题

主问题，也称核心问题、关键问题，是课题研究最终要解决的问题。

主问题在课题研究中起到统领作用，它是课题研究的出发点，贯穿整个课题研究的始终，课题研究中所有问题的解决都指向主问题的解决。

2. 子问题

子问题指围绕主问题而产生的具体问题。在研究中，要将主问题转化为层次鲜明、具有系统性的一连串子问题。子问题是一组有中心、相对独立而又相互关联的问题。

子问题是帮助分析清楚主问题，为主问题的解决分忧解难的。它在课题研究中是阶段性的，即某一阶段要主要解决某一子问题。具有逻辑关系的分问题的解决，最终使主问题得以解决。

3.问题链

问题链是围绕主问题产生的具有逻辑关系的子问题网络。问题链中子问题之间存在的逻辑关系是多种多样的，比如因果关系、并列关系、层递关系等，甚至会有多种关系的复杂套叠。

从事教学科研，要善于对问题进行分解。当一个问题涉及的范围比较大或足够复杂的时候，要将其按照内在逻辑分解成相互联系的诸多子问题，从而找到解决问题的步骤和相关的网络。这有助于在问题具体化的基础上深入进行研究。

问题链的设计应关注以下几个方面的问题。

（1）问题链中的子问题目标是否明确，是否直接指向主问题？一般而言，问题链中的子问题应该直接指向主问题，不直接指向主问题的子问题应该从问题链中剔除。

（2）问题链的设计是否有利于主目标的实现，是否能建立逻辑关系？

（3）问题链中各子问题之间的关系是否清晰、得当，问题链是否具有层次性、递变性、情景性等特点？

【案例 2-3】问题与问题链示例

课题名称：小学语文教材图文配合研究

主问题：小学语文教材的插图与课文是否相配，或配合得怎样？

子问题：

1. 教材插图与课文配合的标准是什么，即如何确定插图与课文是否配合？

2. 教材插图与课文相配合的表现是怎样的？不相配合的表现又是怎样的？

3. 教材插图与课文不相配合的原因是什么？

4. 教材插图与课文如何更好地相配，即教材插图与课文不相配的改进措施有哪些？

要做这项研究首先要确立图文配合的标准，舍此则无法判断，无法展开后续的研究。所以这是一个前提性的问题，必须先解决。因为图文配合分为图片配合文字和文字配合图片两种类型，因此在确立标准时，要根据这样两种类型来确立不同的标准。比如，图片配合文字的可以确立下面这样一些标准。（1）图片的内容与文字的内容要相关，不能不相关。（2）图片内容要与文字的表达相一致，不能相抵触。（3）图片出现的位置要与文字出现的位置相一致，不能脱离文字太远，不能错置。（4）图片的类型、风格要与文字的类型、风格相一致。如纪实的文字不能配合虚构的图片，虚构的文字不能配合纪实的图片之类。在确立标准的基础上对教材插图进行研究，去发现图文相配的表现和不相配的表现，进而探讨图文不相配的原因，最后提出改进对策。由此形成以下问题链。

问题链：

图文配合标准是什么？ $\begin{cases} \text{图文相配的表现} \\ \text{图文不相配的表现} \longrightarrow \text{原因} \longrightarrow \text{改进对策} \end{cases}$

可以看到，这个问题链之间是具有逻辑关系、环环相扣的，没有图文配合的标准，就不好判断图文是否相配合，不知道图文不相配的表现，就无法探讨其原因，不知道其原因就难以针对性地提出改进对策。

（四）选题的注意事项

选题过程中存在一些常见的问题，避免这些问题可以使选题更有价值。这些需要注意的问题主要表现在以下几个方面。

1. 选题缺乏新意

题目新颖是选题上的一大亮点，而且往往能够带来新的研究成果。然而，有的人在选题时却无法跳出已有研究的窠臼，选来选去，还是在已有研究范围内，让人看到题目就提不起兴趣。比如，有效教学研究就是一个已经有很多人在研究的老话题，如果再以此为话题就不容易出新。在中国学术期刊网上以"篇名"为检索项，输入"有效教学"，可以检索到上万个条目。可见，以"有效教学"为选题的方向，不太容易出新。但如果具体到谈有效教学的某方面的内容，比如转向"学情分析"方面，做"学情分析与教学效果之关系研究"的课题，则会比有效教学研究新颖一些，虽然这个课题仍然属于"有效教学"研究。在中国学术期刊网上以"篇名"为检索项，输入"学情分析"，只能查到十多篇相关文献。

选题缺乏新意的另一个表现是选题出现撞车现象，即不止一个人对同一内容进行研究，并把它确定为课题。出现这种情况，可以通过调整切入角度或换题的方式来避免。当然，如果自己很有把握能够比别人做得更好，要竞争也可以。

选题要有新意，就要尽量避免常见的或已有很多人研究过的问题，多关注新鲜的事物，关注研究的前沿，或者变换研究的切入点，以新的视角进入。求新脱俗，应该是选题所追求的方向。

2. 选题缺乏价值

选题必须具有研究价值，而且有比较充分的研究价值，否则，研究了也没有什么意义。选题缺乏价值的表现有以下几种。

一是题目陈旧。题目内容陈旧主要是指所选题目已经不符合时代发展的趋势，或者已经是他人研究过的题目。比如，以"刺激—反应理论在教学中的运用"作为课题就不太合适，刺激—反应理论是行为主义心理学的理论，是一种已经被超越了的理论，再将这种理论运用于教学就不太合适。造成题目太旧的一个原因是选题时没有进行文献检索，没有广泛学习和阅读他人的研究成果。这会造成重复研究，即他人已经做过研究，已有很好的研究成果，但由于自己眼界不到，闭门造车，而认为是新的东西选来去做，自以为是，其实已非。

二是题目现实意义不大。所选题目不符合当前教育教学发展的需要，即使做出来也没有多大的现实意义。做课题不能只考虑个人的喜好与兴趣，必须与社会发展的需要、教育教学的需要结合起来。课题研究的价值就体现在能够满足这些需求，能够为这些需要服务上。脱离了现实需求的题目是没有多大价值的。

三是题目实施起来容易。容易实施的题目，其价值也小。当然，并不是说实施起来越难的选题，价值就越大。但有价值的题目，一般实施起来都比较有难度。当选择很小、比较容易完成的题目时，题目的价值也就有限了。

3. 选题缺乏兴趣

兴趣是一切有意义的活动的发源地，也是做好一件事情的关键。没有兴趣，做起来就没有意思。有的人为了做课题而做课题，看到课题指南上有的题目自己虽然并不是很感兴趣，但为了能够申报成功，还是硬着头皮选择。选择自己不感兴趣的题目，在做的时候往往会感到比较痛苦，也不可能真正做出高质量的成果来。如果对题目没有兴趣，或兴趣不大，建议还是不要选择。

4. 选题大小失当

大小适中是课题研究的原则，同样是选题的原则。选题太大或太小，都是有问题的。其中，选题太大是比较容易出现的问题。也有的课题太小，比如"学生正确握笔姿势的研究"，这样的题目太细小，作为一般的日常研究可以，作为一个课题就显得小了。选题太大，无从下手；选题太小，研究意义不大。因此，选题要尽量做到大小适中。

【案例2-4】选题范围太大

有三位教师分别提出三个课题：其一，"学生思想品德教育研究"；其二，"物理新课程的编制与教学模式的研究"；其三，"有效的自主学习、合作学习和探究学习研究"。这三个课题存在的共同问题是选题太大，需要研究的内容非常宽泛，可涉及不同学段、不同年级诸多方面。就思想品德教育而言，涉及道德行为、道德情感等等；新课程的编制与教学模式本身就是复杂而庞大的两个领域；自主学习、合作学习、探究性学习是新课程倡导的三种不同的学习方式，其中每一种学习方式都包含很多需要研究的内容。在一个课题里面是不可能解决这么多内容的，面面俱到地研究这些问题是很难深入的。[①]

5. 选题不切实际

选择课题一定要实事求是，切忌脱离实际。选题不切实际，主要有以下三种情况。

一是选题脱离了自己的日常教育教学工作。如果所选的题目不是来自教育教学实践，脱离自己的日常工作范围，做起来需要另外一番精力，就会出现工作与课题研究相矛盾的情况，不利于课题研究的展开。因此，建议教师尽量选择与自己的教育教学工作相关的课题。

---

① 姚继琴：《教师课题研究的问题与对策》，《襄樊职业技术学院学报》，2010年第6期。

二是选题不符合教师自己的实际水平和能力。比如，选择自己驾驭不了的课题。

三是选题不具备实施的客观条件，比如缺乏做课题所需要的仪器设备、时间保障等。

上述三种情况，在选题时都是需要考虑的。选题要量力而行，把"选题能不能做出来"作为选题时经常思量的一个问题，以帮助选择切实可行的题目。

四、确定研究课题

选择了研究的问题并不等于确定了研究的课题。还需要对课题名称作进一步的明确和规范，对课题进行论证，最后才能确定研究课题。

（一）课题的表述

选择好了一个研究问题并不意味着它有了恰当的陈述，好的问题陈述可以为研究者提供从事该研究计划的方向、资料的搜集与分析方法等。因此，还要注意课题名称的准确表述。

课题名称在研究中有着十分重要的作用，它是课题研究方向具体化的表现。要结合自己在实践中必须解决的问题，反复推敲课题名称，注意选择明确、具体的语言来表达，使它准确地反映出课题研究的内容、研究范围和研究目标，以期取得理想的研究成果。

1. 课题名称表述的问题

课题名称表述时，存在以下几方面的问题。

（1）表意不准确。

有的课题名称表述不准确，含糊其辞，让人费解。

【案例2-5】课题名称表意不准确

"学生自我教育与自主发展模式途径方面的研究"，这个课题到底要研究"学生自我教育"与"自主发展模式途径"之间的关系，还是研究"学生自我教育与自主发展"的"模式途径"？问题还在于，到底是研究"模式"还是"途径"，到底是哪"方面的研究"，通过题目根本看不出来，让人一头雾水。

（2）表述不规范。

表述不规范指课题名称中用词用语不符合常规。比如，使用自创的缩略语、自造的词语等。课题名称一定要注意使用科学、通用、规范的语言来表达。

【案例2-6】课题名称表述不规范

"'两课'实践教育教学模式的创建与创新型人才的培养"、"学科'双主'教学模式的探索与构建"、"小学艺术教育'四性'的实践与探索"等。其中"两课"、"双主"、"四性"这样的词语都是不规范的。读者看了这样的题目不知道它们是什么意思。

（3）对象不明确。

对象不明确是指从课题名称上看不出课题研究的对象。

【案例2-7】课题研究对象不明确

课题名称为"数学教学与科研活动相结合，提升学生科学素质"。这个课题的研究对象是什么呢？是以"数学教学与科研活动相结合"为研究对象，还是以它为手段，以"提升学生科学素质"为研究对象，不是很清楚。

（4）口号式标题。

有人为了追求标题的工整对仗而使用行政管理目标中常用的口号式语句作为课题名称。

【案例2-8】口号式标题

课题名称为"唤醒主体意识，激励主体参与，发展学生主体性"，这种口号式标题不能反映课题要研究的内容、对象和目标，显得大而空，不应使用。

（5）文学色彩重。

一种类型的标题有一种类型标题的风格。课题名称以科学、严谨、实用为目标，不以辞采斐然为追求，不在课题名称中使用比喻、拟人、夸张等修辞手法。

【案例2-9】课题名称文学色彩重

课题名称为"小学自由练笔，书写自由心灵的家园"。这类标题看上去更像教育随笔而不像研究课题。

（6）主副双标题。

有的人喜欢使用主标题加副标题的方式表达课题名称。按说，这不算什么很大的问题，但这也说明研究者提炼概括能力的不足。如果能够用一个标题表达清楚，为什么一定要用两个标题呢？主副标题的情况中，往往主标题是个"花头"，用以吸引人的眼球，而副标题才真正贴近课题研究的内容。我们不主张课题名称使用主标题加副标题的双标题形式，课题标题最好只用一个。

（7）题目字数多。

课题名称字数过多，也是常见的一个问题。标题名称字数过多，有时反而会分散注意力，使主题不明确。

【案例2-10】课题名称字数太多

"中华经典诗文诵读与民族优秀传统文化传承、民族精神培育研究"，仅从字数上看，这个题目就有28个字，太长了。再者，这个课题要研究的主要内容是什么呢？是中华经典诗文诵读与民族优秀传统文化的传承，还是中华经典诗文诵读与民族精神的培育？民族优秀传统文化的传承与民族精神培育之间是什么关系？这个题目给人抓不住重点的感觉。

课题名称既要充分表达课题研究的对象，又要简洁扼要，让人一看就能够抓住核心。

有些课题比较大，研究的内容也比较多，在课题名称中不可能涉及所有的信息，或者不能完全涵盖和包容，有些内容可以在子课题名称中反映出来，有些内容可以在研究界定中说清楚。

2. 课题名称的准确表述

课题名称的表述往往不是一下就可以达到清晰准确的程度的，有时需要一个不断调整修正的过程，才能确定下来。在选择问题时，可以先对问题进行粗略的陈述，然后通过查阅文献，系统地加以限制，最后完成课题名称的表述。

【案例 2-11】课题名称的准确表述

"小学生创造能力的培养"这样的题目很笼统，几乎不含有任何问题，对研究的方向和内容也几乎没有现实的指导意义。要考虑怎样才能培养小学生的创造能力，通过什么方式、途径可以培养小学生的创造能力，这可以进一步缩小研究的范围，聚焦研究的内容。可以把这个题目变为"通过发散思维训练培养小学生创造能力的研究"。这样有"发散思维训练"这个抓手和限定就比较具体了，相对可以把握了。

要准确表述课题名称，需要准确地使用概念，并且清楚地表述自变量与因变量的逻辑关系。

一是准确表达课题名称中的概念。

要使课题成为一个有确定含义的具体问题，就要对课题名称中核心概念的内涵和外延加以限定。否则，研究过程中就会出现目标的变更或研究方向的偏移、研究范围的扩大或缩小，甚至概念的混淆。

为了准确地表达课题名称，使用一些术语或特定概念是必要的。有的课题名称中用一些特定的概念和术语对研究内容进行限定。

【案例 2-12】课题名称中特定概念的运用

　1. TOM 在学校管理中的运用研究

　2. 高中物理教学中 Matlab 语言的应用研究

　3. 图式理论在语文教学中的运用研究

案例中的"TOM"（全称为 Total Quality Management，即全面质量管理）、"Matlab 语言"、"图式理论"都是特定概念。通过这些特定概念对研究内容进行限定，可以使课题研究具体而明确，便于操作。

二是清楚表达自变量与因变量的逻辑关系。

自变量是研究者掌握并主动操作，能够促使研究对象变化的变量，在教育研究过程中具体表现为研究人员所采用的改革措施。因变量是自变量的变化引起的研究对象在行为或有关因素特征方面相应变化的变量。它是研究的结果，是研究者在科学研究中需要观测的指标。在表述有关研究问题和整体研究方向的具体信息时，课题名称中涉及的自变量与因变量的逻辑关系一定要表述清楚。这类课题名称的表述，一般由两部分组成，一部分是表明研究手段，是自变量；一部分表明研究目的，是因变量，即通过什么手段达到什么目的，或通过什么方法完成什么任务之类。[①]

【案例2-13】清楚表达自变量与因变量的逻辑关系

1. 通过教学反思，促进教师专业水平的提升

2. 以心理辅导促进学生健康品德的发展

3. 实施自我监控训练，提高职高学生学习主动性

上述课题名称，前半部分表明手段，是自变量；后半部分是目的，是因变量。

3. 课题名称的结构模式

合理的课题名称应能够反映出所研究问题的最主要的信息，包括研究对象、研究内容、研究方法、研究手段、研究目的、研究背景等。当然，一个名称里要反映所有这些信息不太现实，应根据课题的

---

① 耿申、周春红主编:《课题研究方案设计》，合肥：安徽教育出版社，2004年6月版，第15-16页。

侧重点突出最想突出、最应突出的内容。根据需要对课题信息进行择取与组合，由此形成课题名称的不同结构模式。

模式1：研究对象＋研究内容＋研究方法。

一个好的课题名称应指明总体的中心议题和问题的前后背景，一般情况下，课题名称表明课题的研究对象、研究内容和研究方法。

【案例2-14】初中代数自学辅导程序教学的实验研究

研究对象：初中代数教学

研究内容：初中代数自学辅导程序教学法

研究方法：实验研究

【案例2-15】初中化学教学方法优化的实验研究

研究对象：初中化学教学

研究内容：初中化学教学方法的优化

研究方法：实验研究

【案例2-16】农村地区小学生就近入学情况调查研究

研究对象：农村地区小学生

研究内容：就近入学情况

研究方法：调查研究

【案例2-17】中、美、俄、日四国写作课程目标比较研究

研究对象：中国、美国、俄国、日本四国的写作课程

研究内容：写作课程目标

研究方法：比较研究

模式2：理论依据＋研究目的＋研究方法。

这种模式表明课题研究所使用或依据的理论、理论运用目的及研究方法。

【案例2-18】运用多元智能理论激发学生学习兴趣的实证研究

理论依据：多元智能理论

研究目的：激发学生学习兴趣

研究方法：实证研究

模式3：理论依据＋具体手段＋研究目的。

该结构表明课题根据什么理论或条件，通过什么方式，达到什么目的。

【案例2-19】运用多元智力理论通过多元评价促进学生个性化发展

理论依据：多元智力理论

具体手段：通过多元评价

研究目标：促进学生个性化发展

模式 4：理论依据 + 研究对象 + 研究内容。

【案例 2-20】基于建构主义的小学英语课堂教学模式变革研究

理论依据：建构主义

研究对象：小学英语课堂教学

研究内容：课堂教学模式变革

模式 5：研究对象 + 具体做法 + 研究目的。

【案例 2-21】初中数学教学中运用变式练习巩固学习效果研究

研究对象：初中数学教学

具体做法：运用变式练习

研究目的：巩固学生学习效果

这一模式运用中，有时会省略研究对象，只出现具体做法 + 研究目的。

【案例 2-22】运用档案袋评价促进小学生全面发展

具体做法：运用档案袋评价

研究目标：促进小学生全面发展

模式6：研究背景＋研究对象＋研究内容。

研究背景包括现实背景、历史背景和理论背景三种类型。

【案例2-23】新课程背景下农村小学语文教学设计研究

研究背景：新课程改革

研究对象：农村课程资源的开发

研究内容：农村课程资源开发的策略

这一课题中的"新课程改革背景"，是一个现实背景。

【案例2-24】改革开放以来课堂教学模式的发展研究

研究背景：改革开放以来

研究对象：课堂教学模式

研究内容：课堂教学模式的发展变化

这一课题中的"改革开放以来"，是一个历史背景。

【案例2-25】对话理论影响下师生关系的变化研究

研究背景：对话理论的影响

研究对象：师生关系

研究内容：师生关系的变化

该课题中的"对话理论的影响",是一个理论背景。

课题名称的表述,要根据课题研究要突出或侧重的方面来确定。上述几种常见的模式,可以根据具体情况灵活使用。

(二)选题的论证

题目初步选好后,还要做适当的论证,才能确定课题。选题论证的目的是确认所选题目是否合适。选题论证的内容主要集中在课题研究的价值、所选题目的大小、课题研究现状、课题研究可行性等方面。

1. 课题研究的价值

课题研究必须具有一定的价值,没有价值或价值很小的课题不值得花费时间、精力、财力等去研究。

判断选题价值主要看它是否具有重要性、时效性、代表性、创新性等。

◆重要性,表现在所选课题对于问题的解决有帮助,很必要,甚至很迫切,不解决就不行。

◆时效性,表现在所选课题的研究成果能够帮助解决当下的实践问题和困难,能够带来实际的利益和效果。

◆代表性,表现为所选课题不是个别的、孤立的现象或问题,课题的研究可以帮助解决同类型或其他类似的问题。

◆创新性,表现为这一课题运用了新的研究视角、研究方法、研究材料等，能够带来新的认识、新的成果。

如果能够满足上面的一项或多项价值判断的标准，那么这个课题就值得做。满足上述标准越多，课题研究的价值越大。

2. 所选题目的大小

大小适中，是选题基本原则。在确定课题之前，必须对选题的大小进行确认。确认选题大小一般要看两个方面：一是课题研究内容和范围是否适中，二是课题研究者能否驾驭课题。要在二者之间寻找最佳的结合点。课题研究范围属于中观层面，课题研究者通过努力能够驾驭是比较理想的状态。

3. 课题研究的现状

课题研究现状是指目前国内外对该选题内容研究的深度、广度等情况。确定课题前，必须了解并把握国内外研究现状。这就需要查阅大量的国内外研究资料，从而把握前人或他人已经在该领域该选题方向上做了哪些工作，取得了哪些成果，有哪些可资借鉴的地方，还存在哪些不足，我们将要做的课题会有什么发展与推进等。这部分内容会表现为课题申报书中的国内外研究现状的综述。虽然在选题论证时，不一定要写成文字性的文献综述，但广泛地查阅已有研究资料，并进行分析，从而确认自己是否有必要继续研究，是必需的。如果认为自己所选的题目很有价值，大小也适中，结果查阅文献资料后发现他人早已研究过，而且研究得很好，那么，再研究就没有多大的价值和意义了，除非能够另辟蹊径，寻找新的研究视角、方法与路径。

4. 课题研究可行性

课题论证必须考虑课题研究的可行性。可行性指的是研究该问题存在现实可能性，包括三方面的条件：客观条件、主观条件和研究时机。

◆客观条件。包括必要的资料、设备、时间、经费、技术、人力、理论准备等。

◆主观条件。指研究者本人原有的知识、能力、基础、经验、专长，所掌握的有关课题的材料以及对课题的兴趣。要结合自己的条件寻找结合点，选择能发挥自己优势、特长的课题。

◆研究时机。选题须抓好时机，什么时候提出该研究课题要看有关理论、研究工具及条件的发展成熟程度。提出过早，问题攻不下来；提出过晚，又会变得毫无新意。

课题研究的相关条件决定着课题的选择。经过论证，证明条件合适，或经过努力改变可能合适，就可以最终选定课题。

第三章
如何进行课题设计

一个真正优秀的创意人员，对事实比能言善道更感兴趣，对感动人心比甜言蜜语更觉满足。

——（美）李奥·贝纳

科学尊重事实，不能胡乱编造理由来附会一部学说。

——李四光

课题设计是课题申报书和课题研究中的重要的内容，课题成败的关键，在很大程度上取决于此。课题设计主要内容是课题价值分析、课题内容分析和课题操作分析。课题价值分析属于课题的外围论证，是与课题相关联的部分，主要回答"为什么做该课题"的问题。课题内容分析是与课题直接相关的内容，主要回答"该课题做什么"的问题。课题操作分析主要回答"该课题如何做"的问题。本章对这三个方面的内容逐一探讨。

一、课题价值分析

课题价值分析主要回答"为什么做该课题"的问题，主要从研究背景、课题依据、核心概念界定、研究现状述评、选题意义等方面阐述。

（一）研究背景

研究背景，也称"选题背景"、"课题的提出"、"问题的提出"、"选题缘由"、"选题缘起"等，主要回答"为什么要进行该课题的研究"。一般可从三个方面来回答这一问题，即时代背景、理论背景和实践背景。

1.时代背景

时代背景是指课题选择所处的时代对课题选择的影响因素或条件。时代背景主要阐述随着社会、政治、经济、文化、科学技术等的发展变化所带来的新问题、新要求、新挑战及其与所研究课题之间的关系。某方面的新问题、新要求、新挑战需要通过研究来解决，而本课题的研究是适应这种新变化、解决新问题、满足新要求、应对新挑战的一种途径。

【案例3-1】"小学数学探究性学习研究"的时代背景

新一轮课程改革强调在教学中激发学生的学习兴趣，让数学教学活动建立在学生的认知发展水平和已有知识的经验基础之上，而探究性学习正是适应这项教学改革的重要举措。

虽然这一时代背景的介绍很简短，但它简明扼要地揭示了在小学数学中进行探究性学习是对新课程改革要求的回应，点明了这一课题与新课程改革要求之间的关系。

2. 理论背景

理论背景是指影响课题选择的理论或理论因素。课题的选择有时是对理论发展或影响的一种回应。这种回应包括对理论的使用、检验、推动与发展等。

【案例 3-2】"新课程实施中提高教师教学设计能力的研究"的理论背景

建构主义学习理论强调以学生为中心，不仅要求学生由外部刺激的被动接受和知识的灌输对象转变为信息加工的主体、知识意义的主动建构者，而且要求教师要由知识的传授者、灌输者转变为学生主动建构意义的帮助者、促进者。这就意味着教师应当在教学过程中采用全新的教学模式、全新的教学方法和全新的教学设计思想。

建构主义的学习理论要求教师改变传统的教学设计思想，而代之以新的教学设计思想。这种理论成为研究教师教学设计思想和方式转变的一种理论背景。

3. 实践背景

实践背景是指实践对课题选择产生影响的因素或条件。实践背景主要阐释实践中需要解释的现象、需要解决的问题等对实践发展的影响，以及解决它们的必要性、重要性和迫切性等。

【案例3-3】"牧区小学数学小组合作学习中说话技能提高研究"的提出背景

我校学生大都来源于牧区，由于受生活环境影响大，都不会说汉语。这给提高我校教育教学工作带来很大困难，也给教学中学生合作学习造成极大障碍。要想提高牧区小学数学教育工作，就必须对学生进行"说"的训练，让学生从不会说、不想说、不敢说，到我会说、我想说、我敢说、我要说、让我说。

从这个简短的选题背景中，可以看出这个课题的提出是基于当地教学的实际问题，而且为我们揭示了这个课题研究的必要性、重要性和迫切性。所以，可以认为这样的课题是值得研究的。

选题的背景要把问题的来源和表现写清楚，同时写清楚对此进行研究的必要性和重要性。上述三方面的背景，应该在同一个课题中有所兼顾，但如果研究的侧重点不同，或课题产生的来源不同，也可选择性重点使用。

（二）课题依据

课题依据主要解决"依据什么进行课题研究"的问题。研究依据通常包括政策依据（指导思想）、理论依据、实践依据三个方面。

1.政策依据

政策依据就是依据国家的某种法律、法规证明课题研究的合理性与现实性。有些课题的研究要依据国家的一些法律、法规，这些法律、法规就成了课题研究的依据。

【案例3-4】政策依据的案例

"对教师惩罚学生过当的研究"课题，可以《中华人民共和国教师法》、《中华人民共和国义务教育法》、《中华人民共和国未成年人保护法》等法律中的相关法规作为政策依据。

"小学生养成教育的行动研究"课题，可以德育工作的有关文件，如《中共中央国务院关于进一步加强和改进未成年人思想道德建设的若干意见》、《教育部关于整体规划大中小学德育体系的意见》等为政策依据。

在研究一些现实性比较强的问题或者涉及政策或法律、法规的问题时，往往需要利用政策依据。如"对教师惩罚学生过当的研究"的研究，就不仅要根据理论依据，而且要依据相关的法律法规来论述问题。写政策依据时，不仅可以一般性地把政策名称写出，还可以根据需要把政策中与课题研究紧密相关的具体政策内容写清楚。

2. 理论依据

理论依据是研究者对所研究问题预先赋予某种假设的理论或赖以指导研究过程的理论。

中小学教师所做的课题基本上是应用研究和发展研究，这就要求我们有一些基本的理论依据来保证研究的科学性。

任何课题的研究都不是孤立存在的，而是从属于一定研究领域的科学体系。课题研究所必需的科学体系中的概念、定理等即课题的理论依据。研究者对相关的理论知识掌握得越扎实，在课题研究中运用得越好，这些理论知识就越能够促进课题的研究。所以，掌握一定的理论知识对课题的研究是非常必要的。

理论一般具有很强的时代性和现实针对性，有的还存在较大的局限性，所以，运用时不能拈来便用，要考虑课题与理论之间的适切性，即理论与课题之间有十分密切的关系，能够给予课题以恰当支撑。所选取理论的科学性、先进性、针对性和对其理解的深刻性直接关系到课题研究的水平。

选取理论依据要防止以下几种情况：一是无"论"可依，二是有"论"难依，三是大"论"小"依"，四是有"论"不依。

在写作理论依据时，要揭示所依据的理论与所研究的课题之间的关系。两者之间的关系越密切，理论对课题的指导性就越强。两者之间关系揭示得越清楚，说明研究者对两者之间适切性的把握越好。

【案例3-5】"教学设计技能构成与形成的研究"的理论依据

本课题的研究基于以下教学理念与教育基本理论。

一、新课程实施中提出的新教学设计理念

新课程改革为我们送来了很多新的思想、新的理念。例如，"知识与能力"、"过程与方法"、"情感、态度与价值观"的三维目标，"课堂教学设计主体的多元性"、"确定性和不确定性相结合的教学过程设计"、"为不同的学习设计不同的教学"、"教学设计贯穿教学全过程"等新理念。这些新理念不断影响着教师，不断改变着我们的教学设计方法和课堂教学。在这些理念中不难看出新课程十分强调学生的主体作用，强调教学是师生交往互动的过程。预设的教学，在互动、对话的教学情境中，必然会遭遇"不确定性"的伏击。教师要本着"教学设计贯穿教学全过程"的理念，才能在课前从容分析预测，在课中根据需要及时调整，在课后进行反思提高。课程改革所倡导的上述观点鼓励教师创造性地进行教学，不断提升教学设计能力。

二、系统论的教学观指导下的现代教学设计

系统论的教学观点认为，教学由若干要素组成。教学活动的要素，可以分为以下三点：教学的主体性要素是教师与学生，教学的条件性要素主要是教学的时空环境，教学的过程性要素包括教学目的任务、教学内容、教学方法手段、教学组织形式与评价。这些要素不是孤立存在的，而是相互联

系、相互作用的。这就要以系统论的观点看待教学各要素的相互作用。教学设计的系统观对于教学的认识，为教学设计提供了系统分析的视角。它不再把某个教学要素的优劣看做是决定性的教学成败的原因；它要求教学设计要考虑课堂教学系统的各个要素；它把教学的不同视为教学功能的决定性力量，认为教学设计就要设计出优化的教学过程的结构，使教学系统的各个要素在教学过程中发挥各自的作用；它以教学目标为出发点，寻找优化的教学程序。在系统论教学观的指导下，教学设计应十分注重强调各子系统要素之间的最佳配置。只有这样，才能使教学设计系统形成良好的运行机制，使教学达到最佳的境界。巴班斯基的"教学最优化理论"也强调：教学效果取决于教学诸要素构成的合力，对教学应综合分析，整体设计，全面评价。

三、教育目标分类学与多元智能理论指导下的教学设计

布鲁姆的教育目标分类学在今天并没有完全过时，它的许多理论与观点仍然是指导教学设计的重要基础。加德纳提出的多元智能理论也促使教学设计反思传统的、注重单一目标的教学设计。新的教学设计仍然要注重合理的教学目标的设计，应该把科学的、合理的教学目标分类与教学目标设定、教学内容设置结合起来。

四、建构主义学习理论指导教学设计

建构主义学习理论认为，学习是情境性的，是个体自我经验与外在知识相互建构的过程；学习过程是学习者通过

意义建构的方式获得知识，教学设计应围绕学生如何学而进
行。这就意味着教师应当在教学过程中采用全新的教学设计
思想、全新的教学模式和全新的教学方法，以促进学生的意
义建构与自我建构。

本课题列出了五种理论依据，并对每种理论依据对教学设计的作
用与影响等作了简要说明。这是很重要的，即一定要说明所依据的理
论与所研究内容的关系。有些课题申请中罗列了许多理论，但对这些
理论依据与所研究课题之间的关系没有阐述，两者看上去没有联系，
这就不能让人信服。

3.实践依据

实践依据有两个层面的意思。

实践依据1：课题是否反映了教育改革和发展实践中迫切需要解
决的问题，对实践的反映越深刻，课题的实践依据就越充分，其指导
意义就越强，价值就越大。

实践依据2：某种实践活动可以证明课题研究的合理性、可行
性，这种实践活动就是该课题研究的实践基础和实践依据。

上述两个层面中的任何一个，都可以成为课题研究的实践依据，
既可以只用一个，也可以两者兼用。

（三）概念界定

人类的思维通过概念、判断、推理等形式抽象地反映客观世界。

其中，概念是反映事物特有属性的思考形式，是进行判断和推理的基础。我们思考任何问题都离不开概念，没有概念我们就无法思考。概念可以分为一般描述和定义。一般性的描述比较宽泛，往往适用于多个事物；定义则把一个事物和其他事物区别开来。比如："西瓜是夏天常见的一种水果。"这是一般性的描述。"夏天常见的一种水果"，还可以用来描述哈密瓜、桃等其他水果。"西瓜是圆形或椭圆形的大型果实，成熟的果实一般是红瓤黑子，水分多，味甜。"这是对西瓜果实的定义，它不能用来描述其他水果。研究就是要对概念进行定义而不是描述。在课题研究时，需要对核心概念做出界定。

1. 什么是核心概念

核心概念是能够集中反映课题研究主题或主要内容的概念。课题的研究往往是围绕核心概念展开的，读者可以通过核心概念大致把握课题的研究主题与内容。

核心概念可以来自课题的题目。例如，"农村学生就近入学政策研究"，其中有"农村学生"、"就近入学"、"就近入学政策"几个核心概念，这几个概念都来自题目。

核心概念也可以通过研究主题或研究内容提炼概括。例如，"教学科研对教师成长的影响研究"，其核心概念除"教学科研"、"教师成长"外，还可把"教师专业发展"或"科研影响"提炼为核心概念。

2. 为什么界定核心概念

运用概念思考时，需要有合适的概念层次与范围。概念太狭窄，会限制我们思考的范围；概念太宽泛，则会让思考失去着力点。"调查表明：有些课题由于题目内涵、外延定不清，研究中途发现工程过大，任务重，课题组力不从心，只得重新界定，修改计划。"[1]要想找到最有用的概念层次，需要通过向上或向下扩展对概念进行多层次的定义来寻找最为合适的描述。

（1）概念界定决定研究的方向。

有些概念具有多重含义，这些含义之间具有方向性的差异。如果不清晰地界定，就会出现你这么理解、他那么理解，最后无法进行真正的沟通的问题。对概念加以界定后，可以避免认识上的游离。

（2）概念界定决定研究的范围。

有些概念所涉及的范围是模糊的、内涵边界不清晰，界定核心概念是为了使课题研究有清晰的边界，防止研究范围的随意扩大或缩小。

如果概念界定清晰，那么研究者可以在界定的范围内工作，不至于研究起来漫无边际。比如对"就近入学"作以下界定：就近入学是指小学生在距家 3 公里以内到学校就读。研究中要严格按照"距家 3 公里"的范围来展开，而不必顾及 3 公里之外的其他入学情况。

（3）概念界定防止研究被误读。

同一个概念，在不同的人那里，其内涵和外延可能是不同的。如果不搞清楚，那么看上去大家是在用同一个概念交流，但说的并不是一回事，或者不完全是一回事。界定核心概念是为了让读者清晰地明

---

①《北京市教育科学规划领导小组对"八五"市级课题进行中期检查》，《教育科学研究》，1994 年第 3 期。

白核心概念的内涵与外延，防止出现误读。概念界定清晰了，研究成果的使用者也可以在界定的范围内来理解和使用成果，防止成果被曲解、误解、滥用。

【案例3-6】"就近入学"概念界定不清导致误解

两个人都在研究"农村学生就近入学政策研究"，在一起谈"就近入学"问题，看上去两人是在谈论同一件事情，但是甲所谈的"就近"是指5公里以内，乙所认为的"就近"是3公里以内；在甲那里所谈的"入学"，入的是"小学"，在乙那里入的是"中小学"，而"中学"，不包括高中。这样两人对"就近入学"的理解不同，所谈的范围不同，其实无法真正进行交流与对话。

案例中甲乙两人的误解就是由概念不清造成的。如果两个人事先界定清楚，交代明白，同时在一个划定的范围内进行问题探讨，就不会造成理解差异或失误，这样才可能进行真正的对话与交流，促进问题的解决。

3. 怎样界定核心概念

"界"是"边界"、"界线"，"定"是划定，"界定"就是划定边界或界线。概念界定就是给概念划定界线。一般情况下，越具体、明确的概念，越容易把握。因此，概念界定的过程往往是一个不断缩小研究概念的内涵、不断缩小研究范围的过程。

界定核心概念时，一般需要介绍概念的一般义和特指义。概念的一般义是指一般情况下这个概念是什么意思。这个意思可以来自词典，也可以是其他研究者对此概念的界定。概念的特指义是指在本课题研究中，我们使用的该概念的含义是什么，对于概念的适用对象、适用范围等做出清晰的说明。

【案例 3-7】"教学主张"的界定

所谓主张，根据《现代汉语词典》的解释，"主张"是"对于如何行动持有某种见解"或"对于如何行动所持有的见解"。教学主张则是对教学、对教学改革的一种坚定的见解。这种见解是个性化的、独特的、稳定的。它指向行动，坚持在教学实践中运用，得到证明，从而发展。

这则关于"教学主张"的界定，首先介绍具有代表性的词典关于"主张"的解释，然后提出自己所认为的"教学主张"的含义，并对它作了进一步的补充界定："这种见解是个性化的、独特的、稳定的。它指向行动，坚持在教学实践中运用，得到证明，从而发展。"这样，别人就比较容易把握他所说的"教学主张"指的是什么。

【案例 3-8】"习作"与"自我修改习作能力"的界定

"培养小学生自我修改习作能力的课例研究"一开始没有界定核心概念"习作"。在指导课题时，我写出了以下意见：

习作，什么是习作？应该界定，比如，主要是指学生在课堂内和课堂外自己写的文字作品，包括作文、日记、周记、随笔等；还是指学生在语文课程学习过程中，在教师的指导下为了学习写作技巧、提高写作能力而写的文字？界定这个概念要解决两个关键问题：一、"习作"，是指学生有目的学习写作的作品，还是只要是学生的作品都算习作？二、"习作"，是指学生在教师指导下所写的文字作品，还是也包括不在教师指导下所写的东西？

我忽然发现一个更大的问题：用"习作"好，还是用"作文"好？因为学生在教师（不一定是语文教师）指导下做一件手工作品、学生的绘画等，也可以看作是"习作"。从课题申报的初衷和实际的内容来看，主要是指培养学生修改自己所写的文章，即作文的能力。因为大家是语文教师，就从自己的立场和角度出发去想问题，把"习作"等同于"作文"了。

请细酌用习作，还是作文。应该有关于这个概念的界定，这是一个核心概念。

上述指导意见涉及"习作"这个概念所涉及的三个方面的分歧：一是习作是否包含学习目的，二是习作是否包括教师指导，三是习作是否包括非文字作品。经过讨论，课题组对"习作"做了以下界定：

习作，指学生以学习写作技巧、提高写作能力为目的，在课堂内外所写的文字作品。

这个界定的落脚点在"文字作品"上，所以学生的绘画作品、手工模型作品等都被排除在外。课题组之所以坚持用"习作"，而不用"作文"，是基于两方面考虑：一是课程标准中在小学中高段所使用的表述是"习作"，为了和课程标准保持一致使用"习作"。二是学生的"习作"，不仅仅包括"作文"，还包括一些非作文的文字作品。①

这个界定明确了"以学习写作技巧、提高写作能力为目的"，强调了习作的学习目的，那些非学习或练习性的文字作品，不包括在其中。

这个界定没有谈及学生的这些作品是否在教师的指导下，意味着不在教师指导下以学习写作技巧、提高写作能力为目的的文字作品也是可以的。

这个界定还特别规定了"课堂内外"所写的文字作品，也就是课堂内和课堂外所写的"学习写作技巧、提高写作能力"的文字作品，都是"习作"。

经过这样的界定，人们对"习作"的含义就比较清楚了。

这个课题还有一个核心概念"自我修改习作能力"，一

---

① 其实，这涉及对"作文"概念的理解和界定问题。

开始课题组是这样界定的：

自我修改习作能力主要是指学生自己修改习作的能力，在自我实践、自我欣赏、自我反思中的习作能力。修改的内容小到标点符号、错别字，大到表达的词句、结构、内容等方面。

我对这个概念的界定提出了以下意见供课题组思考：

自我修改习作能力主要是指学生自己修改（自己的）习作的能力，在自我实践、自我欣赏、自我反思中提高学生（主语应该是学生，而不是教师"提高"他们）的习作能力。修改的内容（不应该说修改的内容，应说修改的能力包括哪些方面）小到标点符号、错别字，大到表达的词句、结构、内容等方面。

这是个核心概念，需要界定，要不要加上"学生在教师的指导下修改"之类的定语呢？

后来，在与课题组一起讨论后，把这个核心概念界定如下：

自我修改习作能力，指学生运用一定的修改方式方法主动独立地修改习作的能力。这个界定包括两层意思：一是修改习作的主动性，即学生不需要他人的提醒与督促，自觉地对习作进行修改；二是修改习作的独立性，即学生不需要他人的帮助，能够运用所学知识与方法修改习作。只有当学生形成了上述两个方面的能力，才算具备了自我修改习作的能力。

该案例中对核心概念的界定进行了不断的探索与澄清，经过研讨终于明白了核心概念的所指，而且通过语言的调整，把概念界定清楚了。可见，概念界定并非易事，不是查查资料，搬搬字典辞典上的解释就可以解决问题的，概念界定是一个不断探索、不断澄清的过程。

概念界定是课题研究中一项重要内容。虽然这块内容在课题申报书中只占很小的比重，但在整个课题研究中却占有重要的比重。如果概念界定不清，课题可能就无法进行。因此，必须重视概念的界定。

（四）研究现状

课题申报书中的一项内容是"国内外研究现状"或"文献综述"。这项内容很重要，但往往不被重视，而且往往不容易写好。

"研究现状"不同于"文献综述"。文献综述，是对"文献"的综合述评，其对象是"文献"。研究现状，则不仅仅根据已有的"文献"，还包括一些虽然没有形成"文献"，却正在进行的研究，现在的"研究状态"、"研究进展"，甚至"研究困境"等也都是研究现状。如果课题申报书要求写"文献综述"，则不涉及"非文献"的正在进行的研究状态。

研究现状，既包括自己所做研究的现状，也包括他人所做的同专题研究的现状，特别注重的是他人研究的现状。

1. 研究现状的重要性

研究现状之所以重要，是因为通过它可以反映出申报者对所研究课题资料的掌握情况和对研究现状的把握程度。

（1）反映申报者掌握资料的情况。

研究现状的写作需要申报者掌握大量与课题直接、间接相关的，国内、国外的研究资料，特别需要掌握与课题相关的最直接、最基本、最权威的资料。

如果研究现状中缺乏一些必要的文献和观点，就说明申报者掌握的研究资料不全，没有把握最基本、最全面的研究资料，申报者收集文献的能力有限，由此也可以看出他的研究视野还不够宽广，研究的局限性还比较大。

（2）反映申报者文献梳理的能力。

仅仅掌握大量的研究资料是不够的，申报者还必须对研究资料进行分门别类的梳理，按照一定的逻辑结构把最主要、最基本的研究发展状态呈现出来。

如果收集的资料很多，但不能恰当地选择资料，什么资料都往里面放，或者只是把一些观点罗列或堆砌在那里，缺乏必要的分类梳理、提炼概括和恰当的评价，就说明申报者的文献梳理能力很有限。

（3）反映申报者课题研究的能力。

研究现状的写作，不仅仅是文献资料的梳理，还需要申报者对已有的研究成果做出恰当的评价。从这些研究评价中，可以看出申报者的水平和能力。研究现状写不好，在很大程度上可以判断申报者是没有能力完成所申请的课题的。

有一个人请我看一份课题申报书，我发现与他所要申报的课题直接相关的两本最基本的书都没有写进文献综述和参考文献中，我即判定他是没有能力完成这个课题的。最后，这个课题也没有申报成功。当然，申报不成功的因素有很多，但就这个课题来说，在文献综述和参考文献里，连直接相关的、最基本的两个文献都没有出现，也就可见申报者的视野和水平了。最终不能申报成功是必然的。

以上是从课题评审者的角度来审视研究现状写作的重要性。从课题研究的角度来看，通过对已有文献和研究情况的掌握与分析，研究者可以了解类似或相近的研究已进展到什么地步，已有研究存在哪些不足，本课题可以在哪些方面取得突破或创新，或可以验证已有的理论研究等等。

2. 研究现状写作的三个层次

根据写作的水平，可以把研究现状的写作分为三个层次。

（1）综而述之。

综而述之，也可以称为"述而不评"，即客观地把他人的研究情况综合起来，呈现出来，而不加入自己的分析和评论。

这个看起来好像很简单，只要把他人观点摆放起来就可以了，其实真正做好也不容易。好的"综而述之"，不是材料或观点的罗列，而是要在充分占有材料的基础上，对它们进行提炼概括、分类梳理。

写作时，要站在一定的高度上，分门别类地把研究的现状写出来。

（2）述而评之。

好的研究现状的写作，不仅要"述"，而且要对他人的研究做出分析、评判。述评的写作有三种类型。

类型1：分类述之，边述边评。

这种做法是根据研究现状的分类，一一介绍每种类型的情况并及时做出分析评论，即"边述边评"，每一种类型述评结束，现状的述评也就结束了。这样的好处是可以使读者及时知道研究现状，并知道作者的态度；不足是难以形成对研究的整体性、全局性认识。

类型2：分类述之，最后总评。

这种做法是根据分类，先把每一种类型的研究现状一一列出来，最后对研究现状做一个整体性的评价。这样的好处是可以使读者从整体上把握研究现状；其不足是缺乏对局部，即每一类研究情况的理性分析和深入评论。

类型3：边述边评，最后总评。

这种做法是根据研究状况的分类，一一呈现每种类型的研究状况，并及时对其分析评价，最后再对上述研究现状做出总的评价。这种做法汲取了前两种做法的长处，比较能够取得良好的效果；不足是可能会增加分析评论的难度和评论的字数。

（3）评而论之。

还有一种研究述评，在述评时，对研究进行深入的分析，同时提出自己的观点，并论证自己的观点。这种研究述评揭示研究背后所隐含的问题，提出自己的解决思路与观点，最终解决问题，即结束对问题的探索与争鸣。这是最高层次的综述，需要很深厚的知识、经验积累和很强的研究功力才能做到。

对于研究或课题申报，仅做到第一个层次是不够的，第三个层次是一种研究性综述，也不适于课题申报。课题申报所需要的是第二个层次，即述而评之的综述。

3. 研究现状的写作

一个好的研究现状的写作必须具备以下几个方面的基本条件。

（1）全面地占有材料。

研究现状的写作是以他人的研究材料为基础的。没有研究材料就无所谓综述。全面地占有材料，即要尽可能穷尽地占有所要综述问题或对象的所有材料。这需要长期的积累或花费大量的时间与精力才能够做到。

材料的全面性要求，既要有书籍资料，也要有期刊资料；既要有国内资料，也要有国外资料；既要有直接相关的资料，也要有间接相关的资料；既要有一手的资料，也要有二手的资料；既要有公开出版的资料，也要有内部资料。

（2）审慎地选择材料。

审慎地选择材料，即选择那些有代表性、典型性、权威性的观点加以综述。这需要深厚的学术积累、独到的眼光和精确的辨识材料的能力。

审慎地选择材料，需要注意以下几点。

◆有一手资料，不选用二手资料。引述资料尽量用原文，而非转引、转述。

◆有名家权威资料，不用一般资料。

◆有正式出版资料，不用内部资料。

◆有直接相关的资料，不用间接相关的资料。

在选择材料时，要防止选择性失明，即只选择那些对课题研究有利的材料，故意忽视或放弃那些于课题研究不利的材料。这样写出来的研究现状，是不全面、不客观的，也不利于问题的真正解决。因此，必须正视所有对课题存在利弊的材料。

（3）建设合理的框架。

要建立合理的综述框架。综述框架的构建是建立在合理分类的基础之上的。不仅需要合理分类，还需要有内在的逻辑关系。

比较好的做法是，根据研究的问题或领域来写研究现状，在此基础上对研究者的观点进行分类，在每一类中，把具有代表性的观点呈现出来。边呈现边评价或者集中呈现后集中评价，即汇评。

（4）分门别类的述评。

在分门别类呈现时，可以直接呈现代表性的人物和代表性的著作。比如，某某人在《某某》文章中认为怎样怎样。

有时为了节省篇幅不出现代表作的名称，只出现代表人物与代表性观点，为了表明言之有据，可采用夹注的方式，注明代表人物的名字与观点发表的时间，比如［李润洲，2011（2）］。

（5）恰当地评价成果。

写国内外研究现状，不仅仅是把现状写清楚，还须对研究现状做出恰当的评价。评价的原则是客观、公正、准确。对于已有成果应该是批判地继承，可以中肯地指出问题和不足，但注意不要走极端，不要为了突出自己课题的重要性，把他人的研究说得一无是处。

对研究现状的评价有两种方式：边述边评和述后汇评。

◆边述边评。

边述边评是一边概述已有研究成果一边做出评价。这种评价的好处是可以及时地把自己的观点亮出来。

◆述后汇评。

述后汇评是把他人的研究成果一一列出后，最后集中作一个总结性评价。这种评价的好处是可以比较集中地揭示已有研究成果与现有课题之间的关系；不足是容易出现前面综述很多，后面评价很少的情况。

只要评价到位，不论采用哪种方式都是可以的。

（6）揭示研究间的关系。

在评价已有研究成果时，还要注意，不是为评价而评价，评价它们是为我们所做课题服务的，评价时要揭示这些研究成果与我们所做课题之间的关系。这一点相当重要。

【案例 3-9】"关于改善德育衔接的对策"综述 [1]

实现德育衔接的对策研究是德育衔接研究的核心问题，也是难点问题。综合看来，有关研究主要从德育理念创新、

---

[1] 节选自郑敬斌、王立仁：《德育衔接问题研究述评》，《上海教育科研》，2012 年第 2 期，原注释序号改为从 [1] 开始，本部分参考文献专门列出，其他未变。

德育系统完善、德育工作者素质提升等角度进行论述。

第一，从德育理念创新角度。张慧雨认为，要实现德育有效衔接，就需要变换思维的角度和方法，从德育大系统的角度认识不同学段的德育工作，树立"德育场"理念和"立体思维"。[1]周双娥认为，实现学校德育衔接必须树立从实际出发的理念，寻找一条适合各自特点的衔接之路。[2]而苏静认为，个体品德的形成是一个循序渐进的过程，德育是贯穿人的一生的，因而实现大学与中小学德育衔接的有效途径之一就是全面贯彻终身教育的理念。[3]

第二，从德育系统完善角度。虽然都是从德育系统完善的角度来探讨德育衔接的对策，但在内容大体一致的前提下，研究观点也存在着一定的差异性。第一种观点认为，要改变当前德育不相衔接的状况，应从德育教材、道德认识、道德责任、道德人格四个方面的衔接着手，从而形成三个阶段相互联系、栉比鳞次、层层提升的学校德育系统。[4]而更多的学者是从德育目标的衔接、德育内容的衔接、德育途径的衔接、德育方法的衔接、德育管理的衔接和德育评价的衔接等方面来论述实现德育衔接的策略。如赵翠玲就认为，要有效实现德育衔接必须切实实现教育目标、教育内容、途径方法、管理体制和评价反馈机制的系统化。[5]

第三，从德育工作者素质提升角度。邱国勇等学者认为，教育者是德育衔接工作的计划者和执行者，他们的思想素质、业务素质和德育衔接意识直接影响德育衔接的效果，

教师如何做课题

因此实现德育衔接应该提高德育教师、专业教师、辅导员（班主任）等德育工作者的素质，其中最主要的是德育教师。[6]胡昂认为，要有效实现德育衔接，需在树立教师的"衔接意识"上下功夫，而关键在于创设大学与中学德育工作交流的渠道，建立一整套科学规范的制度保障机制。吴伟松认为，大学教育是中学教育的继续，因此大学教师必须对中学的德育，包括德育的内容、形式、方法、效果及中学生中存在的普遍性问题有一个基本的了解，便于在新生入学后有针对性地开展德育工作。[7]

综上，学者们在各自的研究中从不同的视角、不同的方面对德育衔接实现的对策问题进行了积极的、有益的和开拓性的研究与探索。这些研究成果既为我们更好地认识德育衔接本身提供了丰富的思想资料，也为我们进一步改进和完善德育衔接问题提供了充分的理论借鉴。但问题在于，从已有的成果看，目前的研究主要集中于理论层面的宏观研究，而易于操作的微观研究相对比较欠缺。虽然有些学者也提出了一些解决问题的具体措施，但遗憾的是大多都只是单纯的泛泛而谈，缺乏应有的可操作性。实际上，研究既是重大的理论问题，更是重大的实践问题；研究的目的既要着眼于理论提升的要求，更要着眼于实践操作的需要。因此，如何在今后的研究中更多地注重联系实践运行，把理论研究与具体操作相结合，从而真正推动德育衔接对策研究的深层次发展，是目前研究所面对的一个迫切问题。

参考文献：

［1］张慧雨．构建大中小学相衔接的德育体系的重要
性及其措施［J］．内蒙古师范大学学报（教育科
学版），2004，（12）．

［2］周双娥．大中学校德育衔接必须从实际出发［J］．娄
底师专学报，2001，（3）．

［3］苏静，张润枝．论大学与中小学德育课程衔接的有
效途径［J］．北京教育（德育），2008，（2）．

［4］曾山金．将德育进行到底——小、中、大学德育
衔接管见［J］．长沙电力学院学报（社会科学版），
2001，（2）．

［5］赵翠玲．从系统论看我国学校德育衔接问题［J］．云
梦学刊，2007，（12）．

［6］邱国勇．加强大学与中小学德育衔接的思考与对
策［J］．内蒙古师范大学学报（教育科学版），2002，
（8）．

［7］吴伟松．对大、中学德育衔接的思考［J］．浙江师范
大学学报（社会科学版），1995，（5）．

这则综述属于"分类述之，最后总评"类型，有以下几个方面
特点。（1）分类述之，内容清楚。作者从"德育理念创新角度"、"德
育系统完善角度"、"德育工作者素质提升角度"分别介绍，在"从德
育系统完善角度"中，还分为"第一种观点"和"更多的学者"两种

类型，整个介绍很清楚。（2）代表观点，一一呈现。作者把主要研究者的主要观点客观呈现出来了，这些观点不是随便选择的，而是选择具有代表性的人物和代表性的观点，以某某人认为的方式来呈现。（3）最后总评，客观分析。在"分类述之"以后，做"最后总结"，从现有研究的贡献与问题两方面做了客观分析。（4）揭示研究关系。作者揭示了已有研究成果对自己课题的促进作用——"既为我们更好地认识德育衔接本身提供了丰富的思想资料，也为我们进一步改进和完善德育衔接问题提供了充分的理论借鉴"，同时在已有研究的基础上提出了研究的问题——"如何在今后的研究中更多地注重联系实践运行，把理论研究与具体操作相结合，从而真正推动德育衔接对策研究的深层次发展，是目前研究所面对的一个迫切问题"。（5）综述观点与参考文献对应。有的综述中，代表人物与观点都有，但在后面的参考文献中找不到对应的文献，这是一个问题。本案例中，文献综述中所谈到的观点，均来自参考文献中所列出的文献，查有可依，论有所据。总之，这则文献综述的写法可资学习借鉴。

（五）选题意义

选题的意义，也称选题的价值，一般可从理论意义和实践价值两方面来处理。

1. 理论意义

选题的理论意义，也称理论价值，指课题研究对该领域研究在学理上的积极影响，包括对理论发展的推动、创新等。

2.实践意义

选题的实践意义，也称应用价值，指课题研究对实践状态的积极影响，包括对实践的改进、推动或启示等。

有的人写选题意义时会不加区分地把两者混在一起写，这样写不利于凸现课题研究的理论意义与实践意义，而且层次也不清楚。因此，理论意义与实践意义应该分开写作。

理论意义的写作侧重课题研究给已有理论研究带来的新内容、对已有理论研究的丰富、发展与创新。

实践意义的写作侧重课题研究对实践中问题的改进、对现有状态的改变或推动等。

在写作时，两方面的背景都兼顾会更好，但也可根据实践情况有选择地写作。

【案例 3-10】"新学习方式下学习策略的应用研究"的选题意义 [①]

一、理论意义

1.探索与新出现的学习形式相应的学习策略，丰富学习形式的内涵。

2.挖掘学习策略的丰富内涵，从分层化、个性化等几个

---

① 耿申、周春红主编:《课题研究方案设计》，合肥: 安徽教育出版社，2004 年 6 月版，第 94-95 页。

方面寻求学习策略的发展特点与对策，进一步丰富学习策略理论。

3.创造一种让每个学生都能发挥自己特长的学习环境，教师创造性地探索教的策略与学的策略相整合状态下的教学结构。

4.开发学习策略的评价工具，丰富测量理论和评价理论。

二、应用价值

1.培养中学生的合作精神。

2.培养学生学习的主动性、积极性。

3.改进学习困难的学生的学习。

4.让学生适应不同的学习环境，以恰当的学习策略进行不同形式的学习，学会变通，培养实践能力和创新精神。

案例中把选题的意义分为"理论意义"和"应用价值"两部分来写，每部分都列了四条。理论意义部分侧重于课题研究所产生的理论成果及其影响，应用价值部分侧重课题研究对学生产生的积极影响。这两部分的内容，没有产生交叉、混淆的情况，是一则写得比较好的选题意义。

上述选题意义是条目罗列式的，如果需要，还可以在条目罗列的基础上，对这些条目进行适当的阐释，这会进一步凸现研究的意义。

二、课题内容分析

课题内容分析，主要回答"课题做什么"的问题，主要包括课题的研究目标、研究内容、研究假设、拟创新点等几个方面的内容。

（一）研究目标

研究目标是课题研究预期要达到的结果。明确的研究目标，对课题研究具有定向作用和指导作用。

课题研究目标描述的要求是具体、清晰、有条理、适度。

1.目标要具体

具体就是要针对具体要解决的问题描述目标。

2.目标要清晰

清晰就是用恰当的语言把研究目标准确地表达出来，不能用语含糊、意思不清。

3.目标要有条理

有条理就是条分缕析地呈现目标，体现出目标的层次性、条理性。有些比较大的课题还存在许多子课题，大课题的目标与子课题的目标都要列出来，这时就更需要体现整体目标与子目标之间的层次关系与条理性，由此构成目标系统。

4. 目标要适度

适度就是目标不能定得太高，也不能定得太低。研究目标要写最主要的，不能写得太多。研究目标的写作，宜简洁明了，直接揭示课题所追求的结果。

【案例3-11】"以人格教育促进中学德育工作的研究"课题的研究目标

1. 以现代德育理论和现代教育思想为指导，探索并构建适应新世纪德育工作要求，符合中学生成长规律的学校德育途径及操作模式。

2. 通过实施全方位、多层次的学校德育，促进学生健全人格素养和良好思想道德品质的形成。

3. 通过研究提高学校德育的实效性和针对性，促进教师德育观念更新与德育创新能力提高，提高教师的整体素质，并努力提高中学德育工作的实效性。

这项研究树立了三个目标，每个目标都是从"手段"与"意图"或"所求的结果"两个方面来阐述的。

第一个目标的手段是"以现代德育理论和现代教育思想为指导"，意图是"探索并构建学校德育途径及操作模式"。对所要探索并构建的"学校德育途径及操作模式"作了限定："适应新世纪德育工作要求，符合中学生成长规律"。

第二个目标的手段是"通过实施全方位、多层次的学校德育"，意图是"促进学生健全人格素养和良好思想道德品质的形成"。

第三个目标的手段是"通过研究提高学校德育的实效性和针对性",意图是"促进教师德育观念更新与德育创新能力提高,提高教师的整体素质,并努力提高中学德育工作的实效性"。

三个目标分别从三个方面来谈,第一个是从理论或知识开发的角度,第二个是从学生培养的角度,第三个是从教师提高的角度。三个目标之间其实是有内在联系的。研究第一个目标是为实现第二个目标服务的,要实现第一与第二个目标,则必须有教师的参与,由此提出第三个目标。三个目标的表述做到了不交叉、不重叠,但又相互联系,相互支持。

(二)研究内容

研究内容主要是课题所涉及的研究问题,一般要根据研究目标确定。课题研究在主问题下会分出一些相关问题,这些相关问题的研究就构成了研究的主要内容。课题申报书里所写的研究内容是指主要内容,一般需要根据研究内容之间的逻辑关系,一一呈现出来,并对其作简明扼要的介绍。

相对研究目标来说,研究内容要更具体、明确,并且一个目标可能要通过几方面的研究内容来实现。在确定研究内容时,容易出现的问题是描述不具体,写出来的研究内容特别笼统、模糊,甚至把研究的目的、意义当做研究内容,这对整个课题研究十分不利。要学会把课题进行分解,一点一点地去做。

很多人在写研究内容时,只是把内容一条条地罗列出来,而对每条的内容没有做简明扼要的介绍，这是不妥当的。只是根据研究内容条目的罗列，评审者还不一定能够准确地把握具体的研究内容，所以，需要对研究内容做出必要的介绍。

内容介绍的文字要把握适度，不能太多也不能太少。太少不能具体反映内容的情况，太多则显得冗长，不能突出重点。

【案例 3-12】"初中语文活动课研究和实验"研究内容

"初中语文活动课研究和实验"课题研究的目标，是如何科学有序、切实有效地开展初中语文活动课。具体内容包括下列三个方面。

1. 根据初中各年级学生的情况和语文教学要求，对初中各年级语文活动课对学生认知领域、情感领域和动作技能领域素质的发展进行详细的目标规定，从而建立初中语文活动类课程的目标体系。

2. 根据初中各年级语文活动课目标和语文学科的特点，安排初中各年级语文活动课的内容，内容的安排力求充实、精当、有序，并初步形成一个相对完整的活动课内容体系。

3. 根据初中各年级语文活动课目标内容和初中各年级学生的心理特点，探索初中语文活动类课程的学习活动方式，确定活动类课程的教学时间、空间及程序，并在此基础上形成多种切实可行的语文活动教学模式。

从上述介绍可以看到，这个课题要研究的是"初中语文活动类课程的目标体系"、"相对完整的活动课内容体系"和"多种切实可行的语文活动教学模式"三个方面的内容。三个方面的内容之间有内在联系——从目标体系到内容体系，再到实现目标和内容的途径即模式。

（三）研究假设

所有的研究都应该是有假设的。研究的过程就是验证假设的过程，研究是在假设的指引下进行的。

1. 什么是研究假设

研究假设（research hypothesis）是研究者在选定课题后，根据事实和已有资料对研究课题设想出的一种或几种可能的答案、结论，是对研究结果的预测，是对课题涉及的主要变量之间的相互关系的设想。研究假设在一定程度上确定了研究可能的路径、可能的结果等。

2. 研究假设的标准

研究假设应有四条标准：

◆能说明两个或两个以上变量间的期望关系。

◆研究者应有该假设是否值得检验的明确理由。

◆假设应是可检验的。

◆假设应尽可能简洁明了。

一个课题研究里，可以有几条研究假设，每条研究假设都应该同时满足上述四个方面的标准。

3. 研究假设的形成

研究假设形成的基本步骤是：（1）提炼问题；（2）寻求理论支持，形成初步假设；（3）推演出理论性陈述，使假设结构化；（4）形成基本观点；（5）对基本观点再提炼，形成假设的核心。

研究假设形成的基本条件：（1）以科学观察和经验归纳为基础；（2）以科学的思想方法为指导，通过类比、归纳、演绎等方法，得出合乎逻辑的某种命题；（3）研究者有丰富的知识、经验。

4. 研究假设的表述

研究假设的表述应有倾向性，可以是肯定式或否定式，所举变量与变量之间的关系应能够操作，能够观察和验证。

教学科研中的研究假设，虽然不像自然科学中的假设程序那样严密、严格，但至少有一个假设。这个假设可能很明确地表述出来，也可能没有明确地表述出来，是一个隐含的假设，但研究一定是有假设的，而且这个假设应该是可以验证的。写作课题方案或填写课题申报书时，研究假设必须明确地、清晰地表述出来。

【案例3-13】"'数字化校园'与学校精细化管理研究"的研究假设 [①]

创建数字化校园，实施精细化管理，将有效提高学校现代教育技术运用水平，提高学校现代办公效率，提高学校整

[①] 高尚刚、徐万山编著：《中小学教师课题研究指导》，北京：中国轻工业出版社，2008年1月版，第55页。

体管理水平，促进办学水平的提高。

"创建数字化校园，实施精细化管理"，是这个课题要做的事情，怎么创建、怎么实施是课题研究的内容。在做这些事情前，课题组先有一个研究假设，即这么做"将有效提高学校现代教育技术运用水平，提高学校现代办公效率，提高学校整体管理水平，促进办学水平的提高"。是否能够达到这"三提高、一促进"呢？做了之后才能证明。结果可能是确实提高了、促进了，也可能是部分提高了、促进了，也可能是完全达不到预期结果。在做课题之前要有这样的假设，做完课题才知道结果，做课题就是要验证这样的假设。如果经过研究验证了这个假设是成立的，那么其他学校也可以"创建数字化校园，实施精细化管理"。

【案例3-14】"教师关键学科教学知识提炼研究"研究假设

假设1：关键学科教学知识是存在的。

假设2：关键学科教学知识是可以提炼的。

假设3：关键学科教学知识的解决对教师专业发展是有利的。

假设4：关键学科教学知识必然和课堂教学效果相联系。

现在不知道关键学科教学知识是否存在，但通过观察感到它可能会存在，因此要先假设它是存在的。如果已经确知它不存在，也就不用研究了。关键学科教学知识是存在的，但它是否可以提炼呢？这个也不太清楚，先假设它是可以提炼的，通过研究看它能否提炼、如何提炼。关键学科教学知识的解决能否对教师的专业发展有利呢？先假设它是有利的，做完课题之后就知道是否有利了。关键学科教学知识与课堂教学效果之间是否有联系呢？先假设它与课堂教学效果之间是有联系的，而且是必然联系。有了这样四个假设，课题就可以围绕这些假设展开，做课题的过程就是验证这些假设的过程。课题的结论会回答这些假设是否成立。

（四）拟创新点

课题研究的重要价值在于创新。可以说，没有创新，课题研究就缺乏价值。拟创新点是课题研究可能带来的创新之处。

课题研究的创新点主要表现为以下几点。

一是发展创新，即课题研究在前人研究的基础上，进一步把研究向前推进，突破已有研究困境，解决已有研究没有解决的问题等。

二是开拓创新，即课题研究另辟新径，从新的角度对研究领域做出探索，开辟了新的研究领域。

三是认识创新，即课题研究运用新的视角看待旧的问题，从而带来对旧问题的新认识。

四是手段创新，即课题研究采用了新的研究方式、方法、工具，从而给研究问题带来新的解决方式。

当然，一项研究不可能包括上述全部创新，也不可能有太多创新，能够有一两项创新就可以了，有两三项创新就非常不错了。

【案例 3-15】"基于网络教学的设计研究"创新点

1. 建立网络教学设计的理论体系与方法。

2. 建立基于网络环境的各类教学评价指标体系。

3. 开发出可操作性强、具有实际应用价值的网络教学的设计工具和评价系统软件。

如果该课题研究之前，没有相应的网络教学设计的理论体系和方法，没有基于网络环境的各类教学评价指标体系，或者虽然有，但并不完善，那么前两条就是一种创新。开发新的设计工具和评价系统软件，也是一种技术创新。

三、课题操作分析

课题操作分析主要回答"该课题如何做"的问题，主要包括本课题的研究思路、研究方法和实施步骤等内容。

（一）研究思路

研究思路是就整个课题的研究实施而言的，是课题申报者对研究的整体规划。这部分要写清楚这项研究打算怎么做。研究思路要明确清晰，有条理性。

【案例 3-16】"苏派小学语文代表人物教学主张及风格的传承研究"研究思路 [①]

为了探索苏派小学语文代表人物教学主张及风格形成的过程、因素以及其教学主张指向教学实践的具体操作策略等，形成对当下以及未来教育教学的宏观认识，我们将选择苏派小学语文代表人物中的四位（于永正、薛法根、孙双金、陈建先）进行个案研究，并采用文献调查研究、教学成功案例分析总结以及听课跟踪研究等方式，在实证研究得到的材料基础上进行归因分析、融合与传承，以点带面，从而获得对苏派小学语文代表人物教学主张及风格形成过程与因素等的全面认识，看清当下及未来语文发展的走向，形成自己的教学主张及风格。

通过这个介绍，我们可以把握的研究思路是：（1）选择苏派小学语文代表人物中的四位（于永正、薛法根、孙双金、陈建先）进行个案研究。研究的范围很清楚，是四位苏派小学语文代表人物，不会出现界限不清楚的问题，研究的方法也很清楚，是个案研究。（2）除个案研究外，还有文献调查研究、教学成功案例分析总结以及听课跟踪研究等方式。研究者以个案研究为主，同时运用了多种研究方式来研究。（3）由点到面，由材料到归因分析，由对个体的具体分析到对苏

① 本课题为江苏连云港高等师范专科学校第一附属小学王金涛老师主持的江苏省教育科学"十二五"规划专项课题。

派小学语文代表人物教学主张及风格形成过程与因素等的全面认识。这样我们就清楚研究者想做什么，怎么做了。

（二）研究方法

研究方法是课题研究的必要手段。课题研究往往要采用多种研究方法。常用的研究方法有文献资料法、行动研究法、调查研究法、个案研究法、经验总结法、实验研究法、数理统计法、检测分析法、跟踪比较法等。

研究方法的写作，一般列出将采用的科研方法，稍加说明，就可以了，花费的笔墨不必很多。研究方法部分要说明在课题研究中准备怎么运用这些方法，或这些方法将运用于课题的哪些方面。要揭示所采用的研究方法与课题内容之间的内在关系。这样评审者可以看出课题内容与研究方法之间是否适切。

有的课题只是简单地罗列出研究方法，或者对研究方法本身的含义进行解释，而不对研究方法在课题中怎么运用加以说明，这就让人无法知道，这些方法在课题中是怎么运用的，是否合适。因此，对研究方法在课题中的运用情况必须简明扼要地加以阐述。

【案例3-17】"小学、初中、高中外语课堂教学方法的差异"的研究方法

根据该课题研究范畴及研究内容，我们将尽可能采用问卷、访谈、跟踪调查、统计、分析、对比、文献等多种方法着

力于课题的研究，研究方法与形式的多样化，将会从更多的角度、层面为课题研究提供尽可能多的资料、数据和辅证。

这个课题虽然将研究方法罗列出来了，而且说明了多种研究方法共同使用的好处——"研究方法与形式的多样化，将会从更多的角度、层面为课题研究提供尽可能多的资料、数据和辅证"，但是没有说明"具体的研究方法如何与课题发生关系"，因此，我们无法知道这些研究方法是否适合这一研究课题，或者是否会在课题研究中得到正确的使用。这样的表述也不具有个性特征，几乎可以把它放到类似的课题研究中去。

【案例 3-18】"苏派小学语文代表人物教学主张及风格的传承研究"研究方法[①]

（1）行动研究法。通过对苏派小学语文代表人物进行听课（案例）跟踪研究、档案研究等，了解苏派小学语文代表人物教学主张、学术思想和成长规律等。

（2）个案研究法。研究每一位苏派小学语文代表人物的个性化特点，从而总结出共性规律。

（3）文献研究法。对国内外相关文献进行查阅、分析、整理并力图找寻苏派小学语文代表人物教学主张、学术思想、教学艺术和成长规律共性规律。

---

① 本课题为江苏连云港高等师范专科学校第一附属小学王金涛老师主持的江苏省教育科学"十二五"规划专项课题。

在这个课题里，列出行动研究法、个案研究法与文献研究法三种研究方法，并且说明了每一种研究方法在该课题中如何运用，这就揭示了研究方法与研究课题之间的内在关系。

（三）研究步骤

研究步骤，也称为研究阶段，是课题研究具体实施的活动安排。研究步骤要写得详细一些，把每一次重大活动作为一个研究步骤，活动时间、活动地点、活动目的、活动内容、负责人、参加者等内容尽量写清楚。重大活动，包括举办专题讲座、组织专题理论学习、参观、进行教育调查、开展教育实验、组织现场观摩、听课评课、专题研讨等。

研究步骤一般分为准备阶段、实施阶段和总结阶段三个阶段。也有课题根据自己的情况，把研究步骤分为四、五个阶段的。

研究准备阶段，一般包括课题选择、资料查阅、理论准备、方案论证、团队组织、人员分工等工作。

研究实施阶段，即研究的展开阶段，一般要围绕课题目标和研究假设，针对所设计的研究内容做调查研究或实验研究等活动。该阶段往往要经过中期总结或中期检查，即对课题的实践过程中的情况进行比较系统的反思。

研究总结阶段，主要工作是进行研究成果的整理、撰写结题报告、准备结题、成果鉴定等。

研究阶段的拟定要科学合理，详细具体，可操作性强。每个阶段都要标明起讫时间（一般标注到年、月），各阶段要完成的研究目标、任务，主要研究步骤等。研究阶段的写作要求简明扼要，不必详细陈述，但必须把与本课题有关的重要活动讲清楚。

【案例 3-19】研究步骤写作的反例

"学校对社区资源利用情况的调查研究"的研究步骤。

第一阶段：（2011 年 9 月—12 月）拟定研究方案和研究计划。

第二阶段：（2012 年 1 月—6 月）收集资料，设计调查表。

第三阶段：（2012 年 6 月—9 月）进行数据统计，分析总结，写出调查报告。

这样的研究阶段的陈述，不能揭示课题具体的活动内容，可以放到很多课题中去，太笼统，不具体，不可取。

【案例 3-20】研究步骤写作的正例

"信息时代中学生道德教育研究"课题研究步骤

第一阶段：准备阶段（2012 年 3 月—2012 年 11 月）

1.整理课题申报相关资料，完成课题申报立项。

2.收集国内外中学生道德教育理论文献和有关资料。

第二阶段：研究阶段（2012 年 11 月—2013 年 6 月）

1.继续收集和整理有关资料，撰写课题的文献综述。

2.调查了解中学生道德教育的现状（含考察学习），补充中学生道德教育研究的有关数据，了解中学生道德教育的规律及特点，探索中学生道德教育的发展趋势。

3.采取座谈会、访谈、书面调查等形式，广泛听取中学生道德教育研究专家和专业人员的意见。

4.逐步完成相关论文并公开发表。

第三阶段：总结阶段（2013年7月—2013年12月）

1.完成"信息时代中学生道德教育研究"研究报告

2.成果提交鉴定。

上述研究步骤把不同阶段的活动写出来，可以使人把握不同阶段的主要工作与活动，比如"调查了解中学生道德教育的现状（含考察学习）"、"采取座谈会、访谈、书面调查等形式，广泛听取中学生道德教育研究专家和专业人员的意见"等。研究步骤的写作一定要把工作时间、工作方式、工作内容等写清楚。

上面介绍了课题研究方案设计的主要内容，需要说明的是，并不是上述所有项目都会同时出现在同一份方案设计或课题申报书里。上述介绍从尽量全面的想法出发，综合了多种课题研究方案与申报书的项目来写作，然而，我们仍然难以囊括所有可能的课题申报书的填写项目，但主要的项目在这里了。希望教师们能够掌握这些项目内容及其写作，从而在设计课题方案或申报课题时能够轻松过关。

附：课题设计论证案例

"新课程改革中教学范式转型研究"课题设计论证 [①]

> ·本课题核心概念的界定、国内外研究现状述评、选题意义和研究价值；
>
> ·本课题的研究目标、研究内容、研究假设和拟创新点；
>
> ·本课题的研究思路、研究方法、技术路线和实施步骤。
>
> （限 4000 字内）

一、本课题核心概念的界定、国内外研究现状述评、选题意义和研究价值

（一）核心概念界定

1. 新课程改革（New Curriculum Reform）：指 2001 年全国基础教育工作会议召开国务院批转《基础教育课程改革纲要（试行）》以来的新一轮基础教育课程改革，即全国第八次基础教育课程改革。

2. 范式（Paradigm）：范式是托马斯·库恩在《科学革命的结构》一书中提出的重要概念，意指在一定时期内，研究群体对研究的共同认知、公认价值和常用技术、给研究者共同体成为样本的问题及解决方法、被公认的科学业绩的总和。它所代表的主要是思想观念、意识层面的东西，通过具体的模式、方法、行为等得以体现。

[①] 本课题为作者主持的国家社会科学基金"十一五"规划 2010 年度教育学青年课题，课题批准号 CHA100139。

3. 教学范式（Teaching Paradigm）：借鉴库恩的"范式"概念，我们把教学范式界定为，教师群体对教学的共同认知、公认价值和常用技术的总和。教学范式是察看教学思想与实践的一种方式。教学范式是针对教学实践而言的，其主体是那些一线教育工作者们。

4. 教学范式转型（Shift of Teaching Paradigm）：本研究中的"教学范式转型"，指旧的教学范式出现了持续的严重危机，不能很好地解释和解决教学实践中一连串的新事实和新问题，逐渐被新的教学范式代替，新范式取得合法的、主流的、压倒性的地位的过程。

（二）国内外研究现状述评

在我国，"范式"被引入教育教学研究领域后，人们从教育研究范式、课程范式、教学范式等方面作了研究。其中，"课程范式"与"教学范式"的研究与本课题直接相关。

"课程范式"研究集中在以下几个方面。第一种是对课程范式的理解与规范。（1）把课程范式作为解题方式。靳玉乐教授持此观点，并尤其侧重"解题方式"。（2）把课程范式作为内容、成就和观念集合体。黄甫全教授持此观点，认为课程范式是特定时代里相互适切和有机联系在一起的一定的教育内容及其规范化结构程序、课程成就和课程观念的集合体。（3）把课程范式作为研究方法论。郝德永教授持此观点，认为在课程方法论探究中，范式是指在课程研制领域中所呈现的不同信念及其所导致的解题方式的差异。第二种是对课程范式转型的研究。潘涌提出新课程改革以来，指令型课程范式向生成型、开放型、创新型课程范式转型。教学范式转型与课程范式转型密切相关，课程范式研究为本课题提供了重要背景。

"教学范式"研究集中在"一般教学范式"研究和"学科教学范式"研究两方面。

第一类：一般教学范式的研究。主要集中在两方面。一种是对既存教学范式进行梳理。陈晓端梳理了当代六种教学范式。（1）教学的艺术范式。其特点是把教学看成一种艺术。（2）教学的科学范式。其特点是着眼于从教学的规律和原则上解释教学，力图将其他学科的理论和方法引入教学。（3）教学的系统范式。其特点是把教学看成一个系统来考察。（4）教学的技能范式。其特点是把教学看作是一种可以通过培养来提高的个人职业技能活动。（5）教学的反思范式。其特点是把教学看作是一种反思的实践活动。（6）教学的复合范式。其特点是树立当代教学是复合范式活动的新理念，坚持用多种视角对教学进行整体把握。一种是对教学范式进行深入比较。例如，钟启泉与佐藤学对"模仿范式"与"变革范式"的差异的比较，扈中平等对"独白式"教学范式与"对话式"教学范式的比较。

第二类：学科教学范式的转型。论者对语文、数学、英语等学科的教学范式转型作了探讨。以语文学科教学范式研究为例，其研究概括起来大体上有三条路径。（1）从社会、政治变迁角度研究教学范式。此路径研究以阎立钦和周庆元为代表。（2）从语文教育内容角度研究教学范式。此路径以饶杰腾为代表，他概括出"文字型教育"、"文字—语言型教育"、"语言—人的发展型教育"三种范式。（3）从语文教学角度研究教学范式。有论者从教学中师生互动的角度入手，提出了语文教学"授受范式"、"导学范式"、"对话范式"三种教学范式类型。其他学科的范式研究也大致在此三种路径上展开教学范式研究。

在西方，范式引入教育教学领域后，人们更多地注重对"教学研究范式"的研究，美国的盖奇（Gege）、多以利（Doyle）、舒尔曼（Shulman）等人都进行了深入探讨。郝德永和赵颖对国外"课程范式"进行过梳理，发现西方主要存在"范式作为方法论"、"范式作为模式"、"范式作为观念"三种类型的课程范式研究。西方对"教学研究范式"和"课程范式"研究较多，而对"教学范式"的研究非常少见。虽然如此，上述研究对"教学范式"研究仍然具有一定的借鉴价值。

上述教学范式研究为我们认识和研究教学范式提供了很好的基础。本课题将在这些研究的基础上，力图从宏观层面上，更为全面和深入地重点探讨"新课程改革"与"教学范式"形成与转型之间的关系，以期为新课程改革的开展与新课程教学的实施，提供理论支持与实践依据。

（三）选题意义与研究价值

1. 在理论上，本课题从"教学理念"、"教学行为"、"教学方式"、"师生关系"等维度，构建"教学范式"分析的理论框架，运用"范式"工具察看新课程改革对教学实践的影响，可以总结提炼出新课程改革背景下新的"教学范式"类型，为其他教学研究提供分析框架与理论工具。

2. 在实践上，本研究可以更好地把握新课程改革对教师教学和学生学习的影响方式、影响内容以及新课程改革中存在的问题，对新课程改革的实施进行全面的把握和对策建议研究。在本课题研究结论的基础上，将提出新课程改革进一步实施的对策建议，提出教师改进策略以更好地适应新课程改革的发展需求，从而促进新课程改革的进行，促进教师教学方式的改革和学生学习方式的转变。

二、本课题的研究目标、研究内容、研究假设和拟创新点

（一）研究目标

本课题将立足全国第八次基础教育课程改革对中小学教学实施的影响，通过理论分析与调查研究相结合的方法，重点探索"新课程改革"与"教学范式"形成之间的关系，研究新课程改革对教学范式转型的影响，探索教学范式转型推进的影响因素与机制，以期为新课程改革的进一步推进和新课程教学的有效实施提供科学合理的研究依据。

（二）研究内容

1. 新课程改革背景下教学范式转型的影响因素研究。主要从纵向与横向、内因与外因、教师与学生等维度，揭示新课程改革背景下促使教学范式转型的影响因素及其影响机制，揭示新旧教学范式转型的基本过程。主要集中在影响因素的分析与影响机制的探讨。

2. 新课程改革中教学范式的类型研究。梳理新课程改革以来人们提出的新的范式类型，并对其加以分析。集中对新课程改革中涌现出的新的教学范式加以命名并深入探讨其内涵。

3. 新课程改革给教师的教学行为和学生的学习行为带来的影响与改变，这些行为改变给教学效果与学习结果带来的影响。集中在影响方式、影响内容等方面的研究。

4. 教学范式转型对新课程改革的要求研究。教学范式转型对新课程改革同样提出了新的要求，需要新课程提供相应的对策。本课题将在研究基础上，重点为新课程进一步实施提供相应对策建议。

（三）研究假设

新课程理念的提出和新课程的实施对基础教育实践产生了重要影响，教师的教学观念、教学行为和教学效果发生了范式转型。这种范式转型有一个过程，存在新旧教学范式之间的斗争过程，经过新课程改革的推行，教学范式逐渐向新课程改革的方向转变，但同时也产生一些与新课程改革理念不一样的教学风格。

（四）拟创新点

拟创新点：（1）总结提炼出新课程改革中出现的新的"教学范式"的类型，对新教学范式科学地命名并深入论证其内涵与合理性；（2）对新课程改革的进一步推进提出科学合理的对策建议。

三、本课题的研究思路、研究方法、技术路线和实施步骤

（一）研究思路

首先，建立研究分析的概念框架，将"教学范式"区分为"教学理念"、"教学行为"、"教学方式"、"师生关系"等几个维度，并阐明这种维度区分的合理性。

其次，采取"理论分析"与"实践调查"相结合的思维路径。具体来说，就是对"教学范式"的已有研究进行理论分析并构建新的理论分析框架；同时，对一线教育教学实践进行实地调查研究。在理论研究与实践调查的基础上，对教学范式进行综合概括，全面把握教学范式的现存状况。

再次，对新课程改革前的教学范式与课程改革后的教学范式加以比较研究，通过比较研究"教学范式"之间的转换过程及其影响因素，揭示新课程改革的实施对教学范式转型的影响。

最后，根据研究结论对新课程改革提出新的发展建议，对教师教学提出新的实施建议，以更好地推动课程改革的进行和教师教学的实施。

（二）研究方法

1. 文献研究法：对新课程改革前与新课程改革后的相关研究成果、教学实录、教学设计等文献，进行文献分析，以确认旧范式与新范式之间的相关内容。

2. 调查研究法：通过调查问卷、师生访谈、专家访谈等方式，对新课程改革中影响教学范式转型的因素，教师和学生在新课程教学中的变化等，深入做调查研究。

3. 统计研究法：对问卷调查的结果进行统计，在定量研究的基础上做出定性分析，使研究做到定量与定性分析相结合。

4. 案例研究法：收集、开发新课程改革中教师和学生在新课程改革影响下转变的个案，对案例做出深入剖析以揭示教学范式的转型情况。

5. 比较研究法：在纵向维度上对新课程改革前与新课程改革后教师和学生在思想观念、教学行为、学习行为、师生关系等方面的内容进行深入细致的比较，以研究范式转型的过程、结果等内容。

（三）技术路线

确定研究目标→提出研究假设→构建理论分析框架→在研究假设和理论分析框架的指导下展开问卷调查、师生访谈、专家访谈等调查研究，同时对新课程改革前、后的相关文献作对比分析→在上述研究的基础上做出综合研究与分析→得出研究结论，提出研究建议。

（四）实施步骤

1. 准备阶段（2010 年 5 月—2010 年 12 月）。

组织课题会议，研讨课题实施方案。

在原有资料的基础上，进一步搜集和整理相关研究资料。

确定调查和访谈对象，设计调查问卷、访谈提纲等。

准备与研究相关的设备、联系访谈对象、调查学校等。

2. 调查阶段（2011 年 1 月—2011 年 9 月）。

对相关课程教学专家进行新课程改革实施方面的访谈。

对教师进行新课程改革以来教学实施情况的问卷与访谈调查。

对学生进行学习情况的问卷与访谈调查。

对调查问卷进行统计分析。

3. 分析阶段（2011 年 9 月—2012 年 8 月）。

根据前期理论研究与调查统计分析，对教学范式转型情况做出全面的研究。

撰写阶段性的相关研究论文。

公开发表相关研究成果。

4. 总结阶段（2012 年 9 月—2012 年 12 月）。

组织课题组成员撰写研究报告，准备接受课题委员会的终期验收与审核。

第四章
如何成功申报课题

成功 = 艰苦劳动 + 正确的方法 + 少说空话

——（美）阿尔伯特·爱因斯坦

如果说我看得远，那是因为我站在巨人们的肩上。

——（英）艾萨克·牛顿

教师 1：

我也想申报课题，但是一看到课题申报书上需要填写那么多的表格，就感到头大。填写课题申报书太麻烦了，而且有很多内容不知道是什么意思，不知道怎么填写。因此，也就放弃了申报。

教师 2：

课题申报就像撞大运，中不中完全由别人说了算。中的情况少，不中的情况多。因此，也就没有报的信心了。

教师3（申报成功者）：

既然认定了，就一定要去申报，只有申报才可能获得资助立项。不要轻易放弃，成功就是一个不断摸索前进、不断完善自我的过程。

教师1申报课题怕麻烦，不知道怎么填写，是因为没有掌握课题申报规律与方法，如果掌握了课题申报的方法和注意事项，课题申报并不是那么难的事情。

教师2认为能否中标完全取决于别人，没有认识到课题申报能否中标取决于申报者与评审者两方面，申报者首先要做好申报工作，这是中标的前提和根本。他也没有认识到，不中也是正常情况。一次两次不中，不等于永远不中，只有不断申报，才可能中。教师3（申报成功者）的话语证明了这一点。

课题申报是课题研究的一项重要内容。课题申报成功能够获得一定的资助，有助于课题研究的进行。要想成功申报课题，就必须有好的课题申报书。如何才能写好课题申报书呢？课题申报书的写作，不仅是一个写作的问题，同时还是研究者科研素养的综合体现。因此，要在课题申报书中，充分地展现申报者的科研素养。

一、熟悉课题申报程序

申报课题要熟悉课题申报的基本类型与基本程序，根据类型和程序进行申报。

（一）课题申报的类型

课题申报一般分为两种情况。

1. 自选课题向上申报

自选课题向上申报是课题组拟定某一研究课题，提出研究方案，向相关机构申请课题立项，获取批准和资助。这种情况往往是机构内部的资助性课题，例如学校的某课题组提出研究方案提交学校课题主管部门申请立项。这种课题资助金额一般不会很大，研究问题也不会很宏观。

2. 上发课题自下申报

上发课题自下申报是课题主管部门发布大致的课题研究范围，申报者从中自主选择课题，提出申请，被批准后，获得立项与资助。这种课题一般称为外部资助课题，包括国家级、省部级、地市级课题等。

（二）课题申报的程序

外部资助课题的申请程序一般包括：获取课题申请信息、确定申报的课题、填写课题申报书、提交课题申报书。

1. 获取课题申报信息

一般来说，课题主管部门会定期或不定期地通过下发纸质通知和网络通知的方式公布课题申请信息。公布的课题申请信息主要包括课题申请指南、课题申请要求、课题申请表格等。这些信息往往从网络上能够看到，并可下载。课题申报者要关注和留意这样的信息。如果所在单位下发这样的课题申报信息，要及时关注，并按时、按要求申报。

2. 确定申报的课题

课题主管部门公布的课题申请信息中一般都有课题指南，申报者可根据自己研究团队的专业结构与能力水平、已有研究基础等，选择某一适合的课题进行申报，也可以根据自己的研究积累和研究兴趣自选课题进行申报。从申报命中率的角度，建议尽量从课题指南中选择相关的课题进行申报，这样的命中率相对自选课题要高一些。

3. 填写课题申报书

课题申报书是课题申请的通行证。填写课题申报书是课题申请中的关键环节。课题能否申请成功，关键就看课题申报书填写得如何。课题申报书包含课题名称、课题研究可行性论证、已有研究基础等内容。课题申报书的写作要做到逻辑严密、思路清晰、方法独特，能够说服课题评审专家，让他们确认申请人完全有能力完成这一课题。

课题申报表的填写有两种方式。一种是直接在纸上填写，最后提交。一种是先在网上填写、提交，然后下载填写表格，打印后提交。

4.提交课题申报书

提交课题申报书的途径有两种：一是通过邮递的方式把纸质申报书送达课题管理机构，一是通过网络提交申报表。现在的课题申报大多通过课题管理机构提供的申请软件，在网上提交课题申报书，同时寄送纸质申报书。

二、把握课题申报要求

申报课题要熟悉课题申报的要求，这样才能少走弯路，为准确填写申报书打下良好的基础，为申报成功提供必要的条件。

（一）研读相关要求

申请人填表前应仔细阅读有关申报须知、课题指南和填表说明。对这些内容的准确把握，可以达到事半功倍的效果。

1.认真阅读"申报须知"

申报须知是对整个课题申请过程中"必须"注意事项的说明，一般比较详细地列举课题申报"必须"注意的事项。不注意这些事项，不遵循"申报须知"的要求，可能会直接导致申报不成功。

2.认真阅读"课题指南"

课题指南主要是发布课题的范围或题目。虽然许多课题发布机构允许申报者自选课题，但从申报成功概率的角度看，从课题指南的范围内选报更易胜出。课题指南表达了课题发布机构的需求，能够适应并满足其需求的申报当然更易被选中。因此，要认真研究课题指南，并尽量从中选择课题。即使所选课题与课题指南不一致，也应尽可能地贴近课题指南所指出的方向。

3. 认真阅读"填写说明"

填写说明，是对课题申报者填写申报书注意事项的说明。填写说明，一般比较详细、具体、明确地说明了填写时应该怎么操作，具有非常强的可操作性和指导性。填写说明，也是在填写时必须遵循的，需要准确无误地掌握。

（二）注意申报限制

课题申报对申报者的资格、申报填写等有一些条件限制，必须加以注意。

1. 年龄限制

有些课题，特别是青年课题，对申报者的年龄有要求，必须是一定年龄段的人才有资格申报。比如，要求申报者须在 40 周岁以下。

2. 职称限制

有些课题对申报者的职称有要求。比如，重大课题、重点课题要求申报者须具有正高级职称。有些课题要求非高级职称的申报者申报时要有两名或以上具有正高级职称者写推荐信等。

职称限制的目的是设置一定的门槛，使申报者具备一定的申报资质，从而保证课题研究的质量。

3. 字数限制

有的课题对申报填写的字数没有限制，大部分课题对申报填写的字数都有限制。字数限制，主要表现在两个方面：一是标题字数限制，一是论证字数限制。

（1）标题字数限制。

标题字数限制，即限制标题的字数，以防止标题过长。不同课题对标题字数的限定不同，须严格按照要求来填写。一般规定，标题不得超过 15 个汉字或 20 个汉字。标题字数，包括副标题的字数。能够不用副标题的，尽量不用。

（2）论证字数限制。

论证字数限制，即在论证过程中，对论证文字数量的限制。这又分为两种情况。

一种情况是对整体的论证文字做出限制，对论证过程中每一部分的文字不作限制。比如，论证部分不超过 4000 字。

一种情况是对论证过程中每一部分都有明确的字数限制。比如，课题意义不超过 800 字，主要内容不超过 1000 字，参考文献不超过 400 字，等等。

论证字数的限制是为了防止过于膨胀的论证。限制字数，在一定程度上也可以看出申报者在有限文字里充分表达思想观点的能力。

4. 日期限制

申报课题还要特别注意申报的开始与截止日期。

例如某市重点课题指南第一条：

一、申报期限

从 3 月 13 日至 3 月 23 日上午 9:00—11:00 或下午 2:00—5:00 接受申报（节假日休息）。逾期不予受理。

申报日期未到，无法正常申报；超过申报日期，一般不予受理。因此，要在正常的申报期限内申报。为了应对中间可能出现的问题，如需要修改等，应该比最后截止日期提前一段时间申报，以留出缓冲或回旋的时间。如无特殊情况，最好不要拖延到最后一天才开始申报或提交申报材料。

5. 信息限制

信息限制是指在"论证活页"或其他须匿名评审的材料上，不得出现相关信息。这些信息包括作者的身份信息、作品的发表信息等。

身份信息，比如不能泄露申请人及成员的姓名、工作单位、师承关系等。作品的发表信息，主要是不能泄漏自己作品的发表刊物、发表时间（期数）等。

信息限制是为了保证评审的客观公正，防止评审者从中获取申报者信息，从而给予照顾或打压，防止不良评审结果的出现。

三、课题申报书的写作

课题申报的核心在于填写好课题申报书。下面重点讲课题申报书的填写技巧。课题申报书的内容，因课题发布机构的不同而有所差异。虽然如此，但一些基本项目还是大同小异的。一般而言，课题申报书包括以下内容。

（一）课题基本信息

基本信息主要包括申报者的个人信息和课题基本信息。

1. 申报者个人信息

申报者个人信息包括课题主持者的个人信息和课题参与者的个人信息。

课题主持者指真正承担课题研究和负责课题组织、指导的研究者。不能承担实质性研究工作的，不得填写。

课题主持者的个人信息，一般要求比较详细，主要包括姓名、性别、民族、出生日期、行政职务、专业职称、研究专长、最后学历、最后学位、担任导师情况、所在省市、所属系统、工作单位（按单位和部门公章全称填写）、联系地址、电子邮箱、联系电话（家庭电话、办公电话，手机、座机）、身份证号等内容。

课题参与者指真正参加课题并承担部分研究工作的研究者。不能承担实质性研究工作的，不能算为课题参与者。课题参与者，不含课题负责人，不包括单位领导、科研管理、财务管理、后勤服务等人员。

课题参与者的个人信息，一般要求比较简略，主要包括姓名、出生年月、专业职称、学历、学位、研究专业、所属单位（按单位和部门公章全称填写）等。

申报者个人信息一般是比较固定的，申报者只需如实填写即可。

2. 课题的基本信息

课题的基本信息大致包括以下几个方面。

课题名称：应准确、简明反映研究内容。课题名称的字数一般有限制，注意不要超过字数限制。有些课题名称的限制中标点符号算字数。

关键词：按研究内容设立。注意关键词的个数限制，不要超过。词与词之间的间隔要注意，有的要求空一格，有的要求用分号隔开，有的要求用顿号隔开，需按照要求填写。

选题依据：指根据课题指南中的第几项第几条来选择所申报的课题。可以把课题指南中的项数与条目写上，比如"指南题号：二，（四），36"。这说明本课题是根据"课题指南"中"第二项第四部分中的第 36 条"选择的。如果是自选课题则填写"自选"，或根据填写说明中的自选代码填写。选题依据可以使课题评审者知道，选择是否根据课题指南，是根据课题指南的哪一部分哪一条来选择的，或者是申报者自选的。

课题类别：指课题的级别及类型。不同的课题发布机构所列的课题类型不同。比如，有的列"A.重点课题、B.一般课题、C.规划课题"；有的列"A.国家重点课题、B.国家一般课题、C.国家青年基金课题、D.教育部重点课题、E.教育部青年专项课题"。一般课题填写说明上会列出课题类别，可据此填写。

学科分类：指课题研究所属学科范围。一般课题填写说明上会列出学科的分类及代码，可据此填写。

研究类型：指课题研究的类型。一般分为四种类型：A.基础研究、B.应用研究、C.综合研究、D.其他研究。需选项填写，限报一项。

申请经费额度：指课题申请的经费额度。注意经费额度的单位，多以元、千元或万元为单位。填写阿拉伯数字，注意小数点位置。如需填写中文大写数字，则注意不要写错别字。

预期最终成果：指课题最终完成的成果形式，如论文、著作、研究报告、案例等。

预计完成时间：指课题预计最后完成的时间，写明年月。

表 4-1　课题申报基本信息表示例

课题名称							
关键词							
选题依据							
课题类别		学科分类			研究类型		
负责人姓名		性别		民族		出生日期	
行政职务		专业职务			研究专长		
最后学历		最后学位					

所在省（自治区、直辖市）		所属系统		
工作单位		电子信箱		
通讯地址			邮政编码	
联系电话	（区号）　　　（单位）　　　（家庭）　　　（手机）			
身份证号				

	姓名	出生年月	专业职务	研究专长	学历	学位	工作单位
主要参加者							
预期最终成果							
申请资助经费（单位：万元）			预计完成时间				

（二）相关研究成果

相关研究成果指负责人和课题组成员近年来取得的与本课题有关的研究成果。相关研究成果可以分为直接相关研究成果与间接相关研究成果。

直接相关研究成果，是可以为本课题研究打下基础或构成本课题研究部分内容的研究成果。

间接相关研究成果，是虽然不能直接为课题研究服务，但可以为课题研究带来启发或其他帮助的研究成果。

比如，申报的是教学风格方面的课题，所研究或发表的一般教学风格的成果，或教师个体教学风格的成果，都属于直接相关研究成果；而所研究或发表的教师专业发展方面的研究成果、教师个人素养方面的成果，都可属于间接相关研究成果。

既然是研究"成果"，就是经过"研究"所得的可以确定的研究结果。那些正在研究中还没有成形的资料等不能称为成果。

从是否发表的角度看，有已发表的研究成果和未发表的研究成果。一般来说，所要填写的研究成果是正式、公开发表的成果。所谓正式、公开发表是指在具有国内和（或）国际刊号的刊物上公开的研究成果。

相关研究成果的年限要求，有的未予明确，有的则明确要求为近五年来或近三年来的研究成果。如果有具体的年限要求，应严格按照要求填写；如果没有具体年限，可根据课题成果的发表或出版时间，由近及远或由远及近地按顺序填写，也可根据成果的相关性或重要性填写，即把相关性强、重要性大的靠前写，反之向后写。

课题负责人和课题组成员的相关研究成果都可以写进来。

相关研究成果的填写内容，一般包括：成果名称、著作者、成果形式、发表刊物或出版单位、发表或出版时间。

其中，成果形式是指论文、著作、光盘、录音等。

发表出版时间的填写有以下三种情况。

1. 论文发表时间的填写

以论文形式发表的成果，要以发表期刊所标明的期数或者出版日期为准。发表期数的填写，可以写为 2012 年第 10 期，也可以写为 2012（10）。

发表日期的填写，以期刊或报纸所标明的出版日期为准，例如，期刊发表的，可写为 2012 年 10 月；报纸发表的可写为 2012 年 10 月 18 日，或 2012-10-18。其中，1—9 月或日，不足两位数的，前加零（0）添为两位数，例如，2012-06-08，表明是在 2012 年 6 月 8 日的报纸上发表的。

2. 著作出版时间的填写

以著作形式发表的作品，以版权页所标明的出版日期为准。有的书籍出版后会不断重印，注意不以重印日期填写，而以初版的日期为准填写。有的著作出版后会不断再版，再版的著作的日期则以最新一版的日期填写。总之，是写最近版次的日期，而不是写印次的日期。

3. 光盘、录音发表或出版时间的填写

光盘或录音等成果形式，以制作完成或公开发行、播放的时间为准。如果是公开课的录像，也可以上公开课的时间为准填写。因为公

开课也是一种公开发表。

表 4-2　相关成果填写表示例

成果名称	著作者	成果形式	发表刊物或出版单位	发表出版时间

（三）相关研究课题

相关研究课题，指负责人和课题组成员近年来主持的相关重要研究课题。近年来的时限，有的未作明确限制，有的则是明确要求为近五年或近三年来的研究课题。

这部分一般要求填写主持人、课题名称、课题类别、批准时间、批准单位、课题编号、课题金额、完成情况等内容。申报者根据实际情况，如实填写即可。具体内容需根据提供的表格项目填写。

有些课题要求申报者没有承担其他课题。此时，则需要申报者所承担的课题，全部处于结题状态。如已结题，需提供课题结题相关证书、证明复印件。

这一项内容有助于课题评审者了解课题申报者及课题组成员的课题研究经历、所做课题的级别等，据此推断课题申报者及其团队的研究能力、研究水平、研究时间等，从而判断他们能否胜任现在申请的课题。

如果这一项是空白，就可以判断申报者近年来没有过从事课题研究的经历，如果申报成功，这可能是他第一次正式担任课题负责人。如果课题负责人同时还担任着好几项课题研究，而且都还没有结题，这说明课题申报者具有很强的课题申报能力，甚至具有很强的科研能力，但可能没有更多时间从事本课题的研究。这些信息将在一定程度上影响评审者最后做出决定。

表 4-3 相关重要研究课题填写表示例

主持人	课题名称	课题类别	批准时间	批准单位	课题编号	经费金额	完成情况

（四）课题设计论证

课题设计论证是课题申报书中的核心内容。这部分内容往往会要求以论证活页的方式专门打印，以供专家匿名评审时使用。课题设计论证的相关内容已在第三章中详述，此不赘言。

（五）课题保障分析

课题保障分析，也称为完成课题的可行性分析，主要包括已取得的相关研究成果及其社会评价（引用、转载、获奖及被采纳情况）、主要参考文献、课题负责人的研究经历、课题组成员的构成与分工、完成课题的保障条件等。

1. 已取得的相关研究成果

在申报书中，已取得的相关研究成果可以按照作者、成果名称、发表刊物、发表时间等信息比较详细地填写。但是，在评审书（"课题设计论证"活页），即匿名评审部分，则需要隐匿相关信息。填写时，不得出现课题申请人和课题组成员的姓名、单位名称等信息，统一用×××代表。否则，会一律不得进入评审程序，或以故意泄露个人信息论处。

2. 研究成果的社会评价

研究成果的社会评价，主要是已有研究成果的社会反响。一般可从研究成果的影响面、影响度等方面写，具体而言，可以写读者的评论、成果的获奖情况、成果被采用的情况、成果的实际运用及效果等。为了突出成果的社会评价，可以把上述内容分类、分条目写作。

3. 主要参考文献

主要参考文献是指写课题申报书时所参考的主要的文献。主要参考文献的写作看似不重要，其实很重要。如前所述，评审专家可以从有限的参考文献里判断课题申报者的水平。主要参考文献的写作要注意以下几点。

（1）注意文献的排序。

参考文献的排序有不同的标准：以文献发表先后排序，以作者姓氏拼音排序，以发表刊物的音序排序，以在使用中出现的顺序排序，以与课题研究的相关度排序等。

参考文献最好以与课题的相关度来排序，即把与课题研究最直接相关的排在最前面，根据相关度递减原则排列文献。这样写的好处是可以让评审专家一眼就看出所列参考文献与课题的相关度，增加参考文献对课题申报的支持力度。

（2）突出代表性文献。

参考文献的列举一般是有限制的，比如最多只列 10 条；即使没有限制，也没有必要把所有参考文献都列上。因此，需要精选有代表性的文献。如前所述，如果与课题研究直接相关的有代表性、典型性的文献缺失得比较严重，可以直接判断作者视野有限，没有能力完成本项课题。代表性、典型性文献的出现则可以增加评审者对申报人的信赖感。

（3）兼顾文献的类型。

参考文献的类型，指期刊文献、书籍文献，国内文献、国外文献等，最好能够兼顾。不同类型文献的兼顾，可以反映出申报者宽阔的研究视野和深厚的文献积累。如果文献类型单一，则可能申报者的思路也比较单一。

当然，有的课题可能会因研究进展的原因，存在文献单一的情况，比如还没有出版过专著，只有零星的论文等。在这种情况下，可以把相接近的、有参考价值的相关、相近学科的文献写进来。

4. 课题负责人研究经历

课题负责人的研究经历或学术经历，主要介绍课题负责人的研究领域、研究方向，做过哪些项目、课题，有哪些研究成果，有何学术兼职等。

这部分内容可以帮助评审者判断课题负责人是否有能力承担并完成所申请的课题。

课题负责人的简介，在"课题论证设计"部分，即匿名评审部分，一般是不能出现课题负责人和课题组成员的姓名、单位名称等信息的。如果出现，可以被认为是故意泄漏信息，有作弊的嫌疑，可能会因此而被取消评审资格。因此，在涉及敏感信息时，一般都采取回避出现、模糊处理或代替出现的方式。

◆回避出现，就是在写申报书时，不直接出现自己或课题组成员的姓名、单位信息等。

◆模糊处理，就是用比较模糊的信息代替比较明确的信息。比如，毕业于北京某985、211大学。北京的985、211大学有多所，到底是哪所是不知道的，具体信息是模糊的，但985、211大学，可以帮助评审专家判断其有较好的学历教育背景。模糊处理的目的是向评审专家透露诸如毕业于985、211大学这样的背景信息，增加评审专家对课题申报者资格的认识。

◆代替出现，就是用字母、符号、数字等代替需要回避的信息。比如课题组成员A、成员B，用A或B代替具体的人名。

课题负责人研究经历，主要是写"研究经历"，即与研究有关的经历，那些非研究的经历都不用写。这部分的写作要求简洁扼要、突出重点，把有代表性的研究经历写出来即可。

5. 课题组成员的构成与分工

（1）课题组成员的构成。

课题组成员的构成主要包括成员的学历构成、专业构成、年龄构成、职称构成、经验构成等。

◆学历构成。主要是课题组成员的学历情况，比如本科、专科、中专之类，以及各学历之间的比例。

◆专业构成。主要是课题组成员所学或所从事的专业情况。专业性研究需要以同专业的人员为主，而跨学科研究则需要跨专业的人员构成。

◆年龄构成。指课题组成员的年龄情况。成员的年龄情况，可以10年为一个单位来统计。比如，20—30岁的有几人，30—40岁的有几人，40—50岁的有几人，其平均年龄是多少，比例构成怎样。比较理想的年龄构成是老中青结合。

◆职称构成。主要是课题组成员低、中、高级职称的构成人数。

◆经验构成。主要是课题成员从事研究的经历、经验情况。

这部分内容可以帮助评审者判断课题负责人所组建的研究团队在结构上是否合理，是否有能力完成课题研究。

（2）课题组成员的分工。

课题组成员的分工，主要是课题负责人和各成员之间在课题研究和管理等工作上不同职责的分配。

课题分工中，一般由课题负责人担任组长，负责课题的整体构思、课题申请、课题动态管理等。其他具有专业特长或管理特长的人任副组长，全面负责课题的实施或阶段性指导。主要成员则根据个人兴趣与专长，选择具体的任务。有的课题组还配备有学术顾问，也可以写在人员分工栏目里。

6. 完成课题的保障条件

完成课题的保障条件，包括研究资料、实验仪器设备、配套经费、研究时间、所在单位条件等，可划分为资料保障、物质保障、经费保障、时间保障、管理保障等几个方面。

◆资料保障。这部分要写清楚课题研究是否已经积累了一定的研究资料，是否能够获得研究所需的其他资料，是否能够保障研究资料的充分拥有和充分运用等。

◆物质保障。课题研究所需要的场所、实验仪器设备等物质条件，是否能够保障课题研究的实施。

◆经费保障。所申请的研究经费是否能够保证运用于所申请的课题而不作他用，除此之外单位是否有配套经费，自己是否还能自筹部分经费等。

◆时间保障。课题负责人和课题组成员是否有足够的时间用于本课题的研究。

◆管理保障。负责人所在单位是否支持本课题的研究、是否能进行课题实施和课题经费的管理等。

四、其他需注意的事项

申报书的填写还要注意以下事项。

（一）提早准备

虽然课题申报书的填写是在课题申报指南发布之后才做的事情，但就报课题来说，仅仅靠这一点时间是不够的。课题的成功申报，一方面取决于对课题的论证，另一方面取决于申报者前期的研究积累和精心准备。因此，要早选题，早研究，多积累一些前期成果。当需要申报课题时，根据课题指南发布的课题信息，对照自己此前的研究基础，选择相应的选题。

如果前期没有任何准备和积累，等课题指南发布之后，再从中选择自己感兴趣的题目去申报，那么成功的可能性极小。退一步讲，即使申报成功了，后面做起来也会非常困难，即使勉强做完了，也很难有很好的质量。课题的申报一定是建立在前期积累基础之上的，这就需要提早着手，尽早准备。

（二）前后一致

课题申报论证中的很多内容其实是前后联系，交相呼应的。课题申报书写完之后，一定要检查一下相关内容与表述是否前后一致。

◆研究内容与研究目标是否一致。研究内容是否围绕研究目标展开，能否实现研究目标。

◆申报者的前期研究成果是否与本课题具有相关性。

◆参考文献是否与研究内容具有相关性。

◆研究成果类型的一致性。在前面写的最终成果是"研究报告"，后面却写为"论文"，到底最终成果是"研究报告"，还是"论文"？

◆预计完成时间与实施阶段中的截止时间应该一致。

◆申请经费的总额度与分项计算的额度总和要一致。

一个好的课题评审者，一定会注意前后内容之间的内在关系，前后内容不一致，会影响课题申报的质量。

（三）注意细节

做研究需要秉持严谨的态度，申报书的填写亦是如此，不能有半点马虎。课题申报中的一些细节也需要注意。不注意细节，可以反映出作者不严谨的科研态度。申报书的填写都不严谨，做研究怎么可能会严谨呢？

1. 注意数字

比如，填写申报的额度，需要注意单位的表述。有的申报书标明以"元"为单位，有的标明以"万元"为单位。在填写数字时就需要注意，如果是以"万元"为单位，申报的额度是 50000 元，那么只需要写个"5"就可以了，如果写成了"50000"，那么申请的额度就成了 5 亿元了。

同样，最终成果的字数，有的课题申报书没有明确要求，那就可以直接用阿拉伯数字表示，或者写成阿拉伯数字加单位的方式。有的课题申报书则可能会标明以"千字"为单位，那就要注意以"千字"

为单位来表示。

有一名申报者申报课题时没有注意字数单位，在成果字数里填写了 12000。本来的意思是写 12000 字，没有想到单位是"千字"。如果以"千字"为单位，这个 12000 就不是一万两千字了，而是一千两百万字了。因为这一点错误，只好重新打印课题申报书。重新打印申报书是小事，如果真让写一千两百万字，可就难了。

2. 注意装订

课题申报书的打印和装订，也是一件值得注意的事情。有些课题对申报书打印所使用的纸型、装订的方式等有所要求。比如"采用 A4 规格页面，分开装订"、"复印请用 A4 复印纸，于左侧装订成册"。申报者要严格按照要求打印和装订。不规范的打印和装订，也可能会导致申报材料不被处理。

3. 注意签章

课题申报一般需要申报者所在单位的领导签署明确意见并加盖单位公章后送报。申报者要做好签章工作后再递送申报表。

课题申报一般需要申报者签署"承诺书"或"申报者的承诺与成果使用授权"。对这项内容需要申报者签名并具日期。

4. 注意校对

课题申报书中不要出现错别字、歧义句等低级错误。在写完申报书之后，应认真仔细做校对工作。

由上可见，课题申报是一项十分复杂，而且有点繁琐的事情，每一项内容都需要认真准备、仔细考虑、谨慎填写，既要写得宏观概括，还要写得细致入微，既要写得简洁明了，还要写出水平，写出质量，这是一件不容易的事情。但只要前期准备充分，选题设计得当，内容论证合理，获得立项还是值得期待的。

附：课题可行性分析案例

"新课程改革中教学范式转型研究"完成课题的可行性分析 [①]

> ·已取得的相关研究成果及其社会评价（引用、转载、获奖及被采纳情况），主要参考文献（限填 10 项以内）；
>
> ·课题负责人的主要学术经历，主要参加者的学术背景和人员结构（职务、专业、年龄等）；
>
> ·完成课题的保障条件（如研究资料、实验仪器设备、配套经费、研究时间及所在单位条件等）。
>
> （限 1500 字内）
>
> **一、已取得相关研究成果及其社会评价**
>
> （一）已取得相关研究成果
>
> 1. 个人专著：《语文教学范式研究》，26 万字。
>
> 2. 参著：《语文教学范式的转型》，2 万字。

[①] 本课题为作者主持的国家社会科学基金"十一五"规划 2010 年度教育学青年课题，课题批准号 CHA100139。

3. 参著：《新课程语文教与学》，6万字。

4. 参著：《语文新课程教学论》，4万字。

5. 论文：《新课程中教师的角色转换》，4000字。

6. 论文：《走向对话教学——对话教学基本问题探究》，8000字。

7. 论文：《对话教学的环境创设》，6000字。

8. 论文：《教师如何开发利用课程资源》，8000字。

9. 参编：《中国基础教育舆情报告·2007》、《中国基础教育舆情报告·2008（上）》、《中国基础教育舆情蓝皮书·2009》等3部著作，每部约4万字。

10. 参编：《中国教育研究新进展2004》、《中国教育研究新进展2005》、《中国教育研究新进展2008》、《中国教育研究新进展2009》等4部著作，共约10多万字。

（二）已取得相关研究成果的社会评价

1. 读者书评。《语文教学范式研究》被读者自发写作书评在网络和全国中文核心期刊上发表。

2. 人大复印报刊资料收录。《对话教学的环境创设》等成果被中国人民大学报刊复印中心《中小学教育》、《素质教育》、《中学语文教与学》等全文复印。

3. 论点摘编。相关成果被《基础教育课程》、《早期教育》、《语文学习》等多家刊物论点摘编。

4. 书籍收录：相关成果被3部书籍收录。有成果被认为对新课程教学实践富有深刻启示性意义。

4. 他人引用。据不完全统计，相关成果被书籍、期刊论文、硕士博士论文引用几十次之多。

5. 网上评论。成果被多家网站引用，教学范式研究专著被认为是具有开创意义的学术专著。

二、主要参考文献

1. 钟启泉等：《为了中华民族的复兴　为了每位学生的发展——〈基础教育课程改革纲要（试行）〉解读》，华东师范大学出版社，2001 年版。

2. 钟启泉：《寻求课程范式的转型：中国大陆基础教育课程改革的进展与问题》，《比较教育研究》，2003（1）。

3. 傅敏：《论学校课程范式及其转型》，《教育研究》，2005（7）。

4. 胡定荣：《论教学论发展的危机与范式转型》，《教育研究》，2005（7）。

5. 胡秀威：《西方教学研究范式的演进》，《比较教育研究》，2003（2）。

6. 陈晓端：《当代教学范式研究》，《陕西师范大学学报（哲学社会科学版）》，2004（5）。

7. 马开剑：《传统课程与教学范式的缺陷探析与整体转向》，《当代教育科学》，2004（15）。

8. 蔡春、扈中平：《从"独白"到"对话"——论教育交往中的对话》，《教育研究》，2002（2）。

9. 潘涌:《课程范式的转型与解放教学创造力》,《全球教育展望》,
2009（2）。

10. 魏本亚:《高中"新课标"带来的语文教学范式革命》,《中国教育学刊》, 2003（8）。

三、课题负责人主要学术经历

课题负责人,男,35岁,毕业于985、211师范大学课程系、教育学系,获教育学硕士、博士学位,副教授,硕士生导师,受两所高校聘请为硕士研究生授课。研究专长：课程与教学论。新课程改革以来,一直追踪研究新课程改革的理论与实践。

独立出版个人专著3部,主编、参著、参编教育教学著作20多部；在《全球教育展望》、《教育理论与实践》、《教育发展研究》、《中国教育报》、《中华读书报》等全国40多家刊物发表教育教学方面的论文80多篇；有10多篇论文被人大报刊复印资料《中小学教育》、《中小学学校管理》、《素质教育》等全文复印,多篇论文被《教育学文摘卡》、《中国教师报》、《基础教育课程》等刊物论点摘编。

主持个人课题3项,参与国家教育科学规划"九五"、"十五"重点课题等多项。

应邀在上海、浙江、甘肃、云南、山东等地做学术报告40多场次。指导上海、浙江等地4所中小学的教学科研课题。

四、主要参加者的学术背景和研究经验、组成结构

1. 学历构成：课题组成员均具有著名大学的研究生学历,两位博士、两位在读博士、一位硕士。

2. 专业构成：有课程与教学论、比较教育、中国教育史、教育统计与测量，专业结构合理。

3. 年龄构成：课题组成员年龄在 31—38 岁之间，平均年龄为 34.2 岁，是一支年富力强的队伍。

4. 职称构成：课题组有两个高级职称、三个中级职称，高中级职称比例为 2 ：3。

5. 课题研究经验：课题组成员均参加过省部级以上课题研究，具有省部级课题研究经验。

五、完成课题的保障条件

1. 研究保障。负责人的前期研究已有大量成果和深入思考，可以保障研究的质量。

2. 资料保障。在长期研究过程中已积累了大量理论资料与教学实践资料，可保障研究顺利开展。

3. 经费保障。如果课题申请成功，所在单位会配发相应的课题经费，可以保证课题的顺利实施。

4. 时间保障。负责人主持的几项课题已结题，有充分的时间专心放在本课题的研究上。

5. 人员保障。课题组成员都受过教育研究专业训练，结构合理，会尽心尽力从事本研究。

6. 管理保障。所在单位积极支持本研究的申请与研究，具有良好的科研管理条件和信誉。

第五章
如何做好开题论证会

论证是用理由去证明某些观点的过程。在这个意义上，论证并非毫无意义；事实上，它意义非常。

—— （英）安东尼·韦斯顿

谬误有多种多样，而正确却只有一种。这就是为什么失败容易成功难，脱靶容易中靶难的缘故。

—— （古希腊）亚里士多德

课题申请书不就是对课题的论证吗？为什么课题批准下来了，还要做开题论证？开题论证要论证些什么？怎么论证？

——一个老师的困惑

课题在获得立项之后，还需要做开题论证。开题论证，也称课题论证，是有组织地、系统地鉴别研究的价值，分析研究条件，完善研究方案的评价活动，是课题研究必不可少的环节。开题论证是一项严肃认真的工作，应以实事求是的科学态度进行，要认真准备论证材料，详细介绍课题情况，虚心听取论证意见和修改意见，并根据论证结论处理研究方案。

一、开题论证的价值

开题论证对保证教育研究工作的顺利进行，提高研究质量等有着重要意义。

（一）有效鉴定课题的价值

开题论证通过对课题研究的问题所涉及的对象、内容等的考察，对研究背景的分析，与他人同类研究的比较等，揭示课题研究的实践价值或理论价值，进而决定课题研究是否可行。课题组与专家要共同就课题实施展开论证。课题组要论证的是课题可行性，如果不可行，就不用做了。专家的论证则既涉及课题的可行性，也涉及课题的不可行性。如果经过论证，认为课题研究是不可行的，那么就不需要做了。当然，这种情况极少。从理论上来说，开题论证就是要论证课题可行不可行，只有经过论证认为有价值、可行的课题才能继续做，否则就只能放弃。

（二）促进研究方案的完善

开题论证的目的是论证课题的价值与意义、可行性等，以帮助课题组进一步调整、完善研究方案，以利于研究的顺利开展。开题论证是一个交流沟通的过程。课题组成员可以向专家提出需要解决的疑问，专家会给予解决、指导；专家们的指导往往会给课题设计者以启发，从而促进课题方案的调整、更新、完善。开题论证会也是一个提出意见和建议，对方案品头论足的过程。通过开题论证，可以发现课题研究方案中的不足与缺陷，进而指出修改或应对的措施，促进研究方案的完善。

（三）研究质量的可靠保证

经过开题论证，课题设计者根据同行、专家的意见或建议，对研究方案进行优化、完善，为研究的顺利实施奠定了基础。严格的开题论证对研究过程可能出现的问题做出预测，使整个研究的方向更加明确；开题论证还对研究的各项前期工作做了充分论证，可以使之得到更加充分的准备。这些都为课题研究质量提供了可靠的保证。

二、开题论证的方式

开题论证的方式一般有两种：个别咨询与集体讨论。一般情况下，课题负责人把填写好的开题论证报告复印若干份，分送到被邀请的论证专家手中，请他们事先审阅，然后约定时间和地点，个别交换意见或举行开题论证会。

（一）个别咨询

个别咨询就是课题负责人单独向个别专家进行课题重要性、可行性等方面的咨询。个别咨询又可分为当面咨询和书面咨询。

当面咨询是课题负责人与所咨询的专家面对面的交流。这种方式比较直接，可以使交流的内容更加深入。

书面咨询是课题负责人把开题报告发送给所咨询的专家，请他提供书面的建议。这种方法实施起来比较方便，而且不太受具体时间和空间的限制，但由于书面交流毕竟不如当面交流更自由、更具有生成性，所以不太建议使用这种方式。

不论是当面咨询，还是书面咨询，一般都需要咨询多个专家，然后汇总专家们的意见，在此基础上对研究方案进行调整或修改。

（二）集体讨论

集体讨论就是在论证专家事先审阅开题报告后，课题负责人或课题组成员与论证专家聚在一起进行讨论。

多个专家集体讨论可以发挥各自的专长与智慧，克服个人条件的局限，形成互补效应。专家组与课题组集体讨论，还可以形成"头脑风暴"，在思想碰撞中产生新的认识，通过交换意见、沟通信息、思想碰撞，使问题具体化、明晰化、完整化，有助于课题组改进研究方案。实践证明，聘请若干专家，采用集体讨论的方式进行开题论证效果较个别咨询要好。

除上述两种方式外，如果可能，课题组还可以将开题论证报告公开发表，以便在更广泛的范围内征求意见。这一步一般是在开题报告比较成熟的情况下进行的。

三、开题报告与申报书

开题报告，就是在课题立项确定之后，课题负责人在课题立项和调查研究的基础上撰写的报请上级批准的课题研究计划。

有的人会以课题申报书的内容来代替开题报告，这是不合适的。因为两者功能、所面对的对象等都是不同的。

课题申报书主要用于课题评审，所面对的是评审专家。它的功能是获得评审专家的认同。课题评审主要是对课题做出评判。

开题报告主要用于开题论证，所面对的是论证专家。它的功能是获得课题研究的支持。开题论证主要是对课题进行诊断。

开题论证是在课题申报基础上对课题可行性的进一步论证。课题立项后，需要对与课题相关的文献重新进行梳理，并查证新的资料，并据此写作开题报告。

课题申报书侧重于课题的价值阐述和可行性分析。课题已获立项，说明其研究价值已经得到认同，其可行性也已得到基本认可。但课题申报书中对课题实施即可行性的论证还是比较粗线条、比较宏观的，还缺乏细致、具体、可直接操作的论证。因此，需要进一步通过开题论证来改进和推动。开题论证报告是将研究假设具体化，将研究内容和方法结合起来通盘考虑和设计，侧重于对课题研究实施可行性的分析。

因此，为切实做好开题论证，必须重新撰写开题报告。当然，开题报告可以在课题申报书的基础上撰写。

表 5-1　课题申报书与开题报告的关系

比较项目	课题申报书	开题报告
主要功能	用于课题评审，对课题作出评判	用于开题论证，对课题作出诊断
面对专家	课题评审专家	开题论证专家
主要内容	侧重于课题的价值阐述和可行性分析	将研究假设具体化，将研究内容和方法结合起来通盘考虑和设计，侧重于对课题研究实施可行性的分析
两者联系	开题论证是在课题申报基础上，对课题可行性的进一步论证。开题报告可以在课题申报书的基础上撰写。	

四、开题论证会的准备

开题论证会一般由课题主持人来主持操办。为开好开题论证会，需要做一些准备。

（一）撰写开题论证报告

开题论证报告一般应具体阐述以下几个方面的内容。

1. 选题目的

选题目的部分要说明为什么选择这个题目，通过这项研究要达到什么目的。

2. 课题价值

课题价值是选题的依据，要回答所选课题对解决教育实际问题（包括对本校、本地区的教育工作实际存在的问题）或回答教育理论问题有什么意义，对教育的改革和发展会有什么贡献，选择这一课题的依据是什么等问题。

3. 研究条件

这部分要说明课题的前期准备情况，课题研究涉及哪些客观条件，是否都能满足，从研究者自身看是否有足够的知识、能力、信心、时间等。

4. 研究方案

研究方案，涉及研究假设、研究步骤、经费开支计划、课题组成员的分工内容等。如果是大的课题，还要拟定相应的课题管理办法，明确课题组成员职责、课题经费管理以及课题档案管理等内容。研究方案部分要说明方案的总体思路是什么、方案是否完备、方案中各部分的联系等。

5.过程分析

研究过程分析就是分析研究过程可能出现哪些问题、有哪些对策。

6.结果预测

结果预测就是预测研究结果可能出现哪些情况、是否会带来不良后果。

为了更好地呈现课题内容，往往还需要在开题论证报告的基础上，制作 PPT 等课件以便于在开题时简明清晰地呈现论证内容。

（二）确定开题时间地点

在准备好开题论证报告后，要确定开题论证的时间与地点。一般来说，课题立项后，会要求在一定的时间内开题，比如获得立项后一个月或两个月内必须开题。这就需要在规定的时间内选择合适的时间开题。会议地点一般选在课题负责人所在单位。

（三）聘请开题论证专家

开题论证会需要联系、聘请论证专家。开题论证专家的聘请一般需要由课题管理部门和课题组协商确定。因为课题管理部门会对开题专家的人数、资格、构成等提出要求。课题组需要按照要求去做。当然，课题组也可以根据自己的实际情况或课题的实际情况，向课题管理部门提出自己的要求或建议。在双方的协商沟通下，确定开题专家的人数、资格、构成等。

开题论证专家的人数，一般需要 3 人以上。参加开题论证的人数太少，有些问题不能够被发现，而且也不足以确认一些问题；人数太多，则会增加开题论证各方面的成本，涉及课题经费的使用等问题。因此，一般以三五人为宜。

开题论证专家的资格，一般需要有高级职称或副高级职称，或者其他要求，比如需是学科带头人、骨干教师、名师等。

开题论证专家的构成，一般需要有教育实践工作者、教育管理者、教育理论工作者。

教育实践工作者能够从教育实践一线的视角为课题提供具有实践性、可操作性的经验。教育课题的研究来自实践，最终要回归实践。教育实践工作者的经验能够为课题提供实践支持，开拓研究思路，保证课题研究的可行性。

教育管理者可以为课题研究进行思想与方向上的把关，从宏观与微观结合的角度分析课题的实践意义，在人力、物力、财力、时间等主客观条件方面做出切实的考察。让与课题研究相关的教育管理者参与开题论证，还可以加强课题组与他们的联系，取得他们对今后课题研究的指导与支持。

教育理论工作者可以为开题论证提供理论指导和智力支持。他们所提供的理论指导往往能够提升课题的层次，使课题研究站在更高的位置上，更加顺利地进行。

专家的聘请要考虑专家的专业结构、知识结构、经验、职称等因素，还要考虑专家对课题的熟悉情况，聘请熟悉本课题的专家，他们才能提出专业的、有价值的问题，并对课题给予有力的指导。

（四）布置开题论证会场

为了便于展开交流和讨论，会场的座位布置一般呈圆形或椭圆形。为表示重视和尊重，同时有利于不熟悉的人之间互相熟悉，还有必要在座位上设置席卡写上每个人的名字。为了便于大家及时入座，并区分专家组和课题组成员，还可以把专家组成员和课题组成员分在相互面对的两边，在席卡上写有课题组和专家组。

比较正式的开题论证会，会场一般布置开题论证的标语。标语可以是横幅，也可以写在黑板上，还可以运用多媒体呈现。制作横幅比较费事，也不经济，后面两种方式比较容易。

如果需要多媒体呈现开题论证的内容，还需要对多媒体的设备等进行检查和试用。如需音响、话筒等设备，应提前准备或检查、试用。有些讲究的开题论证会，还会在会桌上置放鲜花，或者摆放一些水果。

五、开题论证会的召开

开题论证会的召开一般由以下几个方面构成。

（一）介绍出席会议人员

开题论证需要主持人介绍参加论证的专家、课题组人员以及出席论证会的其他人员。

开题论证会的主持人，有的就是课题主持人，有的为了显示开题论证的公正性，会请课题组和专家组之外的第三方做主持人。第三方主持人一般是单位领导或在相关学科有一定学术地位的人。

对专家的介绍相对比较详细，如单位、职称、姓名等。如果是第三方主持，对课题的主持人的介绍也可较详细。对来参加开题论证的课题组成员可介绍，也可不介绍。如果课题组成员人数少可以提一下；如果人数多，则说一下来参加开题论证会的还有课题组成员等，就可以了。如果参与开题论证的人员相互都比较熟悉，不作介绍也是可以的。

（二）课题组作开题论证

在简要介绍完论证会与会人员后，课题组负责人或课题组成员代表需要向专家组介绍课题的基本情况，这个过程也就是课题组对课题进行论证的过程。汇报课题情况时，不需要重复开题报告的所有内容，应该抓住重点问题，对课题研究的理由和依据等进行说明，使专家知道课题提出的思路和背景条件。

（三）专家组评议与研讨

在课题组论证结束后，专家组会针对课题的情况做出评价、提出问题。专家组成员须详细审查论证报告，向研究者提出建设性意见。专家组成员的主要任务是帮助课题组完善研究方案，提出意见和建议，修改补充完善方案。专家一般会从课题的必要性、科学性、可行性和优越性四个方面对课题展开论证。对一些重大课题，一般要进行综合评价，做具体的价值分析、可行性论证和效益分析，以确保研究的质量。

课题组成员需要对专家组提出的问题做解释性回应，主要是解释相关疑问、补充相关背景等。解释不是辩护，有些人针对专家的疑问或质疑进行辩护，不论自己这边是否有问题，都想力证自己的正确，这是没有必要的。如果自己的内容正确，而专家质疑，说明专家对课题的相关背景或内容了解不够，我们需要做出的是解释而不是辩护。要记住的是，专家是来帮助我们论证课题以使之成立的，而不是来推翻课题的。如果自己的内容确实存在问题，则需要如实交代，并借机请教专家。既然专家能够提出这个问题，那么说明他对此有所思考，一般也能够提出一些解决问题的思路。

开题论证是一次交流研讨的过程。大家本着开明开放、科学严谨、求真务实的态度，针对课题中的问题展开研讨。课题组成员可以借开题论证的机会，向专家组提出自己在撰写开题报告、做开题论证时的问题进行请教。这是一个很好的请教的机会。当然，如果有些问题不适合在开题论证会上当众讨论，可以私下讨教。

既然开题论证是一次交流研讨，那么参与开题论证的人都应该有发言权，都可以发表自己的看法。所以，不要忽视专家组和课题组之外的旁听人员，既然来旁听，一般是对本课题有研究兴趣，甚至有想法、有研究的。他们的观点和看法，往往可以从另一些角度为课题研究开拓思路。因此，应该允许、欢迎旁听人员发表自己的看法。如果他们对所论证的课题有疑惑、问题或建议，也应该允许提出或发表。这有助于课题组认识课题存在的问题，并改进研究方案。

总之，开题论证的过程是一次课题组、专家组、旁听者共同交流、研讨的过程，是一个使课题方案不断科学、合理、完善的过程。

（四）论证会资料的收集

课题组应树立较强的材料意识，时刻注意收集与课题研究相关的资料。开题论证会可以为课题提供很多有价值的思想和资料，课题组要重视论证会资料的收集。课题负责人和课题组成员要认真听取专家和与会人员的意见和建议，并做好会议记录。如果条件允许，课程组可充分利用多媒体技术，对论证会的全过程进行录音、录像，作为课题研究档案的一部分加以保存。

有的地方，设有专门的开题论证活动记录表，可以使用这样的表来记录开题论证活动。

为做好开题论证的会议记录，开题论证会前，课题负责人应把记录任务的准备工作分配下去，请相关成员做好准备，比如谁负责照相、谁负责录像、谁负责录音、谁负责记录等。课题负责人，还可以对会议记录的质量提出一定的要求。比如，照片要有会场的全景、要有开题论证会标的背景等；录音要保证每个人的发言都清晰地被录到，如有必要可使用多台录音设备；录像要尽量使每个专家都正面出镜，防止镜头抖动、画面模糊、声音不清等问题。只有精心准备才能获得全面、高质量的资料，为后续使用打下基础。

表 5–2　S 市开题论证活动记录表

S 市教育科学"十二五"规划课题开题论证活动记录表

课题属性		课题编号	
课题名称			
课题主持人		研究单位	
一、课题实施方案（另附纸）			
二、论证意见摘要（可另附纸）			
三、专家签名			
论证时间		年　　月　　日	

六、开题论证报告的修改

在课题开题会后，还有一些工作需要做。

（一）整理开题论证会资料

开题论证会后，课题组成员要及时对会议记录或多媒体资料进行整理。有音像资料的，要把它们转化为文字材料。文字资料的使用有时比音像资料更方便。音像资料的文字化，一般采用"文字实录"的方式，可以进行必要的加工，比如把无意义的"嗯啊"、没有必要的重复等删掉。

除音像资料的整理，还应对现场笔录的文字资料进行整理，比如拿几个人的记录进行比对，查实、查准当时每个人发言的内容。这样做可以避免因个人记录失误而造成信息失真。

开题论证会后，课题组成员还应该写自己的感想与认识。这些感想与认识，也是对课题研究的感想与认识，也是宝贵的课题研究资料，同时这种方式可以促进课题组成员科研素养的提升。

（二）分析专家与听众意见

在资料整理的基础上，课题组应该召开讨论会，对开题论证会中专家组或其他人员（听众）提出的问题、建议等，进行分析讨论，消化吸收、采纳其中有价值的意见，在此基础上推动课题研究的进展。

（三）对研究方案做出修改

在资料整理、专门讨论的基础上，课题组要进一步修改完善开题论证报告，使之更加完善、科学、可行，并在此基础上确定课题研究实施方案。如果有必要，可以再次进行开题论证。在二次论证的基础上，进一步完成开题论证报告和研究方案。

以上所述，只是开题论证的一般程序，课题类型、大小不同，课题管理者的要求、课题负责人的意图不同等，都可能会使开题论证的过程有所差异。不论怎样的开题论证，都是以提高课题研究质量为目的的。经过严格的、科学的论证，课题组会有比较明确的研究方向、比较清晰的研究思路，获得比较得当的研究措施，从而保证课题研究的顺利展开。

当然，课题研究是一个长期的、反复的过程，研究方案往往需要不断修改才能形成，因此，课题的论证工作不是一次两次就能完成的，还需要在研究实施过程中适当进行修改完善。

总之，开题论证是一项严肃、科学的工作，不能弄虚作假，也不允许蒙混过关。只有以科学的精神、严谨的态度、实事求是的要求，认真组织好论证，才能保证课题研究的顺利实施，保证高质量研究成果的获得。

附：开题论证会案例

"培养小学生自我修改习作能力的课例研究"
开题论证会实录 [①]

主持人：

各位老师：

今天，我们欢聚一堂参加"近水楼台"名师工作室"培养小学生自我修改习作能力的课例研究"开题论证会。对于我们一线教师来说，这是一个难能可贵的机会，我想这次活动，对于我们老师今后的课题研究一定会有很大的指导意义。

下面我先介绍一下参加此次论证会的专家、领导。

中国浦东干部学院副教授李冲锋博士。

诸暨市教研室语文教研员翁善庆老师。

诸暨市东白湖镇中心小学何定汉校长。

诸暨市阮市镇中心小学吴占永校长。

本次论证会的主角是诸暨市"近水楼台"名师工作室导师郦泺静老师和她的弟子们。下面我们请课题组陈述开题报告。

陈莉：

我今天陈述的开题论证是相对比较简单的，专家和课题组的老师都有一份详细的课题方案。接下来我就对我们的课题做一个简单

[①] 感谢郦泺静及其团队同意援引本材料，整理人魏晓琼。

的论述。

我的汇报将从九个方面进行：第一，课题提出的背景；第二，课题提出的意义；第三，课题的界定；第四，国内外同类课题研究综述；第五，课题研究目标及内容；第六，课题研究方法及实验步骤；第七，课题的人员分工；第八，课题的预期成果；第九，课题的可行性分析。

我们课题研究背景的提出是从两个方面入手的。

第一个方面是课程标准的要求。课程标准是我们活动的准绳，在《义务教育语文课程标准（2011 年版）》第三学段中提到："修改自己的习作，主动与他人交换修改，做到语句通顺，行款正确，书写规范、整洁。根据表达需要，正确使用常用的标点符号。"对写作评价提出这样的要求："要考查学生对作文内容、文字表达的修改，也要关注学生修改作文的态度、过程和方法。"这两点可以说都强调了培养学生自我修改习作能力的重要性和必要性。

第二个方面是教学现状。学生习作的作前指导、教师批改、习作讲评、讲评后自改是作文训练的一个完整的教学过程，是相互作用、紧密关联的，缺一不可。但是，我们发现在作文教学实践中，教师往往重视了作前指导、教师批改和习作讲评，却忽视了讲评后自改，忽视了学生的主体作用，使学生作文水平提高很慢。现实教学中的习作批改是以教师为主的，是教师的"一言堂"，好不好都由教师来定，这无形中增加了教师的工作强度，劳心费神，但实际收效甚微。而且大多数学生只关心教师打出的分数，却很少关注教师阅改的痕迹，更不可能有效地反思。这种评改方式从某种程度上说养成了学生的惰性，也淡化了学生的修改意识，未能调动学生主体参与的积极性。说到我们语文老师最辛苦的是什么，很多老师都会感叹，作文批改，语文老师也感到很无奈。那学生的自改现状又是怎样的呢？由于老师们对评后学生自改的不重视，学生对作文的认识仅停留于写作这一层面，而把修改权力完全交于老师，自我修改意识不强。小部分学生想改，但不知道如何改，缺乏修改习作的方法，于是也就放弃了。这是我们课题提出的背景。

这个课题提出有什么意义呢？一是培养小学生自我修改习作的良好习惯，提高他们自我修改习作的能力，使之学会将自我修改习作的能力变成得心应手的写作技巧，掌握自我修改习作和表达的方法。二是通过培养小学生自我修改习作能力的实践和研究，改变教师重作前指导，轻作后评改的习作教学观念，提高教师开发修改习作的方法与相关知识的能力，从而提高习作教学效率。三是培养学生自我修改习作的能力是优化习作教学，取得最佳教学效果的有效途径。如果这个课题顺利实施，取得预期成果，对我们一线教师的教学和学生习作能力的提高都很有意义。

第三个点是课题核心概念的界定。有两个基本概念：一个是习作的概念，一个是自我修改习作能力的概念。什么叫习作？它是指学生以学习写作技巧、提高写作能力为目的，在课堂内外所写的文字作品。什么是自我修改习作能力？它指的是学生运用一定的修改方式方法主动独立地修改习作的能力。这个界定包括两层意思：一是修改习作的主动性，即学生不需要他人的提醒与督促，自觉地对习作进行修改；二是修改习作的独立性，即学生不需要他人的帮助，能够运用所学知识与方法修改习作。只有当学生形成了上述两个方面的能力，才算具备了自我修改习作的能力。

这方面的内容国内外已有人在研究，下面是国内外同类课题研究综述。

首先我们把目光放到国内，河南省邓州市教委教科所杨华民提出一般意义上的习作修改，其特点是"批改"分家。具体指在作文批改中，老师一般只完成"批"的任务，而让学生去完成"改"的任务，分工明确，这样可以让老师在"批"中教，学生在"改"中学，作文修改能力得以尽快提高。第二个是自主的习作修改，其特点是重在学生自觉、主动修改上。河北省廊坊市香河县如翠君、河北省迁安市杨店子镇曹鸿海、江苏省启东市沈灵琳等提出，引导学生自主发现问题，自主探索修改方法，引导学生互改评议，逐步提高学生自改作文的能力。管建刚在《我的作文教学主张》中提到两个观点：一是"讲评"重于"指导"；二是"多改"重于"多写"。他对这两个观点的阐述堪称精彩独到，颠覆了众多一线教师对习作评改的观点。他还创建了一个习作的动力系统，为本课题研究提供了有力的理论依据。上述研究为我们的课题研究提供了很好的范式。

现在我们把目光放到国外同类课题的研究。国外也十分重视小学生自我修改作文能力的培养。当代格鲁吉亚儿童心理学家、教育家，苏联教育科学院院士阿莫纳什维利认为，发展书面语言必须同发展写字技巧和发展口头语言同步进行，必须通过口头语言的训练来创造书面语言的先决条件。他所拟定的书面语言教学方法，包括下述步骤：让儿童思考文章的内容，写文章，检查文章，纠正文章中的各种错误，对成果进行分析，过一个月重新修改这篇文章。著名教育家勃朗斯基提出，发展书面语言的主要方式是独立作文，并建议教师要特别重视让小学生修改作文。国外的这些研究与观点，进一步加强了我们对小学生自主修改作文的认识。

国内外课题对小学生自我修改习作能力的研究都有所涉及，传统的评改模式受到质疑，引导学生自主修改作文的研究有所尝试，但都比较宽泛，还没有形成一个系统可操作的模式。而我们的课题重在通过一个个鲜活的课例，用以点带面的形式引导学生掌握并运用一定的方法修改自己的习作，在此基础上开发修改习作的方法和相关知识，最后制定出一套供一线老师操作的作文评改体系。因此还是有别于其他课题的研究的。

下面介绍的是课题研究的目标及内容。研究目标有三点。第一点是通过研究，使学生认识到修改作文的重要性，激发他们自我修改习作的兴趣，使之养成自觉修改习作的习惯。第二点是引导学生掌握并运用一定的方法修改自己的习作，在修改的过程中不断提高评价能力和鉴赏能力。第三点是通过课例研究，提高课题组教师开发修改习作的方法与相关知识的能力。我认为好的课题就应该帮助老师和学生共同成长，我们这个课题的第三个目标就提到提高课题组教师开发修改习作的方法与相关知识的能力。

研究内容我们分两块：一是开发修改习作的方法与相关知识。二是培养学生自我修改习作的能力与习惯。首先关注第一点——开发修改习作的方法与相关知识。本课题体现"班本化"、"生本化"的教学理念，针对课题组教师所在班学生在习作方面存在的问题展开课例研究。

根据课题组教师对所在班学生习作方面存在问题的调研，我们确定以下三大习作板块为本课题的研究内容。

第一板块是抒情系列。抒情系列我们分成三小块：情由心生，情由景生，修辞也传情。情由心生，《学写心理活动》主要目的是让学生掌握如何写出人物心理变化过程的知识和方法，并运用这些知识和方法来进行自我修改。情由景生，我这里举一个《让环境为你说话》的例子——让学生掌握借助环境描写来表达心理活动的知识和方法，并运用这些知识和方法来进行自我修改。修辞也传情，包括学习排比句，借物喻人，同时让学生掌握一种方法，并运用这些知识和方法来进行自我修改。

第二个板块是观察系列。该系列分为三部分内容：一个是外貌描写，一个是神态描写，一个是动作描写，都是让学生掌握一种知识和方法，并运用这些知识和方法来进行自我修改。

第三个板块是对话系列。包括两个主要内容：一个是"魔力提示语"，一个是"标点变变变"，也是让学生掌握一种知识和方法，并运用这些知识和方法来进行自我修改。

培养学生自我修改习作能力的方法途径，也是我们研究的一项很重要的内容。

第一，关注评改形式的丰富。我们采用这几种形式：一是巡视评改，二是朗读评改，三是自改互批，四是分批面批。

第二，教给修改方法。我们有四种方法：一是针对习作要求修改，二是运用修改符号修改，三是采用眉批旁注的方式修改，四是坚持"多次"修改。

第三，讲求评价方式。第一是一文多分。根据学生个体的实际状况，采用一文多分的方式，照顾差异，激发学生的习作热情与信心。第二是总体评价。用放大镜寻找学生作文中的"闪光点"，以正面引导为主，同时婉转提出问题及修改方向。第三是展示激励。搭建一些习作运用展示的平台，让学生享受自我修改习作的进步与成功。

这是我们研究的第二大块内容，这个内容应该是很丰富的。

下面我来介绍一下本课题的研究方法及实验步骤。研究方法主要有文献研究法、调查研究法、行动研究法、个案研究法、经验总结法。第一是文献研究法。通过查阅、收集有关学生作文自改能力培养方面的科研文献，获取相关信息，并进行分析综合，从中提炼出对本课题研究有价值的资料。大家在开题报告后面可以看到很多参考文献，这些参考文献还远远不够，我们会在具体实施过程中进行补充完善。第二是调查研究法。我们通过访谈、问卷的方式对教师和学生做有关问卷调查，然后加以分析综合，为课题的研究提供第一手资料。第三是行动研究法。第四是个案研究法。建立相关个案，专门关注观察学生在课题研究过程中的变化，对相关的表象与特征进行分析、对比、总结，从而不断调控研究措施。还有一个是经验总结法。

下面是实验步骤，我们是从 2011 年 12 月着手准备的，2012 年 2 月初步形成了一个方案，在这个过程中我们要特别感谢李冲锋博士，他给我们作了如何进行课题研究的专题讲座，同时总结在习作教学方面的经验以及存在的问题，学习相关的理论知识，论证方案的设计，为课题深入作好充分的准备。

实施阶段是 2012 年 3 月到 2013 年 3 月。

总结阶段是 2013 年 4 月到 2013 年 5 月。在这个阶段我们整理各类研究资料，分析评估，得出结论，撰写研究报告，进行成果展示。

课题的人员分工。很荣幸的是我们请到了教研室语文教研员翁善庆老师做我们的顾问，还有知识渊博、治学严谨的李冲锋博士对课题的研究进行全程指导。

美丽知性的郦泺静老师作为我们的组长，全面负责课题的实施与研究；还有热情的研修团队的全体成员。我们的具体分工是这样的：郦泺静、陈谊、杨春女具体负责抒情系列的课例研究，魏晓琼、徐微萍、陈丹具体负责观察系列的课例研究，陈莉、边海燕、俞建虹具体负责对话系列的课例研究。可以说我们分工非常明确，相信课题的研究可以扎实地开展起来。

课题的预期成果，第一是课题的实施方案及结题报告，第二是在正式刊物上发表与培养学生自我修改习作能力相关的研究论文，第三是研究论著结集出版，第四是课堂实录，第五是学生习作。

这个课题实施起来有怎样的可行性呢？我也简单地讲一下。

1. 本课题研究的内容指向教师和学生最日常的教学和学习生活，也是广大一线教师最为关注的内容，具有较强的实践性和现实意义。

2. 本课题负责人郦泺静老师为诸暨市实验小学教育集团督学处主任，"近水楼台"名师工作室导师，有着多年的教育科学研究经验，所主持的研究成果曾多次获奖。本课题组人员由"近水楼台"名师工作室的优秀骨干教师组成，有着较强的理论素养、过硬的业务素质和丰富的实践经验。

3. 本课题顾问翁善庆老师，是诸暨市教研室小学语文教研员，长期从事指导小学语文教学的工作，对于小学作文教学有着丰富的经验；顾问李冲锋老师，是上海师范大学教育学院博士后、中国浦东干部学院副教授，有着丰富的科研经验和深厚的理论功底。有他们对课题的研究进行全程指导，利于我们深入地进行研究和及时做出研究调整。

感谢大家。请给予我们宝贵的意见和建议！

主持人：

请专家对这一课题的可行性与科学性进行论证与指导。

翁善庆老师提问：

我提两个问题：第一，作为课题组的成员怎样培养学生修改习作的能力，怎样处理教师的指导、教师的讲评、学生的写作之间的关系？第二，本课题研究小学生自我修改习作的能力，你们怎么处理教师的"导"与学生的"改"的关系？

魏晓琼答辩：

我回答翁老师的第一个问题：关于怎样处理教师的指导、教师的讲评、学生习作之间的关系。其实我们的习作修改即习作指导，我们在习作教学过程中通过习作指导使学生掌握一定的写作方法和技巧，学生运用这些方法与技巧进行修改，写作的方法就是修改的方法。

徐微萍答辩：

我来回答翁老师的第二个问题：在传统作文教学中，教师不仅批孩子的作文，而且在作文里已经帮孩子们改好了，这样对于孩子来说没有进步可言，根本谈不上自己修改作文。河南省邓洲市教委教科所杨华民提出"批改"分家，所谓的"批"就是老师在孩子作文旁边写上怎样修改，要注意的地方；所谓的"改"就是孩子看了老师的批语之后，自己修改。而我们所要达到的目标是让孩子通过运用自己学到的修改作文的知识，主动地修改自己的作文，不用再让老师在他的作文旁边写上什么要注意的地方了。

翁善庆老师提问：

我提最后一个问题：本课题的研究内容中，写到了"抒情"、"观察"、"对话"等三个系列，你们的依据是什么？

陈谊答辩：

对于翁老师提出的这个问题，我代表课题组的成员解释一下。我们觉得现下的作文教学，对于学生的知识点的教育不明确，我们的出发点是开发出知识点，帮助同学们理解和明确，进而让他们有据可循。知识点的开发，现在我们也处于摸索的状态，现在的知识点只是根据学生的作文来做的。成系列的知识点将需要我们在以后的探索中不断充实，我们期望我们的努力能成为作文教学中以知识点为教学出发点的全新教学方式的一种探索。

郦泝静补充答辩：

刚才翁老师的问题我再作一下补充。

关于"导"与"改",我们认同管建刚在《我的作文教学主张》中提到的两个观点:一是"讲评"重于"指导";二是"多改"重于"多写"。因为我们所指的"习作"是宽泛的,所以,更多时候是放手让学生自主习作,学生习作之后,我们发现共性的问题,就加以提炼,并开发出能解决问题的相应的知识与方法,这些知识与方法,既是指导学生写好习作的方法,也是学生自我修改习作的方法。

我们的课题研究,体现"班本化"、"生本化"的教学理念,是针对课题组教师所在班学生在习作方面存在的问题展开课例研究。方案中提到的"抒情"、"观察"、"对话"等三个系列,是我们课题组老师通过所在班学生在习作方面的调研,初步确定的,随着研究的推进与深入,我们会不断地加以调整。

李冲锋:

基于我们整个中小学语文教学现状,包括作文教学现状,一个很重要的问题是什么呢?支撑我们教学的知识基本上是不完全的、不系统的,是不够的。语文教学的知识系统开发应该是由我们学科专家、教学论专家、课程论专家以及我们一线教师共同开发完成的一个非常宏大的工程。但遗憾的是我们的专家、语文课程标准都没有提供这方面的知识,老师们在教学的时候事实上是没有抓手的。我们的教材告诉老师用什么知识去教作文了吗?我们的教参告诉我们用什么知识去教作文了吗?没有!在这样的情况下,我就想,我们老师是不是可以通过自己的努力去开发一些知识,然后用这些知识去为其他老师,甚至整个学科建设贡献一份力量?对我来说,是把其他一些希望转变成对一线教师的期望。当看到郦老师的案例里面在开发一些知识时，我发现开发的知识其他老师也可以拿去用，所以我们是不是尝试着从几个小的课例开始，来学会知识开发的方式方法，慢慢先做起来？如果我们课题组的老师掌握了知识开发的方法，就可以去开发更多的知识。我们现在确定的这样几个系列、这样几个课例研究是尝试性的，它不系统。刚才郦老师说的两个根据挺好的，一个是自己班里的学生实际情况，他们可能会面临这样的问题；再一个是我们的教材和文本里面经常出现的比较重要的内容和知识，用这样两个根据去选择这样的点。可以说这是点的研究，而不是面的系统的研究。如果这个做得好，我们就是整个更宏大的计划的开始，万里长征的第一步。我们这个团队还可以进一步拓展或开发其他的知识系统。

郦泳静提出困惑：

我们在本方案中这么界定"自我修改习作能力"："指学生运用一定的修改方式方法主动独立地修改习作的能力。这个界定包括两层意思：一是修改习作的主动性，即学生不需要他人的提醒与督促，自觉地对习作进行修改；二是修改习作的独立性，即学生不需要他人的帮助，能够运用所学知识与方法修改习作。只有当学生形成了上述两个方面的能力，才算具备了自我修改习作的能力。"这里的第一个层面，其实是学生自我修改习作的习惯问题，第二个层面是能力的问题，我们这么界定，是否对学生的要求过高？我们的课题研究也根本达不到这个界定的要求？

翁善庆老师解答：

概念的界定没有错，课题研究不一定要达到这个要求。

李冲锋解答：

我们从理论研究或者从论证上来说，学生最后具有主动性和独立性，我们才认为他具有了习作修改能力，这两点有没有问题？事实上刚才翁老师已经论证了应该具备这样两点。接下来就是这个课题做到最后学生有没有达到，学生可能有一部分还不那么自觉，在一定程度上也可以认为课题完成了，按照标准它在那里了，但是这个课题做到什么程度是实实在在的情况，并不是说你所有的都能达到，可能有一部分达到了，有一部分没有达到。如果有部分同学达到了，是我们课题给的，那也是成功；你的学生没有完全达到，但有很大的改进，那也说明我们这个课题是成功的；如果大部分学生没什么改变，那这个课题是失败的。

郦泺静：

我明白了，界定没有错，那也是最理想的目标。但我们的课题研究，只要向前走了一小步，就是有价值的。即便一点都没有迈开步子，我们现在做的这个研究本身已经有意义了。

陈琼燕（听众）提问：

我觉得这个课题的切入口大，而研究所涉及的内容却相对较为狭窄，是不是可以考虑缩小课题研究的范围？

郦沭静解答：

我们是课例研究，就像翁老师刚才提出来的，我们选择的是这样的课例而不是那样的课例。

李冲锋解答：

课例只是一个个的例子，你的意思是题目应该再界定得细一点。事实上是这样的。有的时候课题的题目可以稍微宽一点，但是我们在做的时候可以大题小做，在做的时候要小做。我们应该有一个界定，只要界定清楚了，也是可以的。

陈琼燕（听众）提问：

习作教学的时间一般为两课时，若教师讲评后学生再修改，教师批阅后学生再修改，肯定会花费较多的习作时间，这时间从哪里来？

郦沭静解答：

这个习作并不是我们每个单元的习作，更多的是我们的百字练笔。这个时间是点滴的，不一定在语文课堂上。点评整篇的情况会比较少，我们注重片段点评，每天 5 分钟到 10 分钟时间进行练习。

陈琼燕：

就是说语文书中的内容也可以拿来用，为什么它写得好？

郦泺静：

　　对，我们的随堂练笔，就是根据文本中的语言描写方式进行练习，这是很好的一种方法，要让学生习得这种方法，其实这种描写的方法就是修改习作的方法。我们平常的教学指导学生写后戛然而止，而我们现在还有一个后续问题——学生写了以后方法也知道了，然后自己去改。

陈丹提问：

　　一般意义的习作修改和学生自主的习作修改的区别在哪里？

李冲锋解答：

　　我们现在的修改是学生的自我修改，包括老师批了之后让学生去改，学生是在老师批了之后去改，它的指向就是让学生把作文改好。我们传统的评改方式，是老师批改后，指出问题所在，然后学生根据老师的建议进行修改，其观点有"批改分离"，其形式有面批、课后批、全批、抽批等。但总的特点是老师的批改比较多，为主；学生的修改相对非常少，为辅。除了一般意义的习作修改以外，就是学生自主的习作修改，指学生自觉、主动地去修改习作，这也是我们课题所研究的内容，其中比较典型的就是我们所知的管建刚老师的观点。当然还有很多有关这方面的资料，可以再去收集整理一下。

郦泺静困惑：

　　我们在培养学生自我修改习作能力的方法与途径上是否分类不清？

李冲锋：

事实上是两大块，一块是按照内容改，第二、第三两条是按照形式改。多次修改不是方法。

郦泺静：

我觉得多次修改是很重要的。

李冲锋：

是很重要，但不要放在方法里。事实上巡视评改和面批有点像，可以融进去。朗读评改倒是一个方法，通过朗读的方法去改，这是一个真正的方法。前面所说的旁批、眉批事实上都是方式，不是方法。互批、面批也都是方式。方式是一种形式，方法是你拿着这种东西能用的。这里方式也有，方法也有，混淆了。

主持人提议：

我想你们的关键是课题定位——你想把课题做到哪个高度。根据你们第八条的课题预期成果，你们是通过研究有所发现，总结出自己对习作修改的方法。关于这个我想问一个问题，就是你们有没有准备好：培养小学生自我修改习作能力的课例研究需要我们研究组的老师注重对所教学生的作文进行收集和整理。学生能力有没有提高，提高了多少，都需要从学生的作文中反馈给自己。所以对学生的作文原文、修改稿、定稿的保管工作十分必要，课题最后的呈现和论著的出版都需要大量的事实依据。课题组成员一定要从一开始就树立这种困难意识，迎难而上，这样才能做出成绩，有理有据。

李冲锋：

这个思路是对的，这是从长期、长效的角度来说的，我们想通过一年的时间来看学生有没有改变，主动性有没有增强。现在的问题是人家进行多次修改，我们也进行多次修改，我们的多次修改和人家的多次修改的区别在哪里？我们的修改在于学生能用我们教给他的知识作为他修改的凭借去修改，这就看我们开发的知识和我们的指导得当不得当。这个课题我最看重的是知识的开发，用开发出来的知识写了，写了之后改了，看他是否用我们教的知识与方法来写、来改。如果他改了以后还是不好，我们就要问是什么原因，再去反思我们前面开发的知识有没有问题，再开发再补充。在此基础上，再让学生修改，看第二次修改是不是比第一次强。我们课题的价值就在这里。我们自始至终都注重知识开发，用我们开发的知识去教学生怎么写、怎么改。这个课题最大的特点是写的知识即改的知识。所以，我们这个课题把很大精力放在学生写的知识开发上。我们还应该注重知识开发的过程，这是一个研究过程，是一个提高过程，我们要作为资料存下来。

郦泺静：

谢谢主持人的建议，确实做任何课题都要注重研究资料的积累，我们的课题要注重课堂的积累，学生的作文水平的提高是一个长期发展的过程，我们课题组会注重持续性的资料收集和整理。

主持人：

这次交流活动，专家对课题实施的科学性与可行性进行了评议，并对研究可能存在的困难和问题进行指导，专家的意见可以帮助我们课题组少走弯路。

我们一线老师常说课题难做，缺少学习的机会，通过这次活动，我想我们的老师对做课题也一定会有所得，有所想，最后付诸行动。

本次论证会到此结束。

第六章
如何实施课题研究

纸上得来终觉浅，绝知此事要躬行。

——（宋）陆游

通过实践而发现真理，又通过实践而证实真理和发展真理。

——毛泽东

如何实施课题研究呢？课题研究过程中有哪些工作需要做？如何才能做好这些工作呢？

课题研究实施是课题研究的展开阶段，是整个课题研究中付出时间最长、精力投入最大、脑力思考最多的环节，也是课题研究的关键步骤。课题最终成果的取得，在很大程度上取决于实施阶段做得怎么样。在这个阶段有很多工作要做，研究者要走出理论依据找寻的误区，落实研究方法，以使之与研究内容相匹配，获取并处理各种研究资料，注意研究过程中不能违背研究伦理，在研究过程中要产出并发表阶段性成果，为保证课题研究的顺利实施，课题负责人还要对课题实施做好过程管理。只有处理好各方面的关系，做好各种工作，才能保证课题的顺利实施，并保证课题的最终完成。

一、走出理论误区

理论还是要用的，毕竟站在巨人肩膀上看得更清楚些。理论可用，但需用之有道。

我知道，很多人（包括我在内，嘿嘿）都对理论有依赖性，尤其是在表达想法的时候，仿佛有了理论，就有了底气，有了支撑。仔细想想，我觉得有以下几个方面的原因。一、自卑心理的表现——不相信自己，二、偷懒——背靠大树，三、侥幸——这有点掩耳盗铃的意味了，四、无奈——"理论依据"的现象有其投合的市场。

原因很多，最重要的就是与社会风气有关，像约定好似的，大家都很难坐下来静心做学问。——这也是人文精神缺失的现状吧。

我知道，这造成了一种教育上的内耗——出现了大量华而不实的东西。当然，不止教育。

如上述材料所言，很多人对理论都有依赖性。课题研究时，有些人喜欢或试图寻找研究的理论依据，也有的人因为填写或寻找"理论依据"而苦恼不已。课题研究中的"理论依据"是指课题研究所需要的、指导或支持课题研究实施的已经成型的理论。已经成型的理论，是指已经完成并得到大家认可的理论，比如行为主义理论、建构主义理论、多元智力理论之类。为研究寻找理论依据是没有错的，问题是在寻找理论依据时有些人走入了误区。正是这些误区使人苦恼不已，同时影响了研究的开展。教师只有走出课题研究中理论依据的误区，才可望更好地运用理论依据，进行课题研究。

（一）研究中理论依据找寻误区

在课题研究中，主要存在以下几个关于理论依据的误区。

1. 做研究必须有理论依据

有人或许会说，一切研究都需要理论依据。当然，如果一定要找一项研究与某种理论之间的关系，多少总能扯上那么一点。但与某种或某些理论具有这样那样的关系并不说明这些理论就可以成为该项研究的理论依据。凡做研究必有理论依据的这种"唯理论"倾向是值得注意的。有些研究可能根本就不需要什么理论依据，按照提出问题、分析问题、解决问题的思路把问题讲清楚了，解决了，就可以了。单鹰也认为："这一部分不一定是必要的。除非我们的课题研究是绝对按照所列的理论进行设计并开展的，而且结论对所依据的理论具有明确的证实或证伪效应，不然就可以省略。在笔者看来，中小学老师的课题研究，无论是称为实验研究、应用研究，还是行动研究，或者是校本研究，只要是依据逻辑，应用被认可的科研方法，遵循一定的科研规范，那么就是可以保证一定的科学性的，也是可以具有一定的理性含量的。"[1] 这种认识是有道理的，也是符合中小学教师课题研究的特点的。如果说任何研究都有理论依据，我们可以不断追问产生理论依据的研究的理论依据是什么，追问到尽头总有一个研究是无法找到现成的理论的。

2. 有了理论依据研究就可靠了

有人认为，没有理论依据的研究是不可靠的，只有找到理论依据研究才可靠。这种找几个理论作依据，拉些理论做靠山的认识是靠不住的。研究是否可靠，并不仅仅靠理论依据的支撑，更要靠研究者对问题分析解决的程度、论证的严密性等。研究过程中，论证的严密程度与理论依据的契合程度等都是非常重要的。只有做好严密的论证，才能说研究是可靠的，简单地以为有了理论依据就可靠了是不对的。

3. 研究中的理论依据越多越好

有人为了增强研究的可信度或理论性，以为理论依据越多越好，在一篇研究论文或一个研究项目中，列出多个理论依据。很多研究中所列出的理论依据的多少，并不取决于研究的实际需要，而是取决于研究者的主观认为。事实上，很多情况下，理论依据越多，问题越多。有些人在理论依据部分列出了四五种理论甚至更多，但在实际的研究中，真正运用到的只有一两种，甚至一种也没有。这样前面所列

---

① 单鹰著：《中小学教师如何做好课题研究》，北京：北京师范大学出版社，2011 年 2 月版，第 82 页。

的理论依据与后面的研究与行文就出现了不相符的情况，而这是研究的一大忌讳。在这样的情况下，理论依据成为了研究摆设。就笔者所见，许多研究中，理论依据与实际研究并不相对应，前面列出了诸多理论依据，后面的研究与此却不发生关联，把这样的理论依据抽出，研究仍然成立。这就说明前面所列的理论依据没有用处，只是一种研究的花架子、空壳子。

4. 有理论依据研究就有理论性了

有人认为，在研究中写上几项理论依据，研究就有理论性了。这种认识也是有问题的。一项研究的理论性主要不在其建立的已有理论基础之上，而是体现在研究过程中所特有的理论概括、理论归纳、理论抽象上。要达到这样的理论性，研究者需要具有非常好的理论思维能力、逻辑思辨能力、归纳能力、演绎能力等，如事理分析能力、活动总结能力、现象概括能力等。具备这样的能力就可以使研究具有理论性，或具有理论色彩，否则，即使列上再多的理论依据，也不能增加研究的理论性。

5. 理论依据一定要专门写出来

有人认为，理论依据一定要专门写出来。我们常常会在一些硕博士论文或研究课题的开题报告中看到有专门的"理论依据"这样的内容要求。对有些研究来说，可能确实需要把理论依据明确地亮出来。但是在另一些研究中，甚至在很多研究中，是不需要单独把理论依据列出来的。只要在研究中运用这种理论，在研究论著中体现出这种理论来就可以了，在研究论著中一定要单独列出一块内容写"理论依据"的做法实无必要。

（二）走进理论依据找寻误区的原因

为什么人们会走进理论依据找寻的误区呢？有许多原因造成了今天这种情形的出现。

1. 研究规范的硬性规定

有些课题主管单位或部门对课题的研究规范有些硬性规定，其中规定必须有理论依据，其主要表现就是在课题申报书中设置"理论依据"一栏。这就要求课题申报者必须把理论依据写清楚。这样即使没有直接相关的理论依据，也要硬着头皮去寻找，其结果只能是拉些理论来做虎皮。

2. 教科书的潜在影响

教科书思维是把各种问题或内容一一摆放出来，把各种东西写清楚，说明白。就写教科书而言，这可能是无可厚非的，但研究不是写教科书，无须把各种东西都摆放出来。研究者大都是自小学习教科书长大的，潜移默化之中受其"块状分割"呈现方式的影响，有意无意之中把这种思维运用到研究中来，在对待理论依据时，也会给它留一块位置，并想办法填补。

3. 出版物的间接影响

现在许多研究成果的出版物（书籍或期刊论文）中，都列有专门的理论依据一块内容。人们见得多了就认为，这是应该的或正常的。如果对理论依据保持独立的思考与认识，就会发现其实很多出版物中的理论依据是可以不要的。

4. 研究者的错误认识

有的研究者对理论依据的作用有些错误的认识，比如认为做研究必须有理论依据，写理论依据就显得自己有水平，多写理论依据课题研究的可靠性就更大，写理论依据更能获得课题评审专家的青睐之类。这些错误认识，在一定程度上影响、制约了研究者对理论依据的使用。

5. 研究者的曲意迎合

有的人对理论依据有清楚的认识，但为了顺应课题申请、评审或成果发表等要求，而曲意迎合这样一种研究生态，努力寻找理论依据，并把它们恰当地"摆放"出来。这种人是聪明的，但在一定程度上助长了这样一种研究生态。

（三）进入理论依据找寻误区的后果

要求在研究中表明理论依据，有助于加强学术规范，但过分的、不当的、硬性的规定与要求，使得理论依据找寻进入了误区，有意无意间造成了一些不良后果。

1. 造成了理论资源的曲解

理论资源确实是要被运用，但不能被误用、滥用。当为课题研究而寻找理论依据时，往往会出现向理论"靠"的倾向，特别是在找不到合适的理论依据时，更容易把相距甚远，甚至不沾边的理论拉过来"顶"一下。在这样的情况下，对理论依据所做出的解释，往往是生硬的、变形的，甚至是曲解、误解、错解的。这不仅于课题无益，而且伤害了所"依靠"的理论本身，这很容易以讹传讹，造成他人对原理论的误解、曲解。

2. 造成了教育科研的内耗

研究者本可以把更多的时间和精力用来思考如何解决问题，但由于要苦苦寻找所谓的理论依据而浪费了研究真正问题的时间和精力。为了使并不完全匹配的理论与自己所要研究的课题"匹配"起来，论证者往往会费很多脑筋来完成不可能圆满的"自圆其说"。在研究过程中，这些理论又运用不到实践中去，结果是"在理论部分与实际进行的研究之间缺乏联系，理论部分的目的应该是使实证现实清楚明白地显现出来，这种缺乏联系的后果是，这两部分事实上站在了各自的位置上"[①]。这些都造成了教育科研的内耗，影响到正常的课题研究的进行。

3. 造成了学术风气的歪曲

当把理论依据作为一种研究的"门面"，作为一种曲意迎合时，当理论依据与真正的研究实践脱节时，研究本身反而受到了影响。为寻找理论依据而寻找理论依据，这是一种不良的学术风气，歪曲了正

---

① （英）乔纳森·格里斯著，孙冰洁，王亮译：《研究方法的第一本书》，大连：东北财经大学出版社，2011年1月版，第95页。

常的学术风气，应该予以消除。

（四）走出理论依据误区的途径

上面谈了很多找寻理论依据的误区并做了一些批判，很可能会给人一种印象——理论依据可以不要。是不是课题研究就不需要理论依据了呢？回答是否定的，"每一个课题都召唤理论与思想"[1]，课题研究当然应该有理论依据。

课题研究所需要的理论依据有两种类型。一种是借助于外在既有成型的理论，以此为理论依据来展开课题研究。第二种是根据自己课题的实际情况，构建合适的理论解释框架，要对这个理论解释框架做出科学的论证，只要它能够成立，就是理论依据。可以把这两种类型的理论依据概括为外借的理论依据与自构的理论依据。

认识课题研究中的理论依据误区对于走出误区是有帮助的。除增强上述对误区的认识外，下面几点也是我们走出误区时应该做的。

1. 根据需要选择理论依据

其实，真正需要的理论依据不是苦苦寻找来的，它是自然而然就出来的。如果研究者的视野足够开阔，研究积累很深厚，通过长期的积累而提出一个问题或课题时，他所依据的理论是自然而然地存在的。

---

[1] 冯卫东著：《今天怎样做教科研：写给中小学教师》，北京：教育科学出版社，2011 年 6 月版，第 157 页。

做研究要根据需要选择相应的理论作为依据。一项研究可以在不同的理论指导下进行，选择不同的理论也就可以有不同的理论依据。比如，以社会学的理论为指导，以哲学的理论为指导，以心理学的理论为指导，以管理学的理论为指导等。除非大型的、综合性的研究需要较多的理论基础，一般情况下，我们选择其中一种或两种作为理论基础就可以了，而不用把所有的这些理论都列出来。能够运用一种、两种理论作为依据解决问题就很不错了，多种理论聚焦式的研究需要相当深厚的功力才能够做。

再者，要注意理论依据不是论证的依据。论证的依据可以是许多材料。理论依据在研究中更多的是发挥理论分析框架或理论分析工具的作用。它不需要很多，也不容许有很多。所依据的理论在研究中的运用应该保持统一性，如与所依据的其他理论同时使用则要保持两种或多种理论之间的协调性，否则，就会容易产生理论之间的冲突与不协调，容易使研究失衡。

只有研究确实需要在某种理论指导或支撑下进行，才可以选择该理论为依据。如果研究不需要某种理论的特别指导或支持，那么就不应该选择该理论作为研究的理论依据。研究中我们可能确实受到许多理论的启发，但受到启发与影响不能算是理论指导，也不能算是理论依据或理论基础。只有那些自始至终或在某些环节我们必须借鉴、运用的理论才能被列入理论基础或理论依据。被列入理论依据的理论必须在研究中被运用，并且起到重要的甚至是不可代替的作用。

2. 真正依据理论进行研究

既然是理论依据，我们就要"依"它、"据"它，把它作为研究的重要支持力量。只有这样的研究才是真正运用了理论的研究，才真正把"依据"的理论与实际的"研究"结合起来了。否则，就会出现"理论依据"与"实际研究"相脱节、两张皮的现象。

从理论在实际研究中被运用的程度看，可把理论依据的运用分为两种情况：整体运用与局部运用。

整体运用就是整个研究都是以某种理论为指导展开的，这种理论自始至终都贯穿于研究的过程中。比如，"布鲁姆教育目标分类学指导下的学生学业成绩评价研究"，就可以自始至终以布鲁姆的教育目标分类学为理论依据进行研究。

局部运用就是在研究的局部运用某一种或几种理论作为研究的支持依据。这种研究往往需要多种理论的支持，有的理论发挥整体支撑的功能，有的则发挥局部支持的作用。例如，"多维视角下的教材功能研究"，就可能从社会学、经济学、教育学、美学等多种视角审视教材功能，由此会运用到多门学科的理论来支撑研究，这些理论在研究中所起的作用就是局部的。

不论理论在研究中发挥整体的支撑作用，还是局部的支持作用，都是研究的理论依据。只有理论在研究中真正发挥作用，才能把它称为理论依据，才能真正把理论落实。

3. 进行理论分析与论证

一项研究不仅运用既有的理论作依据，而且它本身也可能产生理论。关注如何在研究中加强理论性比关注如何借助外在的理论更重要。如上所述，研究的理论性并不体现在理论依据的多寡上，而取决于研究者在研究中所进行的理论分析和论证的水平与程度。在研究中进行深入的分析和严密的论证，才是增强研究或论文理论性的根本途径。

进行理论分析与论证，特别要注意理论分析框架的建立和逻辑关系的缜密。一项好的研究要进行理论分析框架的构建，好的理论分析框架本身就体现出很强的理论性。构建理论分析框架，首先需对它进行论证，论证其合理性。只有论证这种框架是站得住脚的，然后才可以用它去分析研究对象或内容。经过实践检验的理论分析框架，很可能会成为这些研究的理论成果之一。

缜密的逻辑关系是理论性强的重要体现。这就需要在分析、归纳等论证过程中注意论证逻辑，做到逻辑自洽。在研究成果的表述中，很多人喜欢用"因为……所以……"、"因此"等因果关系，然而，前后两个因素、两个事物之间真的是因果关系吗？我们经常会发现人们所论述的两个事物之间并不存在严格意义上的因果关系。这样的论证就无法体现出理论性。这就提示我们，在研究中要慎用因果关系，只有经过严格的证实、严密的论证，得出确切结论的时候，才好用因果关系。论证逻辑自洽了，研究成果的理论性自然就提高了。

二、落实研究方法

在课题实施方案中表述了各种方法，但在课题研究的实施过程中，许多人却不知道如何运用这些方法，在研究结论中也见不到使用科学方法的痕迹。结果是使研究方法成为了一种文字游戏，在课题申报书或研究方案上堂而皇之地亮相，最终却变成一纸空文。这样的情况，更谈不上高质量的研究成果的出现了。落实研究方法，是课题研究的一个非常重要的任务。

（一）课题研究常用方法

有很多研究方法都是非常成熟的，已经有专门的著作对它们进行了介绍，详情请阅读专门的教育研究方法著作。[①] 在此，我们不想对研究方法展开详述，只是对常用的研究方法略作介绍。中小学教师课题研究中常用到的研究方法有观察研究法、调查研究法、实验研究法、行动研究法、文献研究法等。

1. 观察研究法

观察研究法是在比较自然的条件下，研究者通过感官或借助一定的设备，在一定时间和空间内进行有目的、有计划的考察并描述教育现象的方法。

观察研究法要求在自然状态下进行，对观察对象不加任何干扰与控制，使之处于完全自然的状态下，以便于得到自然条件下的真

[①] 例如，郑金洲教授主编，教育科学出版社出版的"中小学教育科研指导丛书"，其中包括《课堂观察指导》、《问卷编制指导》、《质的研究指导》、《实验研究指导》、《行动研究指导》、《统计分析指导》等著作；亦可参阅李冲锋著《教师教学科研指南》，上海：华东师范大学出版社，2009 年 6 月版，第七章《掌握教学科研的方法》。

实情况。

根据不同标准，观察法可分为不同类型，如根据是否借助仪器分为直接观察与间接观察，根据观察者是否直接参与活动分为参与观察与非参与观察，根据观察结果分为量的观察与质的观察等。

2. 调查研究法

调查研究法是课题研究中最常用的研究方法之一，它是通过对原始素材的观察，有目的有计划地搜集研究对象的资料，从而形成科学认识的一种研究方法。

这种研究方法，包括问卷、访谈、测验等具体方式。调查研究一般均应遵循以下步骤：（1）调查前的准备工作，包括确定调查课题、选取调查对象、拟写调查提纲、订出调查计划等；（2）展开实际调查，搜集研究的书面资料或口述资料；（3）整理所收集的资料，口述材料要用文字加以整理，数据材料要用数学统计法加以整理；（4）撰写调查报告。

3. 实验研究法

实验研究法是根据课题研究需要，利用一定的设备和材料，通过控制条件的操作过程，引起实验对象的某些变化，从观察这些现象的变化中验证课题内容或获取新知识的一种研究方法。

实验法一般分为准备、实施、总结三个阶段。各阶段的具体步骤如下所示。

实验的准备阶段：选定实验课题，形成研究假说→明确实验目的，确定指导实验的理论框架→确定实验的自变量→选择合适的测量工具并决定采用什么样的统计方法→选择实验设计的类型。

实验的实施阶段：按实验设计进行实验→采取一定的实验措施→观测实验的效应→记录实验所获得的数据、资料等。

实验的总结阶段：对实验中取得的数据、资料进行处理分析→确定误差的范围→对研究假设进行检验→得出科学的结论。

4. 行动研究法

行动研究法是教师把自身的教育教学实践活动作为研究对象，边研究边实践，边实践边研究的一种研究方法。教育行动研究的特点是为行动而研究、在行动中研究、由行动者研究、对行动的研究。

行动研究是 20 世纪 40 年代由美国学者勒温（Lewin）提出的，他还提出了行动研究的四个环节：计划、行动、观察、反思。行动研究是这样四个环节的螺旋式循环操作。后来，人们又提出了一些不同的步骤，如确立课题、制订计划、行动实施、分析与评价、总结评价的五步骤，也有人分出更多的步骤，但大都强调行动研究是一种螺旋式循环步骤。

5. 文献研究法

文献研究法是通过搜集、鉴别、整理文献资料，并通过对文献的研究形成对事实的科学认识的一种研究方法。文献研究法属于非接触性的研究方法，因为这种方法只研究文献，并不与文献中记载的人与事实直接接触。

文献研究的具体方法包括文献资料的查阅、文献资料的积累和文献资料的整理分析，它是思想研究领域采用得最多的一种研究方法。

（二）方法与内容的匹配

在选择研究方法时要考虑研究方法与研究内容之间是否匹配，这是研究方法选择的一项重要内容。只有研究方法与研究内容匹配才能够在课题研究中把研究方法真正落实下去，才能够获取有用的资料和高质量的研究效果。

研究方法没有好坏之分，只有与研究内容匹配与否。如果一定要判断方法的好坏，只能说与研究内容匹配的就是好方法，不匹配的就是不好的方法。判断方法好坏的实质是与内容匹配与否。不是选好的方法，而是选对的方法。选对方法可以使课题研究事半功倍。

研究方法与内容的匹配，其实是由方法与内容两方面双向选择的结果。任何方法都有一定的适用对象和适用范围，只有用当其所才能够发挥出方法最好的作用。以观察研究方法为例，观察研究方法适用于以下几种情况：第一，研究目的是描述研究对象在自然状态下的具体表现，或者需要对正在进行的教育教学活动的过程做出描述；第二，研究需要获得研究对象或事态变化过程第一手资料；第三，对运用调查、实验等其他方法进行教育研究获得的研究结果加以检验。观察研究方法不太适用于以下情况：第一，不宜用于对问题的内在核心事物之间内在联系方面的研究，要证实内在联系的存在，还需用实验等其他方法进行研究；第二，由于观察手段的限制以及常需要花较多或持续较长的时间，在大规模、大范围研究中，如人口问题研究、学龄人口比例研究，一般不以观察法为主要方法。

其他研究方法，也各有自己的适用与不适用范围。观察研究法适用于自然条件下对事物或现象原始状态、真实状态的获取，而不适用于施加影响的研究。调查研究法适用于研究者从被调查者那里获取他们的观点和态度，而不太适用于对他们实际行为的了解。实验研究法适用于验证假设，而不太适用于对自然状态下事物或现象的把握，不太适用于对人们观点和态度的把握。行动研究法适用于教育实际问题而不是理论问题的研究，适用于发展性活动的研究而不适用于非发展性或已终结的活动的研究。文献研究法适用于对已有事物记载的研究，即历史的研究，而不适用于现场操作的研究。明确各种研究方法的适用范围，才能更好地、有针对性地选择和使用它们。

同样，不同的研究内容，也要求使用不同的研究方法。如果想要了解自然状态下的教育现象，最好是用观察法；如果想通过施加影响使研究对象发生变化，最好用实验研究法；如果想了解某人或某些人的想法，最好用访谈法或问卷法；如果想改变自己的教育行为，最好用行动研究法；如果想了解事物的发展历史，最好用文献研究法。

内容决定方法，方法也制约内容，只有求法得当，才能使方法得到最好的发挥，才能把内容研究得更好更透。而要做到这一点，就要选对方法，寻求内容与方法的匹配。

三、处理研究资料

课题研究的过程中，相当一部分内容是获取研究资料，并在此基础上对资料进行整理、分析等。

（一）获取研究资料

课题研究中运用各种研究方法主要是为了获取研究资料。研究资料获取的主要途径有以下几条。

1. 观察

观察是搜集资料的基本方式。教师要做有心人，善于从日常教育教学现象中进行观察，获取有用的资料。日常的教育教学中存在很多现象、矛盾、问题等，通过仔细观察会发现值得研究的问题，进而形成研究课题；在课题研究过程中，带着研究问题再仔细观察就会获取与研究有关的、有价值的资料。

2. 问卷

问卷调查是课题研究的基本方法，也是获取资料的基本途径。通过设计好的问卷调查可以获得研究所需要的多种资料。问卷调查可以进行大范围的资料获取，是一种比较有效的资料获取方式。

3. 访谈

访谈调查也是获取研究资料的一种重要方式与途径。对研究对象或相关人员进行访谈，可以直接观察对象的个性心理特征、思想倾向、仪表情态、身体状况等。

4. 听课

除了在自己的课堂教学过程中获取资料外，通过听课获取研究资料也是一条重要途径。听课的目的是了解课堂上教师教与学生学的情况、师生的交往状态等，可以直接收集到课堂教学的资料，了解教师的教学思想与技能，了解学生的学习活动与状态。通过听课也可以在一定程度上了解教师的备课情况、教学设计情况等。

5. 实验

实验研究也是获取资料的重要方式。在实验过程中要注意观测被试的变化及教育效果，收集各种数据和信息，以对比实验前后的变化、实验组与控制组之间的差异等。

6. 研讨

在各种教育教学的研讨中，如校本研究、学术会议等，也可以获得大量的研究资料，特别是他人对某些事物或现象的看法、态度、认识等。这些观点可以直接成为研究的资料，也可能为研究带来启发。

7. 查阅

对已有文献资料的获取可通过检索、查阅等方式进行。研究者可以到图书馆或图书室检索、查阅相关图书、杂志、报纸等文献，也可以到网络上检索、查阅文献。现在网络检索、查阅使用比较多的是百度、中国知网（CNKI 学术期刊全文数据库）、维普网、超星数字图书馆等。

研究资料的获取一般需要借助于一定的工具，比如观察量表、记录表、调查问卷、访谈提纲、实验仪器、音像设备（录音机、录像机、照相机、投影仪）、电脑等。这些工具都要提前准备好，并能够熟练使用。

（二）梳理研究资料

获取研究资料后的一项重要任务是对研究资料进行梳理。研究资料的梳理主要包括资料整理、资料审核、资料统计和资料归类等内容。

1. 研究资料的整理

资料整理是课题研究过程中非常基础的一个环节，主要包括音像资料的整理、文字资料的整理、数据资料的整理等。

音像资料的整理，如访谈、课堂教学的录音、录像等的整理，包括两个方面的内容：一是进行音像的编辑整理，比如去除一些无关的声音、画面等；二是进行文字转化的整理，即把录音、录像的内容转化为文字。转化为文字后，还需要进行文字资料的整理。

文字资料的整理，或补充，或删除，或合并，最后形成简洁明了、清晰有条理的文字稿。如果是多人合作观察或记录同一个内容，还要在交流、讨论的基础上对各自的信息进行必要的核实、并合，最后形成统一的文字稿。

数据资料的整理，要根据当时记录的情况、他人提供的信息，或者录音录像的信息等进行核实，务求准确无误、真实可信。

资料整理是一件比较费时费力的事情，但对保证研究的真实性、客观性等非常重要，因此，应该扎扎实实地做好这项工作。

2. 研究资料的审核

资料审核就是对获取的原始课题研究资料进行检查，以使其符合资料的要求，保证研究资料的正确有效。所获取的资料应该具备以下特征：真实、准确、完整、权威、合理。

（1）审核资料的真实性。

只有真实的资料才具有说服力，否则就无法用于课题研究。然而，在收集资料过程中，可能收集到一些不真实的信息，比如，访谈对象或问卷对象做出虚假回答、隐瞒回答等。对于从这类回答中所获取的信息，必须作无效处理。有一些文献资料，比如他人的观点、数据等也可能存在不真实的情况，也要认真比对、核实后才能使用。

资料审核通常用比对法、验证法等。比对法，即通过两个以上信息之间的比对来确认某一信息的真实性、可靠性。验证法，即把相关信息还原到现场或相关情境中验证其是否真实、可靠。

（2）审核资料的准确性。

课题研究所获取的资料必须准确无误，为此要审核资料的准确性，那些"大概"、"可能"、"估计"的资料，是不能使用的。对于引用的一些文献资料，必须反复与原文核对，不添加，不省略，不漏删，以保证与原文一致。

（3）审核资料的完整性。

从资料整体来看，所获取的资料应该是完整的，审核时要查看资料是否齐全、完备，如果资料不完整，则要想办法补充完整；如果无法补充完整，则该资料不能使用。

（4）审核资料的权威性。

对文献资料而言，还有一个审核资料权威性的问题。文献资料的选取一般使用名家名作，即代表性人物的代表性观点。还要注意所使用资料的版本情况，一般使用权威出版社版本、名家注评本、好的译本等，辨别版本，选择善本。

（5）审核资料的合理性。

对数据资料，要审核各个指标的界定范围是否一致、计算公式是否适用、计量单位是否一致等；对文献资料，要审核概念内涵是否统一、时间是否统一、表述是否统一等。

资料审核是一个非常严格的过程，也是一个非常耗时费力的过程，同时还是一个必须加以重视和实施的过程。因为资料是研究的前提，前提可靠研究才可靠；前提出了问题，整个研究也就出了问题。资料只有经过严格的审核才能使用。

3. 研究资料的统计

在对资料进行整理、审核后，还需要对一些资料进行统计。比如，调查问卷所获取的资料就需要对发放的问卷数、收回的问卷数、审核剔除无效问卷后的数量即有效问卷数、每个题每个选项的回答数等进行统计。在此基础上，还要制作成统计表或统计图，以便于更直接地表达或查看。

统计表或统计图，统称统计图表，以表格或几何图形的形式，把大量的数据资料形象地组合起来，合理地排列，以便于展示资料的整体特征。统计图表为我们分析资料、发现教育现象之间的联系提供了方便。

（1）统计表。

统计表的构造比较简单，一般包括表头（表号、总标题）、数字资料、备注或资料来源等内容。

统计表的类型有：单项表、多项表、次数分布表。

单项表是只根据一个变量进行分类的统计表。如表6-1。

表6-1 某区中小学本科以上学历教师人数统计表

学校类型	本科以上教师数	占教师总数的比例
完全中学	1056	87%
初级中学	1582	62%
职业中学	862	75%
小学	1578	34%
合计	5078	53%

上表是按学校类型统计本科以上学历教师人数占全体教师的比例。

多项表是根据两个或两个以上变量进行统计的统计表。如表6-2。

表6-2 某区毕业生升学率（%）

年 份	小学升初中	初中升高中	高中升高等教育
2007	97.7	83.6	54.9
2008	98.8	84.1	53.3
2009	99.6	87.8	56.7
2010	99.8	90.3	59.9

上表是按年份和升学类型两个变量进行分类的一个统计表。

次数分布表是用来描述一批数据中各个不同数值所出现次数多少的情况，或者是这批数据在数轴上各个区间内所出现的次数多少的情况的统计表。这种表用于了解该组数据的分布情况。如表6-3。

表6-3　甲、乙两校高二学生参加一项
语言阅读能力测验成绩次数分布表

原分数	组中值	次　　数		相对次数（%）	
		甲	乙	甲	乙
80~85	82	0	12	0	10.0
75~80	77	9	20	5.6	16.7
70~75	72	12	32	7.5	26.6
65~70	67	32	24	20.0	20.0
60~65	62	48	18	30.0	15.0
55~60	57	27	8	16.9	6.7
50~55	52	20	6	12.5	5.0
45~50	47	12	0	7.5	0
合计	160	120	100.0	100.0	100.0

由表6-3的合计栏中可以看出，甲校学生人数为160人，乙校为120人。从表6-3第1栏中看，共有8组，但是，由于该表数据是两个次数分布放在同一张表格上，我们注意到甲校数据在最高分的一组上次数为0，而乙校数据在最低分一组上次数为0，因此，甲乙两校数据实际上各分成7组。在数据分组归类时，各组的实际组限是怎样确定的，各组的组距是多少呢？根据有关组限表达方面的特别规

定，表6-3中各组的表达组限和实际组限是基本一致的，如"70~75"这组的实际下限是70，实际上限是75，其区间是一个左闭右开的区间，即包含70这个点但不包含75这个点。若用代数区间来表示，则为（70，75），故各组的组距是5。

统计表的使用要注意以下几点。

一是内容简明，重点突出。一个统计表只表示一个中心内容，如果有多个中心内容可以分列成几个表。

二是数字准确，书写清楚。统计表中的数字资料要认真复核，保证准确无误，在布局上要数位上下对齐，有效数要一致。要列出总计数，部分数之和与总计数要相等。

三是表中不能自明的地方，应当用"表注"说明。

（2）统计图。

统计图是用点、线、面以及色彩的描绘而制成的描述数据间的关系及其变化情况的图。统计图具有直观形象、易于理解的特点，其不足之处是不够精确。

统计图的种类有很多，课题研究中常用到的有条形图、圆形图、曲线图三种。这些图现在可用计算机通过表格转换自动生成。

◆条形图。

条形图是用宽度相同的直条（长方形）的长度（高度）来表示事物的数量或百分比的大小的一种统计图。如图6-1。

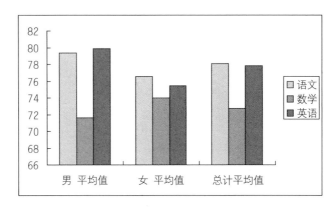

图 6-1 某班男、女生语文、数学、英语三科平均分

条形图的编制要注意以下几点。

一是图上的条形要等宽。一般两条形之间的距离为条宽的 0.5—1 倍，图形的长宽之比为 7∶5。

二是纵轴左边留适当位置写刻度名称，一般从 0 开始，等距离分点，小数在下，大数在上。

三是在条形的上端和下端要回避标注数字，需要说明的话可以加图注。

◆圆形图。

圆形图是用圆形中扇形面积来表示事物的百分比构成的一种统计图，又叫饼图。如图 6-2。

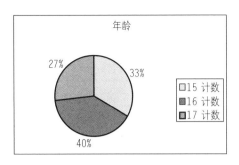

图 6-2 某班学生年龄统计图

圆形图可以清楚地表示出部分和总体之间的关系，以及部分和部分之间的数量关系。

圆形图的编制要注意以下几点。

一是圆形图中扇形的面积与对应圆心角成正比。

二是每一项的扇形的圆心角的大小，等于 360 度乘以该项目所占总体的百分比。

三是绘图时从时针 9 点的位置开始，依顺时针方向，按圆心角的大小画出扇形，然后注明各个扇形的项目名称及所占百分比。

◆曲线图。

曲线图是通过曲线的升降表明动态变化的统计图。它可以反映数量间的依存关系，如学生做练习的效果、学生学习成绩的变化等。如图 6-3。

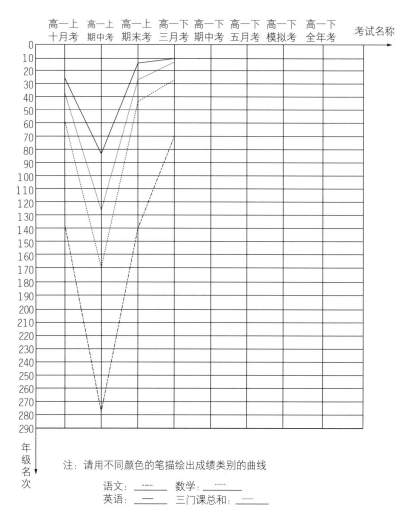

图 6-3 高一（8）班李××学习成绩

（语文、数学、英语、三门课总和）曲线图

曲线图的编制要注意以下几点。

一是曲线图通常采用直角坐标，在横轴上注明时距，如年龄、年级、年份等，在纵轴上标明某一现象的数量。

二是在曲线与横轴之间不应该有文字说明和数字等。

三是有时可以在一张图上面画两条以上曲线进行比较，但要用不同形式或颜色加以区分。

4. 研究资料的归类

资料归类是指根据研究资料的性质、内容和特征将相异的资料区别开来，将相同或相近的资料合并为一类的过程。对研究资料进行归类是为了更好地管理和使用资料。归类前首先需要进行分类，分类前先要确定好分类的标准。从不同的角度可以将资料划分出不同的类型，然后把同类型的资料归结到一起完成归类。比如，按资料的载体可分为文字资料、光盘资料、网络资料等，按照资料发表时间或获取时间把资料归类，按照获取场地把资料归类，按专题把资料归类。

对数据资料的分类，需要确定分组标志。研究对象（个体）的某种属性特征，可以是数量性的，也可以是属性的。数量性的，叫数量标志；属性的，叫品质标志。例如，学生的"性别"、"民族"是品质标志，学生的"身高"、"体重"是数量标志。数量标志的取值可以形成定类或定序的数据资料。数量标志和品质标志都可以作为分组的标准。在选择分组标志时，要注意以下三点：一是按照研究目的选择分组标志，二是突出事物的本质特征，三是可以选择多个分组标志对数据进行多维交叉分组。对研究资料进行归类便于对资料进行分析。

（三）分析研究资料

分析资料就是分析研究资料所反映的问题，对资料背后的原因及意义等做出解释，并提供改进建议。分析资料有定量分析与定性分析两种。这两种分析方法已有比较成熟的方法系统，在此不作展开，只是简要介绍，详情可参阅教育研究方法的相关论著。[①] 定量分析与定性分析各有利弊，在研究中往往结合使用。

1. 定量分析

指研究者借助于数学分析手段，对所收集到的数据资料进行统计分析，揭示事物数量特征的过程。定性分析主要用于实验、观察、测量和调查所得的数据资料的处理，所分析的对象是数据资料。

定量分析的优点是具有简约性、客观性和可操作性，其局限性在于统计分析手段具有一定的条件性，统计推断具有概率特征，教育现象的复杂性导致数量分析的模糊。

定量分析常分为描述统计分析和推断统计分析两种类型。

描述统计是用统计表或图呈现结果，或计算变量的数字特征，以反映研究对象的规模、水平、比例、集中趋势或离散程度的统计分析手段。描述统计分析是一种就事论事的统计，只反映事情本身的特征。描述统计分析中常用的集中量数有平均数、中位数、众数等，常

---

① 例如，可参考高尚刚、徐万山编著：《中小学教师课题研究指导》，北京：中国轻工业出版社，2008年1月版，第六章的相关内容；（美）威廉·维尔斯马、斯蒂芬·G.于尔斯著，袁振国主译：《教育研究方法导论（第9版）》，北京：教育科学出版社，2010年6月版，第16、17章等。

用的差异量数有标准差、方差等，以及相关系数等统计指标。下面对相关概念作一简要介绍。

集中量数也称集中趋势量数，它是用一个数值去代表一组数据的一般水平。集中量数可以用来描述和代表研究对象的一般水平，为进一步统计分析打下基础，也可用它与同质的另一研究对象作比较。平均数是表明一组数据的平均水平的数值。中位数是把一组数据按照其大小顺序排列起来，处于最中间位置的那个数。众数是指在一组数据中出现次数最多的标志值。

差异量数是表示一组数据的差异情况或离散程度的量数，它反映数据分布的离中趋势。差异量数愈大，集中量数的代表性愈小；差异量数愈小，集中量数代表性愈大。差异量数一般包括全距、标准差和方差，其中标准差和方差最常用。方差是各个数据与平均数之差的平方的平均数。标准差是方差的算术平方根，反映组内个体间的离散程度。

相关系数是表明变量间关系密切程度及方向的量数，它的符号是 r，取值范围在 -1 到 +1 之间。相关系数分为正相关（智力与学习成绩）、负相关（解题能力与解题时间）和零相关。

◆当 $r > 0$ 时，x 与 y 是正相关。

◆当 $r < 0$ 时，x 与 y 是负相关。

◆当 $r = 0$ 时，x 与 y 是零相关。

推断统计是通过对样本特征的研究推论出总体特征的统计分析手段，这是一种以小见大的统计分析手段，常采用总体参数估计和假设检验等方法。

定量分析需要借助一定的分析工具。目前，研究者采用较多的是SPSS软件（即社会科学统计软件包），它是世界著名的统计分析软件之一，也是社会科学领域最常用的统计分析软件，基本功能包括数据管理、统计分析、图表分析、输出管理等。

2.定性分析

定性分析是研究者对所获取的文字、声音、图片等描述性资料在系统审核、归类基础上进行逻辑和意义分析，从而揭示事物内在特征的研究过程。定性分析是对研究对象进行"质"的方面的分析，分析的对象是描述性资料。定性分析是课题研究中重要的分析方法之一，能克服定量分析的局限性。

定性分析注重对事物整体的发展分析，倾向于对资料进行理性的归纳分析。研究者的主观因素及对背景的敏感性会影响到定性分析的结果。

定性分析常用的方法是归纳与演绎、分析与综合。归纳是从具体、个别现象出发，概括出一般性或普遍性结论的思维方法。归纳的具体形式有完全归纳法、简单枚举法、科学归纳法（因果联系法）等。演绎是从一般原理推演到个别结论的思维方法。分析是把研究对象分解为不同的因素、层次、部分，然后分别进行考察的思维方法。综合是在分析基础上，把研究对象的各个部分在思维中结合起来，形成整体性认识的思维过程。定性分析方法的选择要根据具体的研究需求和研究者的习惯、研究特长来决定。

四、注意研究伦理

课题研究并不是一个人的事情，涉及调查研究的对象、相关课题研究者以及其他利益相关人员。在研究过程中，在处理人与人之间的关系、人与成果之间的关系时，要注意研究的伦理，不能做僭越研究伦理的事情。在课题研究过程中，要注意以下研究伦理。

（一）保护个人信息

课题研究过程中，会对学生、教师、家长、领导以及一些社会相关人员进行问卷调查、访谈等，在这些活动中以及获取资料后使用资料时，要注意保护个人信息。对相关信息保密和尊重当事人的意愿，是研究伦理的重要内容，必须予以遵守。这可从以下三方面来理解。

1. 保护个人的基本信息

保护个人基本信息是指不能把当事人的姓名、单位名称、家庭地址、手机、电子邮箱、身份证号等基本信息泄露出去。这既包括不能在研究报告或其他相关成果中出现这些信息，也包括不能在日常生活中有意无意地泄露这些信息。如果真要使用这些信息，必须征得当事人同意。

2. 保护调查对象的隐私

进行个案调查或个案研究时，可能会涉及研究对象的个人隐私，比如家庭经济情况，父母婚姻状况，个人身体疾病状况、兴趣爱好甚至癖好、心理状况、精神状况等。这些个人隐私不能在研究和日常生活中向他人透露，研究者即使获得了这样的信息，也要自觉地严格予以保密。即使当事人授权使用，在使用中也要尽量减少可能给当事人造成的麻烦。使用不当，不仅给当事人带来麻烦，也会给研究者自己带来麻烦，会使人对研究者的品德产生怀疑。所以，一定要慎重对待个人隐私，严格保密。

3. 尊重调查对象的意愿

研究过程中，对获取信息的目的、用途、内容、方式等，调查对象都有知情权，不能隐瞒上述内容。需要录音、录像等，要征得当事人的同意，不能偷偷录音、录像。使用相关照片，也应征得当事人的同意。只有在调查对象全部知情并允许的情况下，获取和使用相关资料才符合研究伦理。为了自己的研究利益，而违背他人意愿，损害他人利益，是不道德的。

（二）切忌数据造假

诚信是研究的基本道德要求。课题研究中一切违背诚信的行为都是不道德的。有人出于各种目的，在研究中对研究数据或研究资料造假，本来没有的说成有，本来有的说成没有，本来不达标的说成达标，本来达标的说成不达标。这是一种欺骗行为，是研究的大忌，应坚决予以杜绝。

（三）禁止成果剽窃

与研究诚信有关的另一件事是成果剽窃——把他人的研究成果东拼西凑、改头换面之后，变成自己的研究成果。成果剽窃不仅是一种欺骗，而且盗窃了他人辛苦劳动得来的研究成果，是一种侵犯他人知识产权的违法行为，是一种比较严重的研究不轨行为，一旦被人追究，会受到比较严重的惩罚，甚至受到法律的制裁。因此，尊重他人研究成果，坚决杜绝成果剽窃，是课题研究必须遵循的行为底线。

五、发表阶段成果

在课题研究的过程中，要注意把研究的相关成果及时加以整理，并把它们转化成文字成果及时发表。这样做不仅有助于课题成果的积累，有助于把研究成果及时奉献给社会供他人借鉴使用，而且有助于为课题的结题做好充分的成果准备。

（一）阶段成果的写作

课题研究过程中阶段性的文字成果主要有研究综述、研究论文、教育案例、教学课例、经验总结等。要掌握这些成果写作的要点，并根据实际的研究成果选择合宜的类型进行写作。

1. 研究综述

研究综述是对与课题相关的已有研究文献、研究成果或状态的综合述评。研究综述也是课题研究的阶段性成果，而且是课题研究中产出比较早的一种阶段性成果，课题方案设计或申报课题时都需要做研究综述。

研究综述的基本结构是综述背景介绍、研究情况概述、研究情况评析、研究方向预测。

（1）综述背景介绍。

综述背景介绍，主要是介绍所要综述的课题研究的基本情况。有的会写明自己是如何查阅资料的、查阅了哪些类型的资料、查阅资料的数量、对资料的处理等，在此基础上，对内容展开综述。

（2）研究现状概述。

研究现状概述，一般选择最有代表性的研究成果对它们加以分门别类、概括性的叙述或介绍。通过这部分内容，人们可以看到在这一研究领域，人们做了哪些研究，有哪些代表性成果，研究到什么程度了，从而整体上把握课题研究的状态。

（3）研究情况评析。

研究情况评析，就是在研究现状概述的基础上，对已有研究的情况进行评价、分析。评析时，既要分析已有研究成果的价值、贡献，也要分析存在的问题、不足。评析时，要做到客观公正，有理有据。这部分是研究综述中最见水平和研究者功力的地方。

在课题方案设计或申报时，写研究现状或研究综述要揭示已有研究与自己所做课题之间的关系，当把研究综述作为阶段性成果，特别是还准备发表时，可以不涉及这一块内容。这有两方面的原因：一是研究综述属于专题性研究，可以单独存在；二是读者并不熟悉你所要做的课题的情况，没有必要谈研究综述与课题之间的关系。

（4）研究方向预测。

研究方向预测，也有的写为思考与建议、问题与讨论等，主要内容是在已有研究评析的基础上，提出一些解决问题的对策、建议、措施等，或者对本专题的研究方向做出一些预测。问题与讨论、思考与建议等内容一般写得比较深入，研究方向的预测则相对简单些，有的甚至没有这部分。

研究综述与研究现状的写作相仿，可参考本书第三章中的相关论述。

2. 研究论文

研究论文是教师在课题研究基础上，经过分析论证的深化认识过程，把研究成果文字化。研究论文是课题研究中一种重要而常用的成果形式。

研究论文对研究者有较高的要求，如能够自觉运用规范的科学方法、理性的学术思维和严密的逻辑论证等。研究论文要求既具有一定的理论性，又具有一定的科学性，能够理性地认识问题、分析问题，揭示具有普适性的规律，同时具有一定的创造性。高质量的研究论文是教育科研智慧的结晶，是课题研究高水平高质量的标志。

研究论文的结构一般由以下几点构成：标题、作者单位和署名、内容摘要、关键词、正文、注释或参考文献、附录（必要时）。

研究论文的本论部分一般由引言、本论、结语三部分构成。引言部分，一般介绍研究的背景、选题的缘由、选题的意义等内容，以引出论题。本论部分，主要是提出问题、分析问题、解决问题。正文内容的结构安排有并列式、递进式、混合式等。结语部分，主要是总结提升、做些余论、做出展望等，它不是对前文内容的简单重复，它的重点在于总结提升，要求简洁概括、点到即止。研究论文的写作要注意写作规范，包括引文的规范、注释或参考文献的规范等。[①]

3. 教育案例

教育案例是记录教师教育转化学生的过程或教育事件处理过程的例子。

教育案例不同于教学课例。教育案例侧重于记录教师对学生的思想教育、品德教育、班级管理等方面的内容。教学课例侧重于记录或描述课堂教学中教学方式方法等方面的内容。

按照教育案例呈现的方式，可分为两种主要类型：描述式教育案例和评析式教育案例。

描述式教育案例，是通过描述的方式把教育事件的处理过程或发生发展过程完整呈现的教育样例。它所侧重的是向读者传递教育事件的处理本身，至于其中包含的道理需要读者自己去体会和把握。描述式教育案例本身就体现出自足的存在价值。描述式案例一般按照事件发生、发展的顺序来写作。

[①] 研究论文的写作可参考李冲锋著：《教师教学科研指南》，上海：华东师范大学出版社，2009 年 6 月版，第九章。

评析式教育案例，是对教育事件的处理进行分析评论，以揭示事件本身所蕴含的价值和内涵的教育样例。它所侧重的是向读者揭示教育事件处理过程中所蕴含的有价值的做法、道理等。评析式教育案例的结构一般是案例描述加案例评析，案例评析是重点。也有的教育案例按照现象—原因—对策的结构来撰写。

教育案例的价值是以"案"析"理"。描述式教育案例的道理含而不露，由读者自己去体会与把握；评析式教育案例则是既讲述案例，也揭示道理，注意"案"与"理"的结合。它们共同的价值在于给人以道理的启发。

4. 教学课例

教学课例是对课堂教学进行分析研讨或反思后所形成的具有研讨价值与启示意义的教学研究样例。它是教师研究课堂、改进教学、促进专业发展的最佳载体之一，也是教育课题研究中的重要成果形式。

教学课例是对真实的课堂教学的研讨，而不是单纯的课堂教学实录或描述。教学课例具有教学事件真实性、教学问题复杂性、研讨价值典型性等特点。教学课例的价值主要体现在以"例"析"理"，即以所分析评论的"课例"来揭示课堂教学所具有的一般性"道理"。

教学课例有不同的类型。常见的类型有描述—分析式课例、研讨改进式课例等。

描述—分析式课例是对课堂教学实况描述后进行分析评论的课堂教学研究样例。这种课例的基本结构是课堂教学描述＋分析评论。课堂教学描述分为课堂教学实录或过程情境描述两种方式，内容则有全程描述与片段描述两种。分析评论部分是从某一角度或某几个方面切入，对前面呈现的课堂教学内容进行分析评论。分析评论可以是正面的，也可以是反面的，还可以是正反面结合的。

研讨改进式课例是对课堂教学进行研讨后根据研讨建议修改教学设计再次教学、再次研讨型的课堂教学研究样例。这种研讨改进式课例，既包括第一次上课前的共同备课，也包括一次、二次上课后研讨情况，及再次、三次上课后的效果等，也可能包括对几次研讨和上课的分析评论。这种教学课例可以反映教学的持续改进过程，有助于读者了解教学改进的过程和研究的过程。

教学课例的撰写要以准确地呈现课堂教学过程或情境为基础，为此需要通过录音、录像等方式记录课堂教学的全过程，然后将其转化为文字。不论是课堂教学的全程记录还是片段选择，都要注意所选取内容的典型性和代表性，这一点对教学课例的研究是很重要的。

教学课例撰写中的分析评论部分是非常关键的，课例价值的体现在很大程度上取决于分析得到位与否。课例的分析评论要抓住重点，以一定的理论为基础展开。好的分析评论，一定是紧扣前面所呈现的课堂教学内容展开的，能够从微观到宏观、从具体到抽象、从现象到本质地揭示问题，深化、拓展人们对课堂教学及其规律的认识。

5. 经验总结

教育经验总结是对教育教学实践活动及其经验教训分析、概括、加工、整理后形成的比较系统的、合乎逻辑的认识成果。经验总结也是重要的研究成果。课题研究过程中，要对研究进展情况进行阶段性总结，课题结束后还要进行整体性总结。

经验总结的结构一般由标题、正文和落款组成。

（1）总结的标题。

总结的标题，一般有三种写法。

一种是一般式，也是最常用的写法，其结构包括单位名称、时间、内容和文体。例如"××实验小学2012年上半年市级规划课题'小学生速度训练实验研究'工作总结"。

一种是内容式，以经验总结的核心内容作为标题，比较适合于专题总结。例如"编写和使用高中语文选修教材'中华传统文化名著研读'的体会"。

一种是主副标题式，主标题一般说明内容，副标题说明单位、时间和文体。例如"以课件制作促进课堂变革——××学校2012年校本课题研究总结"。

（2）总结的正文。

经验总结的正文部分一般包括以下四个方面的内容。

一是基本情况介绍。在经验总结的开头部分，一般先介绍教育实践活动的基本情况。这部分的写法，可概括工作背景、整体情况，也可说明总结的指导思想和成果，还可把主要的成绩、经验、问题等简单扼要地先提出来，也可点明全文的主要观点、中心思想等。

二是主要成绩经验。这是经验总结的核心部分。"成绩"的叙述有两种不同的写法：一种是把成绩先列出来，然后总结经验；一种是在经验总结的过程中把成绩融合到具体的经验条项之内叙述。写作时可根据自己的需要选择使用方式。

三是问题分析或教训总结。专题性的经验总结只谈经验不谈问题或教训，全面性的经验总结则一分为二地来看待整个研究活动，既谈经验，也谈问题、不足或教训。教训是指由认识上的错误，或方法上的问题而造成工作上的失误所反映出来的反面经验。分析存在的问题、总结失误带来的教训，可以进一步提高认识，明确今后努力的方向，避免工作失误和更大问题的发生。

四是今后努力的方向。这是经验总结的结尾部分。它是在已有成绩和经验、存在的问题和教训的基础上提出来的，目的是以更加明确的方向、更加有效的措施推进后续工作的进展。这部分同时能够起到表明决心和展望前景的作用。

（3）总结的落款。

经验总结的落款包括署名和日期。总结的署名一般在标题之下，也有的写在正文之后的右下方。署名要单独一行，标明单位、作者姓名。如果总结是以单位名义写的，则署名只在标题之下署单位的名称，作者姓名写在正文之后，标记为：执笔人 ×××。如果是上交本单位的总结则可不写单位名称。日期一般单独一行，写在署名之下。专题性经验总结一般不写日期。

经验总结写作时还要注意以下事项：经验总结一般以第一人称的方式表达。经验总结中所运用到的事例要具有典型性，要在典型事例的基础上提炼出有普遍意义的经验或观点，能够从结果到原因，从问题到对策，从现象到本质地总结提炼经验或观点，从而使经验总结不是仅仅停留在感性的经验层面上，而且能够上升到理性的认识层面上。好的经验总结，应该能够给人以启发和指导，可资他人学习、效仿。

（二）阶段成果的发表

课题研究的阶段性成果写作完成、经过修改后可通过投稿等方式把它们发表出来。发表成果要注意以下事项。

1. 寻找合适刊物

课题研究中，我们根据课题研究的情况选择课题成果的表达形式——研究综述、研究论文、教育案例、教学课例、经验总结等，成果完成后，要根据成果的表达形式和刊物的需求来选择拟发表的刊物。不同的刊物喜欢发表的成果类型是不同的，有的喜欢发表教育案例，有的喜欢发表教学课例，还有的专门刊发研究论文，有的接受研究综述，有的则不接受。要多看各种期刊，了解期刊在内容上的用稿需求，根据他们的需求来投稿。有的人从来不看期刊，或不认真阅读期刊，对它们不了解、不熟悉，就把稿件投过去，命中的可能性较小，即使投中了，也有很大的偶然性。

投稿—用稿是一个双向选择的过程。投稿者选择期刊，期刊选择投稿者的稿件，这样才能最终达成稿件的发表。因此，投稿时既要知己，又要知彼，知己知彼，方能百战不殆。知己就是知道自己文章的内容与水平，知彼就是知道刊物的用稿需求，知道刊物的风格、类型、对来稿的具体要求、近期的关注点等等。寻找合适刊物的过程，是一个既看自己稿件情况，又看刊物要求，寻找双方最多契合点的过程。文章与刊物之间契合度越高，发表的可能性就越大。

2. 调整文章格式

不仅要了解期刊在内容上的用稿需求，还要了解期刊在格式上的用稿要求。一般期刊都会在征稿启事或稿约里表明刊物的用稿要求，投稿者要认真领会这些要求，并严格按照要求去修改、调整文章的内容，特别要注意调整文章的格式。

刊物格式是指刊物所刊发文章内容及相关信息的结构方式。以研究论文为例，它的结构包括题目、作者单位信息［包括省市、工作单位（写到二级单位）、所在地、邮编等］、署名、题注（来稿日期、作者简介、项目简介）、摘要、关键词、正文、引文注释（脚注、尾注、夹注）、参考文献、附录等项目。但它们在不同刊物中的位置有所不同。比如，作者单位，有的在题目下方另起一行，作者署名之前；有的则在正文结束之后加括号注明。

不同期刊有不同的格式，投稿时须按照期刊格式来调整文章格式。如果投过去的稿件与期刊的格式"格格不入"，那么编辑可以判断这是一个不看自己期刊的投稿者，也是一个不懂得"规矩"、不遵循期刊"稿约"的投稿者，他完全可以此为由把稿件弃而不用。所以，关注期刊格式，并据此调整文章的格式，是投稿前必须做好的工作。

3. 注意稿件细节

文章能否发表首先取决于稿件的整体质量，特别是选题立意、学术水平等，但同时不应忽视稿件的细节问题。这是一个研究者应有的严谨态度、一个作者应做的工作，也是提高稿件发表率的重要因素。

注意稿件细节：一是内容细节，一是格式细节。

内容细节，例如，注意稿件中不要出现错别字、标点符号错误等细节问题等。

格式细节，例如，文章的格式与期刊的格式要严格地保持一致，注意字体、字号、行间距、字间距等格式细节。

4. 选择投稿方式

在做好文稿准备后，选择恰当的方式把稿件投递出去。根据目前的投稿实情看，投稿方式主要有三种类型：纸质投稿、电邮投稿、网上投稿。

纸质投稿是把文字写在或打印在纸上投递给期刊的投稿方式。纸质投稿用什么方式投递比较好呢？可以通过邮局用平信、挂号信或EMS等方式进行，也可以通过快递公司投递。通过挂号信、EMS或快递公司投递相对快一些，费用也多一些；一般情况下用平信投寄就可以了。

电邮投稿，也称 Email 投稿，是通过电子邮件的方式把稿件投递给期刊的投稿方式。电邮投稿一般把稿件发送到期刊投稿专用邮箱或期刊相应栏目的编辑的邮箱里。电邮投稿时一般不把文章直接放在写信区域，而是把文稿的 Word 文档以附件的形式发送过去。在写信区域可以给编辑写简短的留言，以说明相关情况。电邮投稿时，在邮件标题栏里一般写明："投稿：作者姓名《文章名》"。这样期刊编辑一看邮件的标题，就知道是一篇"投稿"的电邮，便于处理稿件。

网上投稿是通过期刊的网络投稿系统，把稿件在网上提交给期刊的投稿方式。网上投稿是国外期刊所采用的主要形式，近年来国内也有少量期刊开始采取这种形式。网上投稿具有直观、迅速和方便的特点。网上投稿和电邮投稿都便于期刊编辑修改文稿，也便于排版。但在网上投稿前需要在网站注册一大堆信息，第一次使用网上投稿会感到比较麻烦，不过，可以将第一次注册的信息保存下来，以后再网上投稿时大部分信息复制粘贴就可以了。一定要记住注册的账户名和密码，否则重新注册会耽误很多时间。

不同的期刊对投稿方式有不同的要求。有的期刊只接受纸质投稿，有的则只接受网上投稿，还有的接受纸质投稿，同时还要求提交电子稿。一定要根据期刊要求的方式投递稿件。

有些人对用何种方式投稿存在疑惑，纸质投稿好还是电子投稿好？其实，这要看期刊的"征稿启事"或"稿约"里的要求或"约定"。虽然期刊上不是每期都刊登"征稿启事"或"稿约"，但总会刊登这样的内容，如果不熟悉，应该查实后再根据要求投稿。

一般情况下，可以在纸质投稿的同时进行电子投稿，并在纸质稿中标明已同时发送电子稿，在电子稿中注明已同时发送纸质稿。

六、做好课题管理

一般来说，课题主管部门会有课题管理制度对课题实施管理，但从课题主持者、实施者的角度来看，我们也需要对课题研究进行管理。主动地实施课题管理，有助于课题的顺利实施和完成。

从课题主持人、实施者的角度来进行课题研究管理，可主要抓好团队管理、时间管理、活动管理、资料管理、经费管理等几方面的工作。

（一）课题团队管理

课题研究往往需要一个团队共同来完成，这就需要对课题团队进行管理。

1. 合理分工，责任明确

课题负责人在组建课题研究团队时已经对各参与者的情况有所考量，在课题研究中要根据每个人的专业特长、能力水平、研究时间等进行合理分工，使每个人能够最大限度地发挥自己的特长和能力。

合理分工的同时要把责任加以明确，每个人做什么事情，负责哪一块内容要分配清楚，使每个人都知道自己做什么、怎么做、负什么责任。这样可以使每个人都清楚地履行自己的责任，防止由任务不清、责任不明，造成事情无人问津、责任无人承担的情况。

2. 专业培训，促进提高

对于一些课题来说，可能需要对整个研究团队进行相关的专业培训，比如请专家来讲解相关内容或进行课题指导等。课题负责人要根据课题研究的具体情况和需要，考虑进行什么内容、何种性质的专业培训。比如，研究团队的人员对某一种研究方法还不太熟悉，需要请相关专家指导，或者由课题主持人对课题组成员进行培训。通过专业培训可以提高研究团队的科研能力和科研水平，从而有助于课题研究的进行。

3. 激发动机，保持劲头

课题负责人在整个研究过程中要注意激发每个团队成员的研究动机和兴趣，使大家保持从事研究的热情和劲头。这既需要对团队成员讲清本课题研究的价值与意义，又需要帮助团队成员解决研究过程中遇到的实际困难，还需要对每个人的行为给予更多理解和认同。只有使整个团队统一认识，同时又给予个别帮助，才能形成团队凝聚力，推进课题研究。

4. 统筹协调，稳步推进

课题负责人的一个重要任务是对课题研究过程中出现的问题、矛盾进行统筹协调。要根据每个人的具体情况，调整任务分工，帮助解决研究过程中遇到的新问题、新情况等。只有统筹协调好，才能使课题研究保持良好的运转状态，把课题研究稳步向前推进。

（二）课题时间管理

课题研究一般是有时限的，特别是立项课题更是有研究时间的规定。要在规定的时间内保质保量地完成课题研究，就需要科学地管理和使用时间，这也是课题研究管理的重要内容。

1. 科学规划，尽量落实

对课题时间的分配要进行科学规划。在课题方案设计或课题申报时已经有研究阶段的划分，对课题研究时间已有一定的规划，课题实施过程要根据这一规划或根据实际重新进行科学规划。科学规划科研时间，并尽量在实践中落实，是保证课题研究进度的重要措施。课题研究的实际时间可能会与前期规划不一致，这是由于课题研究中会遇到一些新情况需要时间来解决，甚至会出现比较大的研究计划调整。但从保证研究时间的角度来说，一旦制定了研究时间表，就应尽量在规定时间内完成预定任务。

2. 定期检查，反思改进

为了保证课题顺利实施，还应对课题研究的进展情况进行定期检查。定期检查是通过相对固定的时距（时间距离）对课题研究实施督促的方式。定期检查，比如一个月检查一次，三个月检查一次，半年检查一次之类，可根据课题研究总时间的长短而定。定期检查之后，要根据检查的情况进行总结、反思，发现问题及时在后续研究中改进。通过这样的方式可以推动课题研究的实施。

（三）课题活动管理

课题研究中总会组织一些与课题研究相关的活动，对这些活动也要进行专项管理。

1. 精心组织，认真实施

课题研究过程中会有很多类型的活动，如开题论证会、课题研讨会、听课评课、中期检查、调查活动、实验活动等。对这些活动要精心组织，考虑到活动各方面的内容和注意事项并认真落实，以保证活动的顺利实施。

2. 定期活动，保持稳定

对课题研究来说，最好能够定期组织一些活动，如听评课活动、课题研讨内部会议等，以保证课题研究的稳定性和持续性。有的课题研究一年举行一两次活动，或不定期举行活动，在一定程度上影响课题研究的持续推进。定期活动则可以使大家始终处于课题研究的状态之中。当然，定期活动的前提是保证活动的有效性，应避免因定期活动出现"活动疲劳"或"研究厌倦"。

3. 做好记录，留作资料

课题活动的过程也是研究的过程，要注意保留活动的资料。每次活动都应该有活动资料，即活动记录。活动资料或活动记录，包括录音、录像、照片、文字等内容。每次活动中，都应该有人负责做相关的记录，活动后对记录进行整理。表6-4是某校的课题活动记录表，可供参考。

表 6-4　课题活动记录表

时间			地点		
主持人		参与人员		记录人	
活动主题					
主要过程：					

（四）课题资料管理

课题研究的资料是课题研究的重要内容，也是课题研究成果的基础，要妥善管理。

1. 及时收集，分类整理

很多课题研究资料的出现都是一次性的，错过就不会再有，所以及时收集资料非常重要。课题研究过程中要树立很强的"资料意识"，即有针对性地、随时随地收集与课题研究有关的资料。资料收集的方式要注意多样化，比如同一项活动，可以有录音资料、录像资料、照片资料、文字资料等。如果当时仅用一种方式收集资料，没有其他资料相对照、佐证，用时可能就会显得乏力。

资料收集以后，还要及时地整理，科学地分类。这是资料管理的重要方面，便于资料保存和日后使用。

2. 专人负责，保存归档

课题研究资料最好有专人负责管理，可以是每人负责自己分工的那块内容的资料，也可以把课题研究资料汇总到某人那里由其专门负责管理。

课题研究资料的管理需要在分类基础上建立分类档案，把不同类型的资料保存在不同的档案里，以备使用。这就需要建立课题资料的档案袋，或者资料库。如果有必要，可对资料进行备份，一份是原件，一份是复印件。现在文字资料的管理，可以在电脑上通过构建不同文件夹的方式来管理，或者使用电子管理系统进行管理。资料的电子化管理便于保存、检索、使用。

（五）课题经费管理

课题研究经费来源一般有上级调拨和自筹资金两种途径。课题经费的管理要注意以下几点。

1. 专款专用，严格控制

既然是课题研究经费，那就是用于课题研究的，因此要做到专款专用，不能挪作他用，可建立专门的课题经费账户，以防与其他款项混用。在使用课题经费时要严格控制其使用项目与金额，使其落实到课题研究中去。

2. 科学预算，适当调配

一般在课题申请时或经费批拨后都会有课题经费的使用预算，应该科学预算，使其能够恰当地分配到相关事项中去。进行经费预算，不能多多益善、胡写乱开，而要认真计划，把具体数目和用途都写清楚。

当然，课题经费的预算只是预算的一部分，与课题实际研究中的花费情况可能会有些出入，因此也可在规定范围内适当作些调配，以适应课题研究的实际变化。但这种调配的额度和幅度一般不会太大，要受到课题主管部门经费管理制度的约束。自筹经费的调配额度和幅度可相对自由些，但也要按需而行，量力而为。

3. 合理花费，重点突出

课题经费的使用要在可控的范围内，根据研究的需要合理花费，特别要注意"把钱花在刀刃上"，即把大部分的钱用于重要的研究项目上。一般来说，课题研究的实施阶段，是最需要花钱的地方，调查、采访、实验等都需要大量经费的支持，要把钱花在这些地方。至于开题论证会场的布置等，则没有必要花很多经费。课题研究经费的使用要遵循"该花则花，该省则省"的原则。

4. 定期结算，心中有数

虽然课题组不一定设立专门的财务制度，但应该定期对课题经费的使用情况有个结算，以做到心中有数。课题经费的使用，要做到统一使用，统一报销，统一结算，这样就比较容易从全局上来把握经费的去向、用途、数额、结余等情况。由课题负责人对课题经费统一使用，统筹管理，全面把握，在一定程度上可以使经费使用做到合理分配、科学使用、用当其途。

第七章

如何面对中期检查

人不能没有批评和自我批评，那样一个人就不能进步。

——毛泽东

反省是一面镜子，它能将我们的错误清清楚楚地照出来，使我们有改正的机会。

——（德）海因里希·海涅

从中期检查情况看，凡是研究进展顺利、情况良好、成效显著的，都显示了以下共同特点：1.研究的前期准备工作充分；2.设计方案科学、周密，研究指标具体明确；3.突破点抓得准，研究步骤有序；4.研究方法手段较为先进；5.探讨问题深刻透彻，有创新；6.研究人员科研意识强，课题组团结协作。

存在的问题有：1.有些课题组任意修改题目；2.有些课题负责人不是实际科研带头人；3.前期准备不充分；4.研究的突破口没抓住；5.科学性没能在各个环节充分体现。

以上是某市对教育科研课题中期检查整体情况的总结。通过中期检查可以看到研究进展顺利的一些共同特点，也可以看到存在的一些问题。研究进展顺利的特点有助于我们学习和借鉴以推进课题研究的实施，而存在的问题则需要警惕和预防。可见，中期检查对课题研究是很有帮助的。

中期检查，也称中期评价或中期评审，是课题管理部门为保证课题质量、推进课题研究、强化课题管理，在课题研究进行过程中实施的一种管理措施。中期检查是科研管理的重要环节。作为课题的实施者，要做好准备，迎接中期检查，并尽量取得好的检查结果。

一、中期检查的作用

课题中期检查对课题研究具有促进作用，主要表现在以下几个方面。

（一）对课题研究加以督促

中期检查的设置是对课题研究的一种督促。为了迎接中期检查，课题研究者要按照原定的研究计划，抓紧时间进行课题研究，并且保障课题研究的质量。有的人申报课题时很积极，课题申请下来，要做课题了，却很松懈。中期检查可以使课题研究者有一种紧迫感，防止懈怠。

（二）对存在问题做出诊断

中期检查可以发现课题研究中存在的一些问题，并对其做出诊断，判断是何种类型、何种性质的问题，进而探讨问题产生的原因，从而对症下药，促成课题研究的改进。

（三）对后续研究予以指导

中期检查对已立项的研究课题起指导和协调作用。它针对研究进展情况，给以必要的指导、帮助和咨询，分析课题是否能继续进行。中期检查中，检查人员一般会在诊断和整体把握的基础上对课题研究给出一些建设性意见，从而指导课题研究的后续实施。中期检查的指导，可以防止课题研究方向的偏失，使课题研究在正确的方向和道路上顺利实施。

（四）促进研究者进行反思

从研究者的角度来看，通过准备中期检查，可以总结课题研究的阶段性经验、成果，反思课题研究存在的问题、不足，进而思考今后改进的方向、措施。这是促进研究者科研水平提高的过程，又是保障课题质量持续提高的手段。因此，进行中期检查还是很有必要的。

二、中期检查的方式

中期检查的方式有通讯检查、会议检查和现场检查等。

（一）通讯检查

通讯检查就是课题承担者把中期检查报告和相关材料寄送给课题管理部门，由课题管理部门组织专家对其进行评审，以评定课题研究进展情况的课题检查方式。

专家评审检查后，课题管理部门会给课题研究者以反馈，供其参考，或者对未通过中期检查的课题承担者采取必要的措施，比如提出警告、限期整改、限拨剩余经费等。

由于课题研究者、课题管理部门和专家不必碰面，可以在各自的时空范围内工作，所以这种检查方式比较方便，其不足是三方面的当事人不能面对面的交流，缺乏深入沟通。

（二）会议检查

会议检查是通过组织会议的方式对课题实施情况做出评价的课题检查方式。

会议检查时，一般是课题承担者、课题管理部门人员、评审专家三方一起参加。检查会议可以由课题承担者召开，邀请课题管理部门、评审专家参加，也可以由课题管理部门召开，请课题承担者和评审专家参加。

会议检查时，需要课题承担者向课题管理者和评审专家汇报课题研究实施的情况，然后由他们根据汇报和交流情况做出定性评价。

会议检查是比较常用的中期检查方式，也是比较正式的中期检查方式。因为课题承担者要亲自面对课题管理者和评审专家，所以他们也会更加重视中期检查。会议检查的好处是可以使课题承担者、管理者和评审专家面对面地深入交流，不足是在协调工作上存在一定难度。

（三）现场检查

现场检查是课题管理者和评审专家进入研究现场对课题研究的实施情况进行评价的课题检查方式。

中小学教育科研课题多是实践类、应用性课题，其实施多需要在课堂教学中进行，并且课题的成果也往往体现在课堂教学之中。因此，中期检查时，深入学校、深入课堂，进入课题研究的现场、课题研究的过程中来进行评价，也就成为一种直接、直观的检查方式。

现场检查可以使课题管理者和评审专家亲眼看到、亲耳听到、亲身感受课题实施的情况和成果，往往更有利于他们把握课题实施的情况。但现场检查不能单独使用，往往还需要与中期检查报告等文字性材料配合使用，因为有些东西是现场所不能呈现的。

比较全面的中期检查会综合利用上述几种检查方式，采用多方式检查，最后做出定性评价。也就是说，既需要阅读中期检查报告和材料，也需要现场检查，还需要进行会议检查。多方式检查的好处是通过多方面的了解，往往可以比较深入地把握课题实施的情况，从而做出准确的评断；不足是比较费时费力，成本较高。

三、中期检查的准备

为迎接课题中期检查，需要精心做些准备。中期检查的准备工作主要有以下几个方面。

（一）熟悉中期检查要求

做好课题中期检查，首先需要从课题发布者或课题管理部门了解中期检查的要求，根据要求做出准备。关键要了解中期检查的重点是什么、检查评估的指标有哪些、需要做些什么样的准备，比如下载什么样的表格、怎样填写、需要准备哪些材料等。这样才能达到并满足检查部门的要求。

一般来说，中期检查会从计划执行情况与进展、经费使用情况、阶段性研究成果、存在的问题及下一步的计划等方面进行评估，每项内容都有一些评估标准，对此要认真学习。

对评估内容和评估标准的学习和准备，不应该是在中期检查前，而应该是在一开始做课题时就做的工作。这样在前期的课题研究中才能朝着这些内容和指标努力。中期检查只是把所做的工作拿出来接受检验。不能本末倒置，平时没有学习和掌握评估内容和标准，临近中期检查才学习，就来不及了。一定要事先准备，临时抱佛脚，是很难顺利完成中期检查的。

表 7-1 是课题中期检查评估内容各级别的具体内容，可供中期检查评估时使用，也可供做课题时参考。

表 7-1　课题中期检查评估内容各级别的具体内容 [①]

评估内容	级　别	具体标准
Ⅰ类：计划执行情况与进展	A	已完成或超额完成项目申请书中规定的项目计划
	B	基本完成了项目计划，进展顺利
	C	正在工作，但未能完成项目申请书中规定的项目计划
	D	还未开展工作
Ⅱ类：经费使用情况	A	经费支出合理，按计划支出
	B	未按计划支出，但未超标
	C	支出无计划，部分支出超出项目规定
	D	有违反项目规定的支出
Ⅲ类：阶段性研究成果	A	阶段性研究成果得到公开认可，技术路线清晰，工作任务明确，已完成计划任务，投入业务运行，或有论文公开发表（包括参加国家级学术交流会）
	B	有阶段性研究成果，技术路线较清晰，工作任务基本明确，已完成规定计划任务，投入业务试运行，或已完成论文，但未公开发表
	C	技术路线较清晰，工作任务基本明确，已完成部分规定计划任务，未投入业务试运行，也无论文发表
	D	其他（如技术路线模糊、工作任务不明确、工作远未达到时间进度要求等情况）

[①] 毛炜峄、曹占洲：《科研课题中期检查量化评估初探》，《新疆气象》，2006 年 29 卷第 2 期。

评估内容	级　别	具体标准
Ⅳ类：存在的问题及下一步工作计划	A	下一步工作计划明确，可操作性强，能保证完成或超额完成项目计划
	B	下一步工作计划明确，有可操作性，能保证完成项目计划
	C	有下一步工作计划，但缺乏可操作性，任务不明确，基本能保证完成项目计划
	D	其他情况（诸如无下一步工作计划，不能完成年度工作计划等）
说明		各级量化分值：A级=10分；B级=8分；C级=6分；D级=0分

（二）准备检查所需材料

课题中期检查需要准备一些材料，主要包括中期检查表、中期检查报告、阶段性成果材料、经费使用表等。中期检查前，课题承担者要认真填写中期检查表，撰写中期检查报告，梳理阶段性研究成果等。对阶段性研究成果要分类整理，按实物类、文字类等，分门别类地呈现。所准备的各种材料要做到条理清楚、准确无误、摆放齐整，以备检查。

（三）做好检查相关工作

除上述工作外，还有一些中期检查的相关工作需要做好。比如，与课题管理部门的协调、与评审专家的沟通等。如果进行会议检查或现场检查，还要准备会场的布置、会议的流程，检查现场的安排、现场活动的组织等。

中期检查不是"作秀"，也不是走过场，要认真对待，精心准备。所有与检查有关的活动都要悉心组织，所有与检查有关的细节都要细心考虑。这样才能保证检查工作的顺利进行，保障课题中期检查的顺利过关。

四、检查报告的写作

中期检查报告是中期检查中十分重要的材料，对中期检查能否过关起着举足轻重的作用。中期检查报告的内容主要包括研究的进展、阶段性成果、存在的问题、今后的设想、经费的使用、附录等几个方面。

（一）研究的进展

研究的进展主要写明自课题实施以来，课题承担者所做的主要工作及其对课题研究的推动。这是中期检查报告的重点部分。

课题研究的工作方面，可写工作的起止时间、采取的主要措施，如策略、方法等。在这方面要侧重采取的措施，这可以看出研究者的努力，也可以看出研究者在研究过程中的创造性劳动和研究智慧。

写研究进展时，要查看课题申报书，对照申报书来写。看一下课题申报时的阶段性承诺，到目前为止，应该兑现的，有没有兑现；如果兑现了，兑现的质量怎样；还有哪些没有兑现，什么原因没有兑现，要做出没有兑现的原因说明或解释。

研究的进展可以分阶段写，比如在哪一阶段，做了哪些事情，取得了怎样的进展；也可以按照取得进展的情况来写，比如，进展1、进展2、进展3，在每一进展之中分析是如何取得这些进展的。

（二）阶段性成果

阶段性成果是在课题研究的某一阶段产生的、成型的研究成果。阶段性和成型性是阶段性成果的重要特征。阶段性，说明这些成果还不是最终的、完整的研究成果，只是课题研究成果的组成部分；成型性，说明这些成果本身是可以相对独立存在的，是已经完成状态的。"成果"中的"成"，即是完成；"成果"中的"果"，即是结果。那些处于未完成状态、有待完成的内容，不能称为阶段性成果。

之所以对阶段性成果做上述解释，是因为有的人把一些非阶段性成果的内容也放到阶段性成果中来。比如，把将要形成的教育经验、可能形成的教育案例也放入阶段性成果中来。

阶段性成果可从实践性成果、理论性成果、技术性成果等方面来写。

实践性成果主要是课题实施以后对教育教学实践的改变，如师生的变化情况等。

理论性成果主要是教研论文、论著、案例、报告等的撰写、发表情况。

技术性成果主要是课题研究中相关量表、工具、技术手段等的开发、使用情况等。

已有研究成果的获奖情况、被采用情况等，也可以写在这部分里。

（三）存在的问题

存在的问题部分要对课题研究中的问题进行描述，着手探讨问题存在的原因。课题研究中会存在很多这样那样的问题，这部分要写主要问题，也就是会影响整个课题研究继续推进的问题。

对存在问题的写作要摆着实事求是的态度。有的人怀疑，问题太多了会不会影响中期检查的成绩？有这种疑虑是可以理解的。但课题研究是科学研究，科学研究的精神是"实事求是"，是"求真"，如果故意掩盖课题研究中存在的问题，这本身就"失真"了，不利于课题管理者和评审专家根据问题提出有针对性、建设性的指导建议或改进意见。

课题研究中不可能不存在问题，存在问题并不可怕，可怕的是不敢直面问题。只要敢于直面问题，并能够寻找到解决办法，那么问题也就不是问题了。

（四）今后的设想

今后的设想部分，要根据课题研究存在的问题、今后研究的需要、原有的研究计划来写作。

这部分主要是写今后研究的思路、拟采取的问题改进措施或课题研究的推进措施等内容。

这部分内容简要介绍就可以，但要有实质性内容，措施要切实可行。

（五）经费的使用

有的中期检查还要求课题承担者汇报课题经费的使用情况。为此，要详细汇报课题经费的使用情况，写明哪笔钱作了何种用途。要看花出去的钱，在数额上、用途上，是否符合课题的管理规定。

"经费的使用"部分，可以使用表格明细的方式来呈现，使人一目了然。这部分内容的写作，要定量与定性相结合，既要定量地呈现所使用的经费的数额，又要定性地评价所使用的经费是否符合规定或要求。

（六）附相关材料

中期检查报告可以有附件，附上相关材料。附件的内容主要是课题研究的阶段性成果。之所以有附件是为了证明前面所做的工作、所取得的阶段性成果是真实存在的，有助于评审者据此检查课题实施的质量。

中期检查报告的写作要注意条理性。"研究的进展"、"阶段性成果"、"存在的问题"、"今后的设想"，这几个方面在写作时一般采用明确的标题或序号一、二、三等来写。这样写可以显得条理清楚，便于理解把握。

中期检查报告的写作要注意文字简洁。中期检查报告的主要目的是向课题管理者和评审专家介绍课题实施的情况，只要把情况介绍清楚就可以了。因此，篇幅一般不是很长，叙述的语言以简洁明了为主。

五、中期检查的汇报

如果是会议检查或现场检查，需要课题承担者向课题管理者和评审专家作中期检查汇报。这也是中期检查的一个环节，要做好中期检查汇报，需要注意以下几点。

（一）精心准备汇报内容

一般来说，汇报的内容以中期检查报告为多。为此，要熟悉中期检查汇报的内容。有时中期检查报告的写作者和汇报者不是同一人，这就更需要汇报者熟悉中期检查报告的内容。在正式汇报前，汇报者可自己先做一下演练。

（二）注意汇报语言的把握

良好的语言表达是汇报所需要的。中期检查汇报时，需用清晰、准确的语言，把课题的情况传递给听众；注意表达的抑扬顿挫，以吸引人。中期检查课题汇报者，不一定是课题负责人，可以选派表达能力较好的课题组成员来担当此任。良好的口语表达，可以使中期检查汇报更完美。

（三）使用必要的辅助手段

汇报时可以借助必要的辅助手段，比如 PPT、照片、视频、实物等，边讲解边演示（或展示），以增加表达的力度。

良好的中期检查汇报基于良好的课题研究和对中期检查报告的精心准备。只要各方面用心，就能做好课题，通过检查。

课题中期检查的结果，一种是通过，一种是未通过。如果没有通过，可能会限期改进，过一段时间，再次接受检查。即使中期检查通过了，也并不是说这件事情就过去了。还要针对中期检查中暴露出来的问题，检查组、管理部门所指出的问题进行反思，并在此基础上对研究方案进行适当的调整、修改和完善。

附：中期检查汇报案例

"指导三（6）班学生挑战'无疙瘩'朗读的实践研究"
课题中期检查汇报材料[①]

浙江诸暨实验小学集团　郦泺静

本教改项目是我所做课题"对小学高年级学生唱读纠偏的研究"和"对小学低年级学生唱读纠偏的研究"的延续，上面两个课题的研究有很多内容值得本教改项目借鉴，也为本项目的研究打下了基础。

一、研究主要进展

在申报立项的同时，围绕"加强学习、着力实践、注重积累"的指导思想，主要开展了以下一些学习研究活动。

（一）加强自我研修

造成学生朗读时"打疙瘩"的原因主要有四点，即没有充分的朗读时间、没有良好的朗读习惯、文本语言与学生的言语背景有差距、学生的语感能力不够强。前三个原因是外在的，后一个原因是学生内在的语文素养，要解决相对比较困难，而我对语感方面的理论知识了解、掌握颇少，因此我重点研读语感方面的文章、书籍，现在正在啃读王尚文的《语感论》。

（二）着力实践研究

根据造成学生"打满'补丁'的背诵"的原因分析，我立足课

---

① 感谢郦泺静老师同意援引此材料。

堂，借助家长资源开展"挑战'无疙瘩'朗读"活动，激发学生挑战的兴趣，让"挑战'无疙瘩'朗读"成为学生的共识和自觉行为，养成学生大声朗读的习惯，使其朗读水平逐步提高。

1. 自我修炼，示范朗读。

让学生做到"无疙瘩"朗读，我自己得率先做到，得让学生佩服，同时激发他们"挑战"的欲望。为此，备课时，我要求自己先认真地朗读课文，保证做到"正确、流利、有感情"。在宣布让学生挑战"无疙瘩"朗读后，我说明了具体要求：一是不打一个疙瘩，二是全文的朗读没有"添、漏、错、改"的现象。接着，我特意说明："郦老师准备跟你们一起，加入挑战'无疙瘩'朗读的队伍，我随时欢迎你们验收我挑战的结果。"

我的加入，让学生们兴趣高涨，他们十分乐于看我的表现。我打的是"有备之战"，朗读后学生自然少不了给我掌声，要求学生挑战"无疙瘩"朗读也就顺理成章，不需要我多说了。

2. 亲子朗读，保证时间。

平时布置家庭作业，我总会布置"朗读课文"这一口头作业。由于口头作业的检查不容易操作，也少有时间，学生往往会忽视，对口头作业常常是"偷工减料"。但学校里又没有足够的朗读时间，怎么办？我想到了"亲子朗读"，对家长发出了"让孩子大声朗读吧"的倡议。倡议里，我说明了孩子们朗读的现状、语文新课程标准对第二学段学生朗读能力的要求，以及大声朗读对孩子们语文学习的重要性，告知家长从这学期开始，我们要进行"挑战'无疙瘩'朗读"的活动，希望家长能够支持，督促孩子每天大声朗读课文 10—

15分钟！

我的倡议得到了全体家长的支持，有了家长的参与和督促，"大声朗读课文"的口头作业就有了时间的保证，能落到实处了！

3. 加强指导，清除障碍。

要让学生顺利挑战"无疙瘩"朗读，老师的指导必不可少。

崔峦先生在《课程改革中的语文教学》一文中提出，在每篇课文的朗读教学中，要体现这样的教师指导和学生学习的过程：由读得不完全正确到读正确，读得不太通顺到读得通顺、流利，读得比较平淡到读出感情。朗读教学是一个系统的、复杂的过程，正确流利是有感情朗读的基础，初读是朗读教学的第一站。

我认为，朗读指导要做到字不离词，词不离句，把识字、解词、读句、学文有机结合，让学生凭借课文语言理解词义，并在理解词义的基础上进行朗读，不断培养、提高语感能力。生字和词语是朗读的最小单位，一篇文章都是由若干个这样的单位组成的。只要把一个个生字生词掌握了，朗读起来就轻车熟路。为此，我在上课前，总会挑选两名朗读水平分别代表优良和中等的学生先读一读课文，把三年级上册课文中难读的一些词句基本罗列了出来。

4. 分层要求，自主挑战。

由于学生的朗读能力、朗读水平高低不一，我对学生挑战"无疙瘩"朗读的要求也不同。对挑战"无疙瘩"朗读的内容，学生可以自主选择，他们可以挑战朗读全文，也可以挑战某一个或某几个自然段。

挑战"无疙瘩"朗读的要求也逐步提高，首先保证读正确，没有语音错误；然后要求读通顺，做到不添字、不漏字、不改字、不重复、不颠倒、不顿读；接着要求读流利；最后要求有感情。

5. 及时评价，挑战不止。

自主挑战"无疙瘩"朗读，很好地解决了学生朗读能力起点不同的问题，但新问题也随之出现了，部分学生的功利心理萌芽了："那我挑战最短的一段！"我对学生说："人和人之间学习的境界多不一样啊，我相信，为了让自己读得更好，对自己负责的人会挑最长的一段，当然，懒惰的人可能会挑最短的一段。"学生都是有自尊心和好胜心的，我的话足以让那些只求胜利的"功利者"脸红。

在挑战的过程中，老师及时的评价尤为重要，评价一方面可以正面引领学生更好地朗读，另一方面也是保持学生挑战"无疙瘩"朗读热情的润滑剂。让学生挑战不止，热情不退，坚持不懈地进行"无疙瘩"朗读的挑战，从而真正提高学生的朗读能力。

（三）注重资料积累

我始终强调课题与教学实际紧密结合，强调教研同步，强调课题研究日常化，日常工作研究化。同时，也要求自己在研究的过程中增强资料积累意识，能够及时反思、记录，动态积累资料、上传资料。因此，前期所做的各种实践活动资料都整理得比较完备。

二、阶段性成果

（一）学生大声朗读的习惯得到极大改善

除周一读英语之外，学生到校后的第一件事就是拿出语文书或者我规定的语文读本，不管老师在与不在，都能自觉地朗读。一学期下来，学生已经养成了在早自修时大声朗读的习惯。

（二）罗列出了三年级上册课文中难读的词句

为指导学生顺利地挑战"无疙瘩"朗读，我基本上以课文为范本，在上课前，总会挑选两名朗读水平分别为优良和中等的学生先读一读课文，将他们在朗读过程中觉得难读易错的词句找出来，分析出错的原因，在学习课文时重点进行指导。现在已把三年级上册课文中难读的一些词句基本罗列了出来。

（三）撰写了两则挑战"无疙瘩"朗读的教学手记

在研究的过程中，围绕课题研究的进展，撰写了《挑战"无疙瘩"朗读的成功秘诀》和《〈和时间赛跑〉朗读教学设计札记》两则"无疙瘩"朗读的教学手记。

三、存在的主要问题

（一）学生出错原因的分析是否准确

我虽然罗列出了三年级上册课文中难读的词句段落，但是由于学生个体的差异，不排除这些词句不够典型，实际上并不是大部分学生真正难读易错的；在分析学生个体朗读出错的原因时，由于水平有限，也不排除分析不得当的问题。

（二）住校生的"亲子朗读"难以进行

由于住校生晚上的班级是多个班级组成，辅导老师不可能给予个别指导，更不能保证他们天天大声朗读15分钟时间，这样，住校生的大声朗读时间没法落实与保证，使他们中大部分学生无法在规定时间内挑战"无疙瘩"朗读。

（三）研究目标达成情况的量化困难

除了用文字来表述学生的一些转变及学生朗读课文的录音外，怎么来科学地量化学生在"挑战'无疙瘩'朗读"活动中语感能力的提高，对语文学习的促进？这是比较困难的事。

四、今后的设想

在下个阶段，我需要着手进行"挑战'无疙瘩'朗读"活动后学生对语文学习的兴趣、体会及家长的感受等方面的调查。同时做好学生朗读的测评、录音工作。继续罗列三年级下册课文中难读的词句段落，供老师们参考。

附：阶段性成果（略）

第八章
如何撰写结题报告

学所以为道，文所以为理。

——（唐）韩愈

意则求其多，字唯求少。

——（清）李渔

大家是否还记得第一章开篇引文中那位教师对结题报告的看法？在他的心目中结题报告竟然是那样可怕，让人"不寒而栗"。结题报告真的那么可怕吗？结题报告是课题的研究成果，面对它时应该感到喜悦，为什么会感到可怕呢？一个主要的原因是没有掌握结题报告的写法。

结题报告，也称研究报告，是一项课题研究结束，研究者客观地、概括地介绍研究过程，总结、解释研究成果，向有关部门（机构）申请结题验收的文章。它是课题研究所有材料中最主要的部分，也是科研课题结题验收最主要的依据。

教育课题研究成果有不同的表现形式，主要有实物和文字两大类。实物类包括实验模型、有关图片、多媒体课件等，文字类包括研究论文、教育案例、调查报告、实验报告及有关建议书等。就文字类研究成果而言，它们的表达形式、结构及撰写要求各不相同，掌握它们的结构及撰写要求有助于顺利地写出研究成果。

一、结题报告的结构

结构是研究报告内部的组织构造，是研究内容和材料赖以附着和依托的骨架。撰写研究报告先要掌握它的基本结构。结题报告的一般结构由三部分构成：前置部分、主体部分和结束部分（图 8-1）。

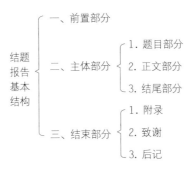

图 8-1　结题报告的基本结构

（一）前置部分

前置部分包括封面、封二（必要时）、标题页、序或前言（必要时）、摘要与关键词、目录页、图表清单（必要时）、注释表（必要时）。

1. 封面

封面是研究报告的外表面，提供相关的信息，并起到保护正文的作用。不是所有的研究报告都一定要有封面，页码比较多、材料比较厚的研究报告应该有封面来保护与衬托。有封面显得比较正式和规范。

封面上可以包括以下内容：[①]

（1）分类号。在左上角注明分类号，以便于信息交换和处理。分类号一般使用《中国图书资料分类法》的类号，如有必要可注明《国际十进分类法 UDC》的类号。

（2）课题编号。一般在右上角标注课题编号，学术论文无必要。

（3）密级。报告、论文的内容，按国家规定的保密条例，在右上角注明密级。如系公开发行，或不涉密，可不注密级。

（4）标题。报告的标题，包括副标题，一般用大字号注明，放在封面的中间位置，以突出其地位。

（5）版本。如初稿、草案、第二稿、最终稿（定稿）等。结题时所使用的版本，一般为最终稿（定稿）。此项可根据需要填写，如无必要，可不写。

（6）责任者署名。责任者有个人责任者和单位责任者两类。个人责任者指直接参与课题研究的课题主持人、课题小组成员、研究报告的作者等，按其贡献大小排列名次。参加部分工作的合作者、按研究计划负责具体小项的工作者、某一项测验的承担者，以及其他辅助人员等，均不在此列出，一般在各自负责的部分署名或一并列入致谢部分，或用注脚说明。如有必要，可在封面署名中注明个人责任者的职

---

① 张建编著：《研究报告撰写指导》，北京：教育科学出版社，2003 年 5 月版，第 14—16 页。

务、职称、学位、所在单位名称及地址。单位责任者系单位、团体或小组等，单位责任者应写明全称和地址。

（7）工作完成日期。指研究报告的实际完成日期或提交日期，一般两者选择一个，写到年月，有特殊要求的可具体到日。

（8）出版页。如果研究报告系出版物，则注明出版地及出版者名称，出版日期。

【案例 8-1】研究报告的封面格式 [①]

A.1 学校教育科研报告
分类号 _____   密级 _____
UDC _____   编号 _____
× × 实验学校
教育科研报告
_____
_____
（以上标题和副标题）
_____
（以上作者署名）
工作完成日期 _____
报告提交日期 _____
_____
（以上出版者、地址）
_____
（以上出版日期）

研究报告的封二可标注发送方式，包括免费赠送或购价，以及发送单位和个人；版权规定，其他应注意的事项。一般的研究报告没有

---

① 改编自张建编著：《研究报告撰写指导》，北京：教育科学出版社，2003 年 5 月版，第 17 页。

封二，只在必要时使用。

2. 标题页

标题页是对研究报告进行著录的依据。研究报告如分两册以上，每一分册均应各有其标题页，在上面注明分册名称和序号。标题页除与封面应有的内容取得一致外，还包括在封面上未列出的责任者职务、职称、学位、单位名称和地址，参加部分工作的合作者姓名等信息。

3. 序或前言

序或前言部分，一般是作者或他人对本篇研究报告的基本简介，如说明研究工作的缘起、背景、主旨、目的、意义、编写体例，以及资助、支持、协作经过等。并不是所有的研究报告都需要序或前言。

4. 摘要与关键词

摘要（abstract），是以提供研究报告的内容梗概为目的，不加评论和补充解释，简单确切地陈述研究报告主要内容的短文。摘要是对研究报告主要观点的高度概括，具有独立性和自含性。摘要的内容应该包含与研究报告同等量的主要信息，即不阅读全文也能够获得主要信息。摘要一般应说明研究工作目的、实验方法、研究过程、研究结果和最终结论等，重点是研究结果和结论。正规的研究报告一般都有摘要，字数一般以200—300字为宜。

关键词（key words），也称主题词，是反映全文主题和最主要内容的有实质性意义的名词性术语。关键词是有实质意义的名词，特别要注意的是不能用动词，应尽量从《汉语主题词表》中选用，不能使用不规范的词语甚至杜撰的词语。关键词的数量一般在3—8个。[①]

5.目录页

长的研究报告需要有目录页，短小的则可以没有。目录页由结题报告的篇、章、节、目，附录、题录等序号、名称和页码组成。目录页，另页排在序或前言之后，有的排在摘要与关键词后面。结题报告分册编制时，每一分册应有全部的目录页。

6.其他

（1）图表清单。

结题报告中的图和表较多时，可分别列出清单置于目录页之后。图的清单应包括以下内容：图的序号、题目和所在页码。表的清单应包括以下内容：表的序号、题目和所在页码。

（2）注释表。

注释表，指符号、标志、缩略词、首字母缩写、计量单位、名词、术语等的注释说明汇集表。注释表应置于图表清单之后。

（二）主体部分

结题报告的主体部分，一般包括引言、正文、结论、参考文献。

---

① 摘要与关键词的具体写作，请参考李冲锋著：《教师教学科研指南》，上海：华东师范大学出版社，2009年6月版，第176–181页。

1. 引言

引言，是结题报告的序言和开场白。引言部分一般介绍课题提出的背景、课题研究的意义等，以引出正文。引言力求简明扼要，直截了当，不拖泥带水。

2. 正文

正文是结题报告的核心部分，占的篇幅最大，各类结题报告的主要内容都体现在这里。不同类型的结题报告的本论内容各不相同，我们将在后文中介绍。

3. 结论

结论是课题研究最终的观点，可概括为这几点：研究了什么，有什么结果，这结果说明了或解决了什么问题。还可在结论部分指出根据这个研究，下一步应深入研究的问题。结论部分要尽量简洁。

4. 参考文献

参考文献，是作者在研究和写作过程中所参考或引证的主要文献资料。参考文献一般置于篇后。

列出参考文献基于以下几个原因。

◆表明作者对他人成果的尊重。

◆表明作者的科学态度和求实精神。

◆研究资料有数量、价值等之区分，在一定程度上反映了作者的研究视野、水平。

◆为读者了解该课题、该领域的研究提供进一步探讨的资料。

◆便于读者验证。参考文献为读者验证作者的相关研究内容提供了支持。

◆在一定程度上增加了文章的可信度，因为它是基于这些资料，是有依据的，不是空中楼阁。

所列举的参考文献应是正式公开出版或发表的，包括书籍，杂志、报纸上的文章等，尚未公开发表的资料，读者不便考证，最好不要使用，也不要列出。

参考文献一般注明作者、论文或著作名称、出版单位或发表期刊、出版／发表时间或发表期数等。一般不注明具体页码，具体页码在注释中注出。

结题报告中参考文献的排序与课题申报时参考文献排序不同。课题申报时参考文献的排序最好以与课题的相关度来排，结题报告中的参考文献则一般按参考或引证文献资料的先后顺序来排列，不宜以文献的重要程度或作者的名气大小的顺序排列。这样排列是为了与结题报告的行文顺序相一致，便于读者查阅或验证。

（三）结束部分

结束部分，包括附录、致谢和后记。

1. 附录

附录，即附于主体部分之后与主体部分相关的资料。

附录的作用有二：一是使正文简洁，二是为读者提供一些可供分析的背景材料和原始材料。附录既有利于读者对报告有深入具体的了解，也为读者在原始材料的基础上分析研究过程、方法、结论的科学性和合理性提供了依据。附录的编制要避免杂乱和过分简单。若设置附录，就要发挥出附录的功能。[①]

附录部分可附的内容包括：有关文章、文件、图表、索引、资料、调查问卷、访谈提纲、测验题目等。

其中，索引是将文献中具有检索意义的事项（可以是人名、地名、词语、概念或其他事项）按照一定方式有序编排起来，以供检索的工具，可根据需要设置。

附录部分可有可无。但对于正文中有调查问卷、访谈提纲、测验题目的结题报告而言，一般需要附上这些内容。

如果有多个附录，一般会给附录加上序号，附录的序号有的以阿拉伯数字呈现，如附录1、附录2、附录3等；有的以英文字母呈现，如附录A、附录B、附录C；有的以罗马数字呈现，如附录Ⅰ、附录Ⅱ、附录Ⅲ等。罗马数字的前十位分别是Ⅰ、Ⅱ、Ⅲ、Ⅳ、Ⅴ、Ⅵ、Ⅶ、Ⅷ、Ⅸ、Ⅹ。

附录部分的内容一般有标题。标题可以直接放在"附录"两字后，附录与标题之间以冒号间隔。"附录"两字也可单独成行，标题另行居中呈现。

附录的内容有时会用不同于主体部分的字体、字号，以示区别。

---

① 郑金洲著：《校本研究指导》，北京：教育科学出版社，2002年8月版，第163-164页。

2. 致谢

结题报告可以向对研究过程给予过帮助者致谢。致谢既是对研究支持者、帮助者的一种回应或回馈，也是研究者应该做的事情，是研究者个人学术道德的体现。

应该给予感谢的帮助者包括政府单位、事业单位、科研机构、社会组织、社会团队、企业或个人等。具体地说，包括科研基金的资助单位或个人、合作单位或个人，协助完成研究工作或提供研究便利的组织或个人，在研究工作中提出建议和提供帮助的个人，给予转载和引用权的资料、图片、文献、研究思想和设想的所有者，其他应感谢的组织和个人。

一般来说，与课题研究无关的人员，不在致谢的范围之内，不列入致谢。

如果需要致谢的单位和个人比较多时，往往会专设致谢一项。有时致谢放在后记里一并表示。

3. 后记

后记是写在书籍或文章之后的文字。结题报告可以有后记。结题报告的后记，多用于阐发主体部分未涉及的研究认识，补充主体中没有的想法、背景、材料等，写明课题研究的分工情况，对相关单位和个人表示感谢，抒发研究过程中的感想等。后记，不是结题报告的必备项目，可根据需要决定有无。

二、结题报告的撰写

　　课题研究的材料是结题报告写作的基础。"巧妇难为无米之炊"，没有广泛、科学、翔实的材料，就写不出好的课题报告。结题报告是建立在课题研究的基础之上的，课题研究的过程主要是材料收集、分析的过程。在这个过程中，已经收集了大量的研究资料。在撰写结题报告前，需要对平时积累的研究资料进行进一步的梳理，使之向着结题报告所需要的方向集中。要写好结题报告，需要多方面的资料，比如已有研究资料、政策文献、实验过程中所得到的新资料（数据、一手资料）等。结题报告不是资料的罗列和堆积，因此需要对资料进行分析、整合、提炼和概括，通过现象揭示问题的本质。只有全面占有资料、把握资料、吃透资料，科学合理地进行分析、推理、判断，才能得出科学合理的结论。

　　在准备材料的基础上，可进行结题报告初稿的写作。结题报告的写作涉及很多方面的内容，这里主要介绍正文内容的写作，其他写作内容与方法，在相关部分随文介绍。结题报告有一般研究报告、调查报告、实验报告、经验总结报告等类型。类型不同，正文内容也不同。下面简要介绍一般研究结题报告、调查报告和实验报告的写作。

（一）一般研究报告

　　一般研究报告的基本结构包括以下几个部分。

1. 课题研究背景

课题研究背景，也称为问题的提出，主要从背景、现状、基础等方面去回答"为什么要选择这项课题进行研究"。该部分要求用两三段简洁的文字讲清选择这项课题的原因、理由，其中需考虑到教育形势的发展和观念、方法、理念、手段的更新。

2. 课题研究的意义

课题研究的意义，包括理论意义和现实意义，可从课题研究的重要性和必要性，以及可能性等方面去思考。该部分可并入课题研究背景部分，但需独立出现。

3. 课题研究的界定

对课题名称中一些重要词语的内涵、课题研究涉及的范围等作简单阐述。所应用到的教育理论和思想，只能选最精辟、最适用的摘录，切忌全文照搬。依据理论的支撑，说明自己的主要研究思想。

4. 课题研究的目标

课题研究的目标体现本课题研究的方向。目标的确定不能空泛，要扣紧课题，还要注意其结构的内在联系，所确定的目标，最终要落实到成果中去。

5. 课题研究的内容

课题研究的内容主要陈述课题研究的范畴、立足点，表述须紧扣研究目标，简洁、准确、中肯。也可将子课题表述成研究的内容。主要内容与课题研究成果同样有着密切的内在联系，课题研究的主要内容必须在研究成果中予以体现。

6. 课题研究的方法

课题的研究，往往采用多种研究方法。这部分一般将采用的科研方法与所研究内容之间的关系稍加说明即可，花费的笔墨不必很多。

7. 课题研究的步骤

课题研究步骤的陈述比较简单，一般将课题研究分成准备阶段、实施阶段、总结阶段三个阶段。在每个阶段中简要陈述做了几项工作，简明扼要，不必详细陈述。这部分可并入"课题研究的过程"一起写。

8. 课题研究的过程

课题研究的过程可以花较多的笔墨来陈述。通过回顾、归纳、提炼，具体陈述课题研究的主要过程，以及是采取哪些措施、策略来开展研究的。

写作课题研究的过程时不要用总结式的语调，对每个阶段所做的主要工作要给予比较详细的介绍和说明，主要内容包括以下几点。

◆研究的时间、地点、对象和参与研究的人员。

◆对问题、设计和行动步骤、过程措施的回顾。

◆对观察到、感受到的有关现象的描述、整理。

◆对行动过程和结果作出判断、对有关现象和原因作出分析，根据新的发现、新的认识和新的思考探讨规律性的东西并进行论证。

写作时应强调态度客观，以事实为依据，对事实的描述要明确，遣词用句以中性为原则。尽量避免使用第一人称。

这部分也可以与"课题研究的步骤"合在一起陈述，在每一个阶段中具体陈述所做的工作、所采取的研究策略或措施等。

9. 课题研究的结果

这个部分包括课题研究的结论和成果，是结题报告中最重要的部分，篇幅可适当长些。能否全面、准确地反映课题研究的基本情况，使课题研究成果得以推广和借鉴，关键看这部分。

研究结论是针对课题研究的问题作出的回答，是整个研究的结晶。其内容包括：对研究总体性的判断，对研究假设的总结性见解；提出切实可行的解决问题的策略和措施；指出尚未解决的问题；提出进一步研究的途径和方法。结论的陈述应精练，鲜明，留有余地。

研究成果要从实践成果和理论成果两方面去陈述，不能笼统地谈。这样的研究成果才有借鉴和参考的价值。同时也应注意研究成果必须体现所确定的研究目标。

研究成果中的理论成果可以是研究所得到的新观点、新认识，包括课题研究的结题报告、教师论文发表或获奖情况，论文集等等。实践成果包括优秀教案或活动设计汇编、个案汇编、实验课、示范课、观摩课（课件）的获奖情况、学生作品集、情况汇总等等。

有的结题报告在陈述研究成果时只谈通过研究，开设了几节公开课、观摩课，发表了多少篇论文，获得何种奖励，有多少学生参加什么竞赛获得了哪些奖项；或者是通过课题研究，学生的学习成绩和学习能力获得了哪些提高，教师的科研水平得到了哪些提升等。这些仅属于实践成果。一篇结题报告，单单这样陈述，是远远不够的。因为别人无法从这些研究成果中学习到什么，这样的研究成果推广价值不大。具有借鉴价值和推广价值的，往往体现在理论成果部分。

有人认为，自己的课题研究没有理论成果。其实不然。理论成果，就是通过研究得到的新观点、新认识，或者新的策略、新的教学模式等等。这些新观点、新认识、新策略、新模式，又往往与我们在"研究目标"或"研究内容"中所确定的要达到的成果密切联系。这些就是研究的理论成果，这样的研究成果才有借鉴和参考的价值。

研究成果的陈述不能过于简略。有些课题在研究过程中，催生出多篇学术论文。这些学术论文，就是课题研究的部分成果。在结题报告"研究成果"部分，要将这些论文的主要观点提炼、归纳进去。有的结题报告是这样陈述所取得的成果的：研究成果详见某某论文。只是这样陈述是不行的。如果一个课题分为几个子课题来研究，在结题报告的成果表述中，也要将这几个子课题研究的成果进行提炼、归纳。应注意不要只是简单地罗列这个子课题的主要成果是什么，那个子课题的主要成果是什么，而应融汇所有子课题的主要研究成果，归纳出几点。同时也应注意这些子课题的研究成果必须体现所确定的研究目标。

有关课题的研究经验或研究体会不要在"研究成果"部分陈述。一般说来，一个研究课题在通过结题验收以后，课题组还需要进行总结。一般会总结课题研究的经验，谈及研究的体会。在结题报告中，不陈述这方面的内容。

10. 研究反思及今后设想

研究的反思部分讨论该研究的局限性、尚待解决的问题，陈述要求比较简单。但所找的问题要准确、中肯。

今后的设想部分，主要陈述准备如何开展后续研究、课题的应用价值和推广可能性，或者如何开展推广性研究等。

上述十个方面，可根据具体课题的情况有所调整，有些部分可以合并，也可以根据需要增加相关的内容，比如研究现状或文献综述等。

（二）教育调查报告

教育调查报告是对某种教育现象进行调查，经过整理分析后的文字材料。

1. 教育调查报告的类型

按照调查内容的不同，可把教育调查报告分为以下几种类型。

（1）现状调查报告。

现状调查报告是对教育教学的现状进行调查后所形成的报告。它围绕调查对象的基本情况展开调查，涉及现状的好坏两方面的内容。在现状调查的基础上，一般要深入探讨现状的发展趋势，并提出相关建议。这种调查报告可为教育决策者和教育实践者提供切实的指导。

（2）事件调查报告。

事件调查报告是对某一具体事件进行调查后所形成的报告。事件调查可以是对当下发生的某个具体事件的调查，也可以是对某一方面甚至某一历史时期的工作的调查。事件调查以具体的教育事件为核心展开工作，具有很强的针对性。揭示事件的来龙去脉和事实真相，是事件调查报告的主要内容。

（3）问题调查报告。

问题调查报告是以揭露教育教学领域存在的问题为主的调查报告。这类调查集中在揭示问题存在的领域、问题的不同表现形式，分析问题产生的原因，在此基础上提出问题改进的对策和建议。问题调查具有很强的探究性，通过问题的表象，揭示问题产生的根源，寻求问题解决之道。因此，揭示问题、分析原因、寻求对策成为问题调查报告的主要内容。

（4）经验调查报告。

经验调查报告是对某一项研究成果、某一项改革措施、某一项工作进行情况等进行调查后形成的报告。经验调查以挖掘先进、优秀的经验为主，目的是通过对经验的挖掘推动教育教学工作的开展。这类调查报告具有较强的指导性，可供领导决策和教育实践者学习使用。

（5）个案调查报告。

个案调查报告是对具体的人（教师或学生）的情况展开调查后形成的报告。个案调查是以解决个体存在的问题或发掘个体所具有的经验为目的的。它可以通过"点"的深挖细剖，通过对个别现象的揭示来启迪一般事物的发展。

2. 教育调查报告的结构

调查报告的结构包括标题、前言、主体、附录四个部分。其中，主体部分又分为调查目的、调查对象、调查方法、调查内容、调查过程、调查结果、调查结论、讨论和建议、参考文献等内容。

（1）调查报告的标题。

调查报告的标题通常有以下写法。

◆用调查对象和主要问题做标题。例如，"上海市初中生家庭作业负担调查"。

◆用一定的判断或评价做标题。例如，"家庭作业负担过重的恶果"。

◆用提问的方式做标题。例如，"减负为何久减不轻"。

（2）调查报告的前言。

调查报告的前言一般有以下写法。

◆目的直述法，即在前言中着重说明调查的主要目的和宗旨。

◆情况交代法，即在前言中着重说明调查工作的具体情况。

◆结论先行法，即在前言中开门见山地把调查结论写出来。

◆提问设疑法，即在一开头就提出问题，给人留下悬念。

（3）调查报告的主体。

◆调查目的。说明为什么要展开这次调查，想获得什么样的结果。

◆调查对象。写明调查对象的情况，包括调查对象的总体范围、抽样方式、样本容量以及样本的分布特征。

◆调查方法。研究主要使用的方法，即具体的调查方式，资料收集与处理中采取的方法和实施的技术手段，研究中采用的工具和设备等。

◆调查内容。说明调查的主要问题或方向。

◆调查过程。研究的具体步骤和过程，说明起止的时间，具体的工作方式方法和内容等。

◆调查结果。呈现调查的结果，并对结果进行分析。这是调查报告的主体部分和实质部分。在这一部分要按照定量与定性相结合的方法，把调查研究所得到的资料、数据进行整理，分门别类地呈现出来。

◆调查结论。以研究结果的分析为前提，用简练的语言概括出研究的结论。

◆讨论和建议。研究者根据研究的客观事实和研究结论，结合自己对教育理论的认识和了解，通过分析和思考，对当前教育理论或实践的发展提出自己的认识、建议和设想。

◆参考文献。列出调查中所参考或使用的文献。

（4）调查报告的附录。

调查报告的附录主要附上调查问题、访谈提纲、其他过程性材料等。

以上内容，可根据研究者的需要在写作时有所取舍。

3. 调查报告撰写注意事项

调查报告的撰写要注意以下事项。

（1）秉持求是的态度。

撰写调查报告要忠于事实，秉持实事求是的态度，"用事实说话"，"用事实揭示真相"，不说无根据的话，不做歪曲事实的分析。

（2）详实地占有材料。

调查报告是以调查的数据、材料为依据的，因此要详实地占有材料。真实是对调查报告材料的第一要求。调查报告所使用的材料必须全部是真实的、客观存在的，而不能是虚构的、歪曲的。

（3）恰当地使用材料。

调查中会获得多种多样的材料，在写作时不能堆砌罗列材料，要对材料进行恰当的处理，分门别类地使用。材料的使用要做到"点面结合"，既有典型事例，又有反映总体情况的综合资料；文字、数字、图表三种形式结合使用；统计资料与座谈、访问、观察资料适当配合。

（4）注意表达的方式。

调查报告可以采用夹叙夹议的方式，但主要是用事实说话，从事实中概括理论，用活生生的材料阐明观点。在段落的开头、中间衔接、结尾处，尽量运用概括性语言，以达到画龙点睛、突出思想、凝练文字的效果。

（三）教育实验报告

教育实验报告，是教育实验之后，对教育实验全过程及其结果进行客观、概括反映的书面材料。

1. 教育实验报告的类型

根据实验控制情况，可把教育实验报告划分为两大类：控制情境实验报告和自然情境实验报告。

（1）控制情境实验报告。

控制情境实验报告，是对控制情境实验过程及其结果的客观呈现。因其严格的实验控制，所获取的数据要求严格，所以定量分析比较多。它对实验过程中所获取的全部资料进行分析研究，通过各种数据和感性材料的比较对照，找出研究变量之间的内在联系，发现教育现象发展变化的因果关系，验证教育实验的假设。

（2）自然情境实验报告。

自然情境实验报告，是对自然情境下所进行的教育实验的过程与结果的客观呈现。这种报告虽然也有定量分析，但更侧重定性描述，行文比较灵活。

2. 教育实验报告的结构

在教育实验报告中要写明：实验目的是什么？实验材料是什么？实验过程如何？由实验得到哪些数据？如何处理这些数据？由数据的分析得出什么结论？如有必要，再向读者阐明有待讨论的问题。

教育实验报告的主体由实验设想的形成、实验设计、实验过程、实验结果、讨论与建议、参考文献和附录等几部分组成。

（1）实验设想的形成。

◆实验课题的形成过程（实验背景）。

◆他人在这方面研究的情况（研究现状或文献综述）。

◆本课题研究的实验目的和意义（研究目的和意义）。

（2）实验设计。

◆实验的范围，写明在哪个学科、哪些学校、哪些年级、班级中开展这项实验。

◆实验的研究假设。

◆实验的理论依据。

◆实验的方法，具体写出抽样方法、样本容量、分析方式、实验组和控制组、自变量的操作、无关变量的控制等。

◆实验的步骤。

（3）实验过程。

◆实验过程，即简要介绍实验的起止时间，实验的范围及步骤。这部分可附在其他部分之后，不单独成目。

◆实验中着重研究的问题、关键性问题要逐项阐述。

◆解决问题的过程，这是实验报告的主体部分，要详写、写细、写深、写透。记述问题解决的方式有三种：第一种是以实验中提出的问题为线索，逐项说明每个问题的解决措施；第二种是以时间为线索，分别说明在不同时段里着重解决的问题；第三种是把上述两种结合起来，既说明每个问题的解决措施，又说明在不同时段里着重研究的问题。

◆介绍实验资料的搜集情况。主要是两个方面的资料：一是研究对象对施加因子的反应情况，二是介绍运用谈话、访谈、问卷等方式获取的资料情况。

（4）实验结果。

实验结果是实验后在实验对象身上产生的实际效果。介绍实验结果要紧扣实验目的和实验假设。写作实验结果要对搜集到的实验数据进行归类和分析整理，运用列表、图示等方法揭示实验对象发生的变化和有关数量关系。有的实验需要进行几轮，以验证、丰富或修正实验结果。许多实验都需要进行统计检验。实验结果不应是偶然现象的组合，而应揭示事物发展的必然性。

对实验结果进行分析，主要包括以下几点：

◆统计分析。一是分析实验数据的分布特征，如集中趋势、离中趋势、相关程度等，计算出一些具有概括性的统计数字，如两极差、中位数、平均分、标准差、相关系数等。二是要由样本数据推测总体的性质。

◆分析实验结果产生的原因及其说明的问题。原因分析要揭示结果背后的动因，要上升到理论高度来分析。实验结果说明的问题主要是指该项实验的意义和价值。

◆与他人相关实验结果的对比。通过对比指出与他人实验的不同之处，指出自己的新发现、新成绩。

◆分析说明实验应用性，主要是说明实验应用的范围、条件、环境、在什么程度上有效，并说明实验中还有什么没有解决的问题。

对实验结果进行分析后，还要对分析的情况进行归纳概括，最后推导出实验结论。

实验结论以实验结果的分析为前提，用简练的语句概括，以说明实验研究假设是否成立。实验结论应仅限于实验结果证据充分的部分。对证据不足、没有充分把握的，不能轻率下结论。结论是对实验课题所提出的问题给予肯定或否定的回答。可以把结论单独作为一部分来写。

（5）讨论与建议。

这部分的内容包括以下几个方面：

◆对实验结果作理论上的解释。

◆对实验中研究方法的科学性和局限性加以讨论。

◆对"证伪"的结果从理论和实际两方面进行分析。

◆提出一些建议以供进一步的研究与思考或问题解决。

（6）参考文献与附录。

在正文结束后，注明研究中所参考的文献。

正文中所涉及的需要交代，但又不便放入正文的内容，可用附录的形式列在正文后。附录主要包括实验中所使用的问卷、量表、过程性材料等。

上述内容根据实验目的和实际情况的不同，可有所取舍。

3. 实验报告撰写注意事项

（1）持有科学态度。

撰写实验报告必须持有实事求是的科学态度。实验报告所采用的数据必须是经过严格核实的、可靠的，不能使用未经审核的数据，更不能生造数据；对材料的分析也要实事求是，不能弄虚作假，不能故意夸大或拔高，也不能主观臆测。

（2）边实验边写作。

在实验过程中，就要设计、思考实验报告的写作，把实验过程中的相关内容及时记下来、写出来。最后把这些材料或要素融入整体的实验报告中来。

（3）精心绘制图表。

图和表是实验报告表达的有效手段，比单纯的文字叙述更简洁、直观，还可节省篇幅。有些难用文字表达清楚的内容，也需要以图表来辅助文字说明。所以，要精心绘制图表以达到良好的表达效果。

（4）定量定性结合。

定量分析和定性分析是实验报告中不可缺少的。撰写实验报告时，应该重视定量分析，同时也要重视定性分析和典型描述。教育实验的有些结果很难用数据加以描述，必须运用定性分析和定性评价。教育实验报告的撰写，要尽量做到数据与事例相结合、定量与定性相结合。

三、结题报告写作规范

结题报告的写作有一些基本的规范需要遵循。下面择要加以介绍。

（一）正文提纲的表述

结题报告目录中的标题呈现有不同的情况。比较长的结题报告，会分章节来写，在呈现目录时，一般到三级标题，即呈现章、节、目。"目"，即"节"中的"第一级标题"。其基本格式如表 8-1 所示。

表 8-1 "章节目"的呈现格式 1

第一章	章的名称
第一节	节的名称
一、	第 1 个一级标题的名称
二、	第 2 个一级标题的名称
三、	第 3 个一级标题的名称

【案例 8-2】章节目示例 1

有的结题报告有"章",没有"节",可以直接到"目"以及目的下一级标题。这种情况实际上也是三级标题（表 8-2）。

表 8-2　"章节目"的呈现格式 2

第一章	章的名称
一、	一级标题的名称
1.	二级标题的名称
2.	二级标题的名称
3.	二级标题的名称

【案例 8-3】章节目示例 2

第一章　以心育促德育问题的提出...............................章

一、以心育促德育的意义…...........................一级

1. 充分发挥心育的德育功能...........................二级

2. 心育是德育的重要构成...........................二级

3. 探索学校德的新途径...........................二级

二、以心育促德育研究的现状...........................一级

1. 心理辅导室的建立...........................二级

2. 心理辅导课程缺失...........................二级

3. 心育德育结合不够...........................二级

（二）各级标题的表述

　　结题报告的写作往往需要各级标题来表示文章的层次，因此离不开标题序号。标题序号是个常识性问题，然而有许多人却经常用错。一至五级标题的序号表示如表 8-3 所示。

表 8-3   五级标题的表示

一、……………………………一级标题
（一）…………………… 二级标题
1.………………… 三级标题
（1）……………… 四级标题
1）或①…………… 五级标题

标题序号写作的几个注意事项。

◆二级标题和四级标题的（ ）后面不要再加顿号。为什么呢？因为右半边括号已具有标号分隔的作用，再加顿号就重复了。

◆三级标题后面一般用实心小圆点，而不是顿号，有特殊规定的除外。

◆文章中只有一、二级标题，也可以用阿拉伯数字加实心小圆点，即上述三级标题的形式，表示二级标题。

◆整篇文章所使用标题的等级要统一。不能一部分二级标题用括号内横"一"即"（一）"，一部分二级标题用阿拉伯数字加实心小圆点即"1."的不同形式表示。

◆标题一般不超过五级。五级标题使用圆圈加阿拉伯数字时，要注意避免与这种形式的注释相混淆。

◆作为标题要单独成行。

◆单独成行的标题后面，不添加任何标点符号。即使前面有逗号或顿号等标点，最后结束时也不加句号、问号、叹号等结束符号。

◆各级标题之间可使用不同的字体或字号以示区别。一般一级标题的字号最大，二级次之，最末一级标题与正文字号相同。

（三）图表的准确使用

为了清晰表达研究成果，有时需要使用"图"或"表"。"图"、"表"的表述要注意规范。

1."图"的使用

"图"包括曲线图、构造图、示意图、图解、记录图、布置图、照片等。图的使用要遵循以下原则及注意事项。

（1）"自明性"原则。

"图"应具有"自明性"，即不阅读正文，只看图、图名和图注，就可以理解图意。

（2）"图文一致"原则。

图文一致原则，即图所表示的内容与正文所表示的内容是一致的。

图中所使用的数据、符号、代码、文字表述等与正文的表述相一致。

图所放的位置与正文所表达的位置应该相配。

图文不一致，会导致内容混乱，甚至自相矛盾，影响表达效果。

（3）"表上图下"原则。

图表序号名称所放的位置，遵循"表上图下"的原则。即"表"的序号、名称要放在表的上方，"图"的序号、名称要放在图的下方。

图的表示应有序号，我们称之为"图号"；应有简短确切的题名，我们称之为"图名"。必要时，还要将图上的符号、标记、代码、实验条件等，用最简练的文字，横排于图题下方，作为图例说明。这类说明，我们称之为"图注"。

一个比较完整的"图"应该包括图、图号、图名。

如果需要图例说明，则完整的图的表示为：图、图号、图名、图注。

图的示例，请参阅本书中的相关图的表示。例如，第一章中的"图1-1：课题研究的基本过程"。

（4）"图示"的注意事项。

曲线图的纵横坐标必须标注"量、标准规定符号、单位"。这三者只有在不必要标明的情况下才可省略。坐标上标注的量的符号和缩略词必须与正文中的一致。

照片的使用要与正文所表达的内容相关，不能把不相关或相关度不大的照片放入结题报告。照片的主题和主要显示部分的轮廓要鲜明，便于制版。如果用放大或缩小的复制品，必须清晰，反差适中。照片上应有表示目的物尺寸的标度。

2. "表"的使用

表的使用遵循以下原则。

（1）"自明性"原则。

"表"应具有"自明性"，即不阅读正文，只看表、表名和表注，就可以理解"表"所表达的意思。

为了达到"自明性"的要求，表的各栏均应标明"量或测试项目、标准规定符号、单位"等，只在无必要标注的情况下方可省略。

（2）"表文一致"原则。

表文一致原则，即"表"所表示的内容与正文所表示的内容是一致的。

表中所使用的数据、符号、代码、缩略词、文字表述等与正文的表述相一致。

表所放的位置与正文表达相关内容的位置应该相配。

表文不一致，同样会导致内容混乱，甚至自相矛盾，影响表达效果。

（3）"表上图下"原则。

"表"应有序号，我们称之为"表号"；应有简短确切的题名，我们称之为"表名"。"表"的序号名称所放的位置，遵循"表上图下"的原则。即"表"的序号、名称要放在表的上方。

必要时，还要将"表"中的符号、标记、代码，需要说明的事项等，以最简练的文字加以说明，这类说明性文字，我们称之为"表注"。"表注"可以横排于"表号＋表名"下方，也可以附注于"表"的下方。表内附注的序号宜用小号阿拉伯数字并加圆括号置于被标注对象的右上角，不宜用"*"，以免与数学符号相混淆。

一个比较完整的"表"应该包括表号、表名、表。

如果需要"表注"，则完整的"表"的表示有两种：

一种为：表号＋表名＋表注、表。

一种为：表号＋表名、表、表注。

"表"的示例，请参阅本书中的相关表的表示。

（4）"上下对齐"原则。

表内各栏的数字或文字必须遵循"上下对齐"的原则。

数字或文字上下对齐，便于查看和比较。一般使用"左对齐"方式对齐数字或文字。如果表格较宽裕，也可以采用"中间对齐"的方式，把整齐的数字，或把字数相等或大致相等的文字置于表格的中间。

（5）"表示"的注意事项。

表内不宜用"同上"、"同左"等类似词，一律填入具体的数字或文字。表内"空白"代表未测或无此项内容，"—"或"…"（当"—"可能与代表阴性反应相混淆时可用"…"）代表未发现，"0"代表实测结果确实为零。

如果数据已绘成曲线图，可不再列表。

（四）引文的规范运用

课题研究往往是在前人研究的基础上进行的，在研究中难免学习、借鉴、引用他人的研究成果或观点。这就需要"引文"。

引用的他人的研究成果或观点即是"引文"。

在结题报告中，用引文来代替、说明、辅助是一种常见的表达方式。引文可以充实研究内容，增加说明、论证的力量和理论色彩。因此，在结题报告中可以适当地使用引文。

1. 引文的类型

从不同角度可把引文分为不同的类型。

◆从引文用途的角度，可以把引文分为三种类型：作为论证观点的引文、作为分析阐述的引文、作为论证论据的引文。

◆从引用直接与否角度，可把引文分为直接引文与间接引文。直接引文，即直接引用，是把原文原封不动地摘引到自己的研究成果中来，一般用双引号把原文"引"起来，以示与作者文字的区别。间接引文，即间接引用，是用作者自己的话来叙述或转述所引文字的内容，即用自己的话来表达他人的观点，用其意而不用其文字，一般不用双引号表示，但需要做注释。

◆从所引内容的角度，可以把引文分为三种类型：引用关键词、引用原文、引用原意。

下面就这三种类型作一简要介绍。

（1）引用关键词。

引用关键词，是指把原文中的关键性词语专门拿出来进行引用。这种引用因为突出了关键性词语，往往能够达到加强表达效果的作用。

所引用的关键性词语必须前、后加上双引号，以示与作者文字的区别。引用关键词时，双引号内不加任何标点。

【案例 8-4】引用关键词

教学活动，不仅仅是教师帮助学生成长的过程，也是教师自我成长的过程，也就是《学记》中提出的"教学相长"的过程。因此，教学的过程是教师和学生共同发展的过程，教师不仅要重视学生的成长，更要关注自我的成长，这样才能真正做到"教学相长"，而不是你"长"，我"不长"。

上述引文引用了《学记》中的"教学相长"这一关键词来帮助表达自己的观点，引号内不加任何标点。引用古代经典著作中的关键词来表达，很有说服力。

引用关键词往往可以化他人之言为自己之言，把引文与表达融为一体，达到如出一辙、如出一心的表达效果。

（2）引用原文。

引用原文，是把原文中的语句、语段运用到自己的写作中来。所引用的语句、语段必须前、后加上双引号，以示与作者文字的区别。

引用原文有两种情况：行中引和提行引。

① 行中引。

行中引，即在行文过程中，在一个段落之中引用原文。换言之，原文夹杂在作者所表达的文字所在的"行"之中。

"行中引"，除用引号注明引文内容，还需要在引文之后用序号或括号标注引文的出处。

"行中引"中标点符号的使用，要注意以下几点。

◆如果引文本身在行文中可以构成完整的意义单位，要在引文后点上原文的语意终止符号，如句号、叹号、问号、省略号等。

语意终止符号的使用，是在引号内，还是在引号外，要看上引号前的标点符号。

如果上引号前的是逗号，则语意终止符号在下引号外面。

如果上引号前的是冒号，则语意终止符号在下引号里面，使用原引文中的语意终止符号。

【案例 8-5】语意已竟的"行中引"案例

古人云，"言之无文，行而不远"。其中的"文"有作
"文采"解者，有作"文字"解者。

古人云："言之无文，行而不远。"其中的"文"有作
"文采"解者，有作"文字"解者。

注意，"古人云"后面用逗号时，所引文句的句号在下引号的外
面；"古人云"后面用冒号时，所引文句的句号在下引号的里面。

◆如果引文本身构不成行文中完整意思，须与自己的阐述结合在
一起，才能完整地表达意思，引文后面只加引号，无论原文后面的标
点是什么，引号内都不要添加，要在引号之外点上行文所需的标点。

【案例 8-6】语意未竟的"行中引"案例

培根说，"知识就是力量"。这句话曾激励了很多人。他
们会说："知识就是力量"，我们要努力学习知识。但知识是
什么力量呢？知识是否真的给了我们力量？知识作为力量的
局限性何在？在今天看来，是需要对"知识就是力量"进行
深刻的反思了。

这段文字中，三次引用"知识就是力量"，但标点的使用各不
相同。

第一次，引文意思完整，语意已竟，而且"培根说"后面用的是"逗号"，所以"句号"用在"下引号"外面；如果"培根说"后面用的是"冒号"，则"句号"用在"下引号"里面。

第二次，引文意思完整，但语意未竟，所以在引号外点"逗号"。

第三次，引文本身在行文中不构成完整的意义单位，须与自己的阐述结合在一起，所以引文后只标引号，终止符号要待行文语意表达完整时使用。

② 提行引。

提行引，是把需要引用的文字另起一行加以显示。

把文字专门另起一行引用的目的是突出、强调所引的文字，以引起读者的注意。

一般而言，引用的文字较多，比如是一个段落，或者所引不为读者熟知、是较新鲜的材料，才使用提行引。

在格式上，提行引时，首行首字空四个格开始，转行时其他文字不顶格写，而是随首行首字向右缩进两格。靠右边的文字，统一向左缩进两格。

提行引时，开始与结尾处不加引号。所引文字是原文中原样照搬过来的。

提行引的内容，在字体字号上有时会有所变化，以进一步起到突出的作用。

提行引的注释有两种注法。一种是在引用的提示语之后，加注释符号；一种是在所引用文字后面直接加注释符号。这两种注释可根据需要或要求选择。

【案例 8-7】提行引的案例[①]

经典的书怎么读？不同的人有不同的读法。钱理群对"回到古代"，即阅读中国古代经典的建议是"从头读起"：[②]

"从头读起"，就是从老老实实地、一本一本地读中国的原典开始，要抛开各种各样的分析、讲解，不要让别人的意见塞满你的头脑，而要尽可能地处于"真空"的状态，像婴儿第一次面对与发现世界一样，直接面对古代原典的白文，自己去感悟其内在的意义与神韵，发现其魅力。

这个案例所引用文字另起一行，是提行引；首行首字空四个格，转行文字空两个格，字体字号也有所变化；注释符号是在引用的提示语"钱理群对'回到古代'，即阅读中国古代经典的建议是'从头读起'"之后。

（3）引用原意。

引用原意，即不直接照搬原文，而是在理解原文原意的基础上，用自己的话语表达原文原意。

当所引用的文字数量较多需要整理后表达，或作者已理解了原文原意但又不想用原文表达，或者综合多人相同的观点时，多采用引用原意的形式。

---

① 李冲锋著：《教师教学科研指南》，上海：华东师范大学出版社，2009 年 6 月版，第 22 页。
② 钱理群著：《我的教师梦——钱理群教育讲演录》，上海：华东师范大学出版社，2008 年 8 月版，第 199 页。

引用原意，是把原文原意糅合在自己的理解和行文中，要特别注意原文原意的完整性和准确性。

引用原意时，前后都不加引号，但要显示出所引用内容的起止界限。起止界限的显示，有的加着重号表示，有的则用句号来表示，有的用转折句或其他表示关系的词语来表示。引用原意时，也需要注明出处，有的则以注释符号的出现作为引用终止的显示。

【案例 8-8】引用原意的案例 [①]

钱穆说："读书亦应先定旨趣，旨趣未立，且莫谈方法门径书籍选材以及其他等等。" [②] 他把读书的旨趣分为两途。一是为自己谋职业，寻出路，求身家温饱，乃至近而鬻名声，攫权位，皆从个人私利的立场出发。一是纯粹从一种求知的兴趣和热忱而读书。从教学科研的角度出发，读书是为了教师的自身发展与专业发展。因此，可以广览博取，但最终的落脚点是在教育教学科研上，这样才能做到"读有所归"、"学有所专"。

案例中，"钱穆说"后面加引号的地方是直接引用，后面的他把读书的旨趣分为两途——一是什么，一是什么，则属于引用原意。可以看出，引用原意到"从教学科研的角度出发"前为止，这是一个

① 李冲锋著：《教师教学科研指南》，上海：华东师范大学出版社，2009 年 6 月版，第 24 页。
② 转引自严复：《西学门径功用》，载肖东发、杨承运编：《北大学者谈读书》，北京：北京图书馆出版社，2002 年 1 月版，第 2 页。

另起的句子，与前面所说的显然不是同一回事，但所说是在前面的基础上展开的。

2. 引文的原则

引文要满足以下几条原则。

（1）确需引用。

引文不是为了炫耀自己的学问，不是为了装饰门面，也不是为了增强理性色彩，而是为了更加有效地表达自己的思想。所以，只有在确实需要引用时才引用，不可乱引用、滥引用。过多引用会失去自己的立场和创造性，容易使内容零散、杂沓，影响表达内容的主体性、连贯性和完整性。"滥引用"的结果是以辞害意，得不偿失。

（2）引文精确。

引文"精"，即"精要"，就是要少而恰当；引文"确"，即"准确"，就是准确无误。引文是辅助作者表达思想的，要以作者自己的表达为主。引文太多、冗长，就会喧宾夺主，凸显不出作者的见解。引文不准确，则作者的表达也会出现问题，而且是不严谨的表现。因此，引文既要精要，又要准确。

（3）引文完整。

引用时，要取一个完整的意义单位，不管是引用原文还是引用原意，都要作完整的表述，并且要忠实于原意。这就要求作者在引用前要真正地理解、完全地把握原文原意，在引用时要严格地按照原文原意来使用。引文最忌断章取义，不管原作者用这样的词语、概念，这句话或这段话来表达什么意思，按照自己的理解就引用过来了，这是不允许的。断章取义，会歪曲原作者的意图，也会使自己的论述误入歧途。所以，引文必须保证引用的是完整的意义单位，忠实于原文原意。

（4）凡引必用。

有的文章中虽然有引文，却是"引"而不"用"。"引"而不"用"，即在文章中虽然引用了某句话或某种观点，对它却不加分析、阐释或说明，这就使得所引用的内容孤立地存在，读者找不到所引用的内容与作者所要表达的内容之间的关系。

一般来说，引文的内容在文中作观点使用时，可以不必解释、说明，但作为论据、论证使用时，则必须加以适当的阐释，使引文内容与自己所要表达的思想建立起联系，使两者融会贯通、协调一致起来。这才是真正的引用。否则，就会出现引文是引文，自述是自述，彼此互不搭界的情况。

（5）凡引必注。

凡是引用他人的东西，不论是直接引用，还是间接引用，都必须详细地注明出处。凡引必注，是学术规范的基本要求，是尊重原作者的劳动成果和知识产权的体现，也是自己严格遵守学术规范、治学严谨的体现。引而不注视为剽窃，所以要养成凡引必注的习惯。

（五）注释的规范表述

引用他人成果、观点，或对课题中的相关内容做出补充说明等，均应做出注释。引文和注释都有一定的规范，需要遵守。①

根据注释内容的不同，可以把注释分为题注、引文出处注、作者注三种类型。

1. 题注

题注是在题目后加的注，常用符号 * 表示。

题注的使用范围比较广泛，主要用于说明以下几个方面的内容。

◆课题情况：注明课题的类型、级别、名称、编号、成果的类型（是最终成果，还是阶段性成果）。注明课题的情况，可以引起读者特别关注。

◆参加者情况：注明课题研究活动参加者的姓名，各人承担的具体任务（谁是负责人、谁是执笔人、谁负责哪方面的工作之类）。

◆致谢：向课题研究过程中，给予过帮助、支持的人致以谢意。

◆其他说明：其他需要说明的情况。

2. 引文出处注

引文出处注是作者在撰写论文或结题报告的行文中引用其他资料时所作的注释。直接引用必须加引号和注，间接引用也一定要加注。

引文出处注是使用较为广泛的一种注释方式，按照注释位置的不同，可分为脚注、夹注、尾注三种类型。

---

① 注释写作注意事项、注释的格式要求、注释容易出现的问题等内容，请参阅李冲锋著：《教师教学科研指南》，上海：华东师范大学出版社，2009 年 6 月版，第 190–191 页。

（1）脚注。

脚注，也称页注，是在当页的下端注明引文出处，并在引文末端右上角标示出注释序号的注释方式。

注释序号，如①、②、③之类，一般用小于正文的字号标注于右上角，在电脑 Word 操作中可通过把注释序号选中，然后选择"格式—字体—上标"的方式来标注。一般用横线把正文与脚注内容隔开以示区别。

脚注内容一般包括作者、论文或著作名称、出版单位或发表期刊、出版／发表时间或发表期数，页码等。

脚注的好处是可以使读者不用翻页就直接看到引文出处。

（2）夹注。

夹注，是夹在行文中的一种注释方式，在引文后用括号的形式注明引文的相关信息。夹注有三种形式。

一种是直接在括号中注出引文全部信息，包括作者、论文或著作名称、出版单位或发表期刊、出版／发表时间或发表期数、页码等。这种夹注信息较多，如果文中有多处，会影响文章整体的美观，打断读者的阅读思路，阅读起来比较费力，使用时要注意。

一种是使用括号注出引文的主要信息，一般是作者、著作出版时间或论文发表期数（或时间）、页码。引文的全部信息——作者、论文或著作名称、出版单位或发表期刊、出版／发表时间或发表期数，放在参考文献内。国外常用这样的夹注形式做注释。

第三种是在引文末端右上角标示出注释序号或页码。引文的全部信息——作者、论文或著作名称、出版单位或发表期刊、出版／发表时间或发表期数，放在参考文献内。注意：这种夹注中，引文的注释序号，与参考文献中的文献序号相同。这种夹注，在学术论文或学术期刊中常用。

（3）尾注。

尾注，是在论文或结题报告的全文之后集中标明引文出处的注释方式。尾注因其排在论文或结题报告的尾部而得名。与页注不同，尾注将全文的引文从前至后按顺序统一编号。尾注一般注明引文的全部信息。

3. 作者注

作者注，是作者除题注、引文出处注之外所写的注。从内容和功能的角度看，作者注常用于以下几种情况。

◆术语解释。作者对文中并不重要但读者可能不理解的术语做出解释，以帮助读者破除由专门化知识带来的阅读或理解障碍。

◆知识介绍。作者对与正文相关的知识加以介绍，以帮助读者理解相关内容。

◆背景说明。作者对正文所涉及的内容相关背景作简要说明以帮助读者更好地理解。

◆资料推荐。作者介绍一些参考资料，供读者进一步学习、研究时查阅。

◆观点补充。作者由文中观点引申或生发出来的一些想法，或对文中某个观点的评论等做出补充。这些想法或评论虽然是由文中引申或生发出来的，但因其与正文的关系并不紧密，如果放入正文会破坏行文的连贯，使正文结构松散，于是就用注释的办法来解决。

◆资料充实。作者对一些与正文内容相关，但还不足以列在正文中的事实或观点等进行说明，以充实正文的论据或帮助读者理解。

使用作者注，不仅是正文内容本身的需要，也可以帮助读者更好地理解，还可以体现作者广博的学识和较高的业务水平。好的作者注是作者高水平的表现。虽然如此，并不能认为有作者注，水平就高，作者注越多，水平越高。不能以注释的多少来判断水平的高低，更重要的是要看注释本身的质量。

四、结题报告的修改

修改是结题报告撰写的必要环节，是提高结题报告质量的重要手段。

结题报告的写作不可能一蹴而就，更不可能没有问题，因此需要通过修改不断完善。要树立"好文章是改出来的"意识，通过不断修改提高结题报告的质量。

结题报告的修改，无非是内容与形式两个方面，大到主旨题材，小到标点符号，都在修改的范围之内。下面择要加以说明。

（一）修改题目

题目是文章的眼睛，适切的题目可以统领整篇文章。题目的修改要针对题目存在的问题，有的放矢地进行。表 8-4 是题目中容易出现的问题及修改策略与案例。

表 8–4　题目的修改

主要问题	问题表现	修改策略	修改案例
大题小做	题目涉及面较宽，而内容较窄	把题目改小，以使文题相符	"小学数学考试改革研究"内容主要是研究命题改革的，修改为"小学数学考试命题改革研究"
小题大做	题目涉及面较窄，而内容较宽	把题目改大，以使文题相符	"《药》教学例谈"，实是以《药》为案例谈如何教鲁迅的小说，修改为"从《药》的教学看鲁迅小说的教学"
题目过旧	使用与别人相同、相似的题目，用语陈旧	换有新意的题目，使用新鲜的术语	"实施素质教育，促进学生全面发展"，修改为"学生全面发展的策略研究"
题意不明	表意不明确，存在歧义	明确题目所表达的含义	"信息化语言教学研究"，可理解为"信息化语言"的教学研究，也可理解为信息化的"语言教学"研究。可修改为"语言教学的信息化研究"
题含语病	题目本身含有语病	修改语病	"小学口语交际教学的现状与对策"，"现状"包括好的一面与不好的一面，"对策"是针对问题的，修改为"小学口语交际教学的问题与对策"
文体不对	使用文学性语言	使用科学性语言	"自由练笔抒写心灵的花园"，修改为"小学生自由练笔习惯的培养"
双题不契	使用正标题和副标题两个标题，两标题之间不相匹配；正标题或副标题中有一个是多余的	使正副标题相匹配，去掉不合适的正标题或副标题，并做进一步修改	"未成曲调先有情——数学课堂教学导入研究"，正标题是多余的，可去掉
题目过长	题目字数太多，不精练	削减字数，凝练题意	"20世纪90年代以后多媒体和网络技术在科学教学中的广泛应用研究"，这个标题字数有29个，太多；可修改为"信息技术在科学教学中的应用研究"

（二）修改结构

结构是论文或结题报告的组织安排，直接影响着论文内容的表达功效。结构详细得当、安排合理可以体现出文章的水平，反之则会破坏文章的表现力。表 8-5 是结构中容易出现的问题及修改策略与案例。

表 8-5 结构的修改

主要问题	问题表现	修 改	案 例
结构不完整	论文或研究报告的完整结构，一般包括绪论、本论和结论。如果缺乏即不完整	补充、完善结构	结题报告缺乏引言。修改：补充引言
结构详略不当	详略得当是结构的基本要求，详略不当表现为该详的太少，该略的过多	◆全篇布局要合理，主次分明 ◆该详的要增加、展开，该略的要缩减、删除枝蔓	◆引言部分一般不宜太多，如果太多则要缩减 ◆研究方法部分不必详述，如果过多，则要缩减
结构层次不清	◆层与层之间应该具有一定的逻辑关系，如因果关系、并列关系、递进关系、包含关系等，并且要有条理地呈现，如果杂乱无章，就会显得层次不清 ◆不设各级小标题，一整篇文章下来，也容易给人造成层次不清的感觉	◆按照逻辑关系设置恰当层次 ◆为文章设计恰当的小标题	如《中小学体育教学的问题与对策研究》的结构为： 一、中小学体育教学的现状 二、中小学体育教学存在的问题 三、中小学体育教学改进对策 其中，"现状"中包含"问题"，两者是包容关系，不在同一层次上。这样就导致第一与第二部分层次不清。根据课题名称和"提出问题—分析问题—解决问题"的逻辑关系，可把第一部分去掉，并增加原因分析部分，由此变为： 一、中小学体育教学存在的问题 二、中小学体育教学问题原因分析 三、中小学体育教学的改进对策

主要问题	问题表现	修 改	案 例
结构不严密	◆部分与部分之间、段与段之间缺乏内在的逻辑关联 ◆缺乏衔接过渡 ◆材料冗余导致结构松散 ◆小标题长短不一，不够凝练	◆注意各部分与段落之间的衔接 ◆注意过渡段、过渡句的使用 ◆多运用关联词，以增强逻辑表达 ◆去掉冗余的材料，离题太远、无关紧要的句段（离群句） ◆凝练小标题，同级小标题的字数最好大致相等 ◆注意文气贯通	研究报告缺乏过渡段，注意衔接，增加过渡段

（三）修改论证

论证是论文和结题报告的核心力量，撰写结题报告的主要过程表现为论证过程。论证不当，或论证乏力，则结题报告就不可能是高质量的。论证容易出现的问题及其修改策略如表 8-6 所示。

表 8-6　论证的修改

主要问题	问题表现	修改策略
界定不明	对研究对象、问题、范围等缺乏明确、严格的界定，导致读者无所适从，或从自己的角度理解	严格、明确地界定研究对象、问题、范围等内容
概念不清	论证中对使用的概念不加界定和解释，读者不明白概念的内涵与外延	对概念加以界定、解释，说清楚其内涵与外延
归纳不当	从材料或事实中归纳，过程应该符合逻辑，结论应符合材料或事实所涵盖的内容或道理，如果过程不合逻辑、结论不合内含的道理则为归纳不当	◆使归纳的过程符合逻辑 ◆使归纳的结论与材料或事实所包含的道理相一致
分析不足	有些分析太浅，还不足以深刻揭示材料所蕴含的道理，或道理与材料之间的逻辑关系	◆深入分析以使论证到位 ◆注意揭示道理与材料之间的逻辑关系
逻辑不清	要进行正确的推理，必须有充分的前提条件，如果前提条件不足，硬推导出结论，则犯了形式逻辑的错误	◆注意推理的大前提、小前提，如发现缺失要补足 ◆遵循逻辑进行推理
缺乏论证	即"理据不联"，道理是道理，材料是材料，两者只是罗列在一起，而不揭示两者之间的关系	通过分析、说明、归纳、推理等揭示道理与材料之间的逻辑关系

（四）修改理据

　　说话要有证据。结题报告或科研论文是要通过事实或文献资料等证据来讲道理的，遵循"理据统一"的原则，即所阐述的"理"要有一定"据"（事实、材料等）支撑，所使用的"据"要揭示一定的"理"。如果不能恰当地使用"据"以阐述"理"，或根据"理"以显示"据"，就会出现理据不当的问题。表 8-7 是理据运用中容易出现的问题及修改方案。

表 8-7　理据的修改

主要问题	问题表现	修改策略
有理无据	只有理论分析，而没有事实或材料支撑	增加能够支持理论分析的事实或材料
理直据乏	所阐述的道理是正确的，但支撑它的事实或材料却很少，或语焉不详，不足以充分支撑所阐述的理论	◆增加能够支持理论分析的事实或材料 ◆增加不同类型的材料以增加说服力 ◆详细阐述所使用的材料，而不是"一言以蔽之"
有据无理	罗列了材料，却不从材料中分析、提炼、概括相应的观点	◆根"据"析"理" ◆删除没有"道理"的材料
理据不契	所使用的论据不能很好地印证所阐述的道理，主要表现为以偏概全、牵强附会。比如，用少量数据来分析某一类事物，用局部的数量来概括整体的情况等	◆有几分材料说几分话 ◆依"据"说"理" ◆依"理"取"据"
理据相悖	所使用的论据与论点自相矛盾，完全不能印证所阐述的道理	◆更换材料，以使之与道理相匹配 ◆更换观点，以使之与材料相匹配
理据不联	道理是道理，材料是材料，两者都摆在那里，但却不进行两者之间关系的分析、揭示和论证，好像把它们摆在那儿道理就可自明，材料就可说明问题	加强理论与材料之间关系的分析、说明、揭示、论证

（五）修改语言

语言是表达思想的工具，准确地使用语言才能准确地表达思想。

论文或结题报告中常出现的语言问题及其修改策略如表 8-8 所示。

表 8-8 语言的修改

主要问题	问题表现	修改策略	修改案例
语言不合体	使用带有文学色彩的语言	使用科学性语言	"班主任被这个学生的行为深深地打动了。"这句话带有文学色彩，应改为客观性语言叙述
表达不客观	表达带有主观色彩	客观地呈现所表达的内容	"我以为"、"笔者认为"这类话太主观，不要出现这样的话，要用事实把道理讲清楚
语言不精练	语言冗长、啰唆、堆砌粉饰	◆用语简洁明了 ◆精心炼词炼句 ◆惟陈言之务去	"中国语言和任何西方语言不同"，其中的"任何"可去掉
用语不规范	◆使用自造词、不规范的缩略词等 ◆半文半白	◆不使用自造词、不规范的缩略词等 ◆使用规范的语言表达	文中出现"98 年以来"。"98 年"的表达不规范，应该修改为"1998 年以来"
语言不准确	用语在表达上存在偏差，不能很到位地表达意思	使用准确的词语、语句表达	"十余年来，乡土教材编写有了很大的成绩，但各科教材也有的鱼目混珠，存在若干不足。"其中，"鱼目混珠"，应为"良莠不齐"
语言不合语法	存在无主句、歧义句、指向不明、语序不当、句法不通、成分残缺、搭配不当、结构杂糅等语法错误	根据语法要求修改	"随着课题研究的深入实施，教师的教育水平大为改善。""教育水平"不能与"改善"搭配，可把"改善"修改为"提高"
存在错字别字	表达中存在错字、别字	◆根据正确的使用方法修改 ◆遇有拿不准的要查字典、词典	"两所学校签定了合作协议"。其中的"签定"应该修改为"签订"

主要问题	问题表现	修改策略	修改案例
标点符号误用	错误地使用标点符号，比如滥用书名号（《》），用冒号（：）引领成段的文章等	按照标点符号使用规范使用	文中出现"主要表现为以下几个方面："，后面是几段文字。"："是不能引领那么多文字的，应该改为"。"

附：教育实验研究报告案例

小学中高年级语文学科熟词免抄实验的研究报告 [①]

上海市黄浦区蓬莱路第二小学　余　祯

一、问题的提出

（一）现状和问题

在小学语文学科的学生作业中，字词抄写是一项最为常见的作业。字词抄写一般又分成两项作业：一项是生字词抄写，即一篇课文中的生字以及生字组成的新词的抄写；另一项为熟词抄写，所谓熟词，即学生在以前的课文中已经学过的词语，教师挑选出一些让学生抄写。无论是生字词抄写还是熟词抄写，一般学校都要求学生抄写4遍，这是小学生语文学习的常规作业。以上海的小学语文中年级教材为例，学生学习一篇课文平均的抄写量如表1所示。

---

①原载《上海教育科研》，2012 年第 4 期。感谢余祯老师同意援用。

表 1　学习一篇课文平均的抄写量

抄写内容	字词量（平均）	要求抄写量（平均）
生字词数量（教材规定）	约 8—10 个	每个 4 遍
熟词数量（教师划给学生）	约 20—30 个	每个 4 遍

如果以抄写一个词语用时 15 秒计算（暂且忽略学生抄写词语间停顿看书的时间、写错擦去重写的时间不计），完成一课的生字、熟词抄写作业至少需要 40 分钟。抄写是为了帮助学生记忆，这些抄写的词语还需要经过复习并且默写一遍的过程。这样算来，为了记住这些词语，学生约花了 60 分钟的时间。当然，这还不是语文作业的全部，更不是学生一天所有学科家庭作业的全部。

众所周知，激发学习的兴趣能够激发学生学习的潜能。激发学生学习兴趣的方法很多，但是如果学生过重的学业负担问题没有真正得到解决，培养学习兴趣乃是一句空话。学业负担减不轻的一个重要原因正是来自作业，语文作业中的字词抄写耗时过多，对学生而言无疑是一种负担。因此，本实验拟从字词抄写作业的改革入手，尝试寻找能切实减轻学生过重的学习负担，激发学生学习的兴趣和学习的潜能的途径。

（二）思考与假设

好记性不如烂笔头，字词抄写作业是为了帮助学生记忆，因此一直以来，字词抄写都是传统的语文作业之一，也是我们小学语文教师布置给学生的常规作业。但是我们似乎并没有更进一步地思考：是否抄得越多就能记忆得越牢固？学生在抄写作业中所用的时间是否有效？字词抄写是不是学生感兴趣的作业？……这些都是值得思考和研究的问题。

2010年下半年，笔者在美国南加州两所小学实地学习八周，重点观察和研究美国小学语言类学科作业的设计。其间我了解到加州几乎所有的小学都没有抄写单词这一项作业，对于应掌握的单词只要求学生默写的做法引起了我的思考。美国的小学生没有经过抄写单词的过程也能默写，我们中国的小学生是否也可以作类似的尝试呢？

据此思考，我拟在小学中高年级（3—5年级）学生中进行熟词免抄的实验，假设通过实验可以证明免去熟词抄写并不影响学生的有效记忆，那么学生的字词抄写作业量就将减少约3/4，这样就可以大大减轻学生的作业负担。该实验假设依据如下。

1. 中国的汉字与英文单词的结构是不同的。汉字的读音由音节组成，字形则由偏旁部首和基本笔画组成，而英文本身就是拼音文字，所有单词都是由26个字母组成。两种文字的结构不同决定了学生记忆的途径也存在差异，完全仿照美国加州小学的做法免去所有的抄写是不可行的，故免去抄写的部分是有选择的。

2. 低年级（1—2年级）学生初学汉字，从拼音、笔画、部首学起，可以适当地通过一些描摹和抄写来记忆和巩固。因此低年级学生不在此项实验对象之列。中高年级的学生已经学习了一部分常用字，对造字的方法也有了一定的了解，因此将实验的对象确定为中高年级学生。

3. 生字的学习可以通过适量的抄写来记忆，相对熟词，生字词抄写更有必要，因此对生字抄写作业的研究暂不属于本实验研究内容。本实验拟免去教师从课文中划给学生的熟词部分的抄写作业，但仍要求学生通过默写复习这部分熟词，研究这一新的做法是否会影响学生对这些熟词的记忆。

二、实验的目标

通过实验组与对照组的实证数据，比较熟词抄写与熟词免抄两种方法分别对学生记忆熟词产生的影响和作用，分析和判断哪一种方法更为有效。通过实验，选择并实施对学生掌握字词更有效、学生更喜欢的作业设计，以提高学生学习语文的兴趣和效率，减轻学生过重的作业负担。

三、实验的方法与时间

（一）实验的方法

1. 问卷调查法：通过问卷调查，了解中高年级小学生对熟词抄写的接受程度及相关原因。

2. 实验研究法：通过实验组与对照组的实证数据，比较与分析熟词抄写和熟词免抄两种做法与学生熟词记忆之间的关系。

（二）实验的时间

2011 年 4 月—12 月

四、实验的过程

第一阶段：问卷调查学生对熟词抄写作业的接受程度和原因

熟词抄写的作业是否受学生欢迎呢？我们在学校 3—5 年级的125 名学生中做了一次问卷调查。

问卷分两个部分，第一部分调查在各种类型的语文作业中，学生最喜欢的作业和最不喜欢的作业分别是什么。统计结果（如表 2 所示）表明学生喜欢阅读，喜欢有较大自由创新空间的作业，不喜欢记忆类的作业和写作，熟词抄写作业在"最不喜欢的语文作业"中排名第三，仅次于背诵课文和写作。

表2　最喜欢与最不喜欢作业排序

排序	最喜欢的语文作业	最不喜欢的语文作业
1	课外阅读	背诵课文
2	预习课文	写作文
3	自编小报	熟词抄写

　　第二部分仅针对熟词抄写这一作业的接受程度以及相关的原因进行问卷调查。数据分析如表3所示，在没有其他类型的语文作业作比较的情况下，熟词抄写依然不是学生喜欢的作业，原因是重复机械的劳动过程无法让学生感受到犹如数学解题时获得的茅塞顿开的喜悦，不少学生认为熟词抄写作业很单调、浪费时间。即使选择喜欢熟词抄写的学生大多选择"抄写简单，无须思考"等理由，数据表明绝大多数学生对该作业没有积极的情感。

表3　熟词抄写的接受程度及理由选择

是否喜欢熟词抄写作业	人　数	百分比	理由选择
喜欢	40	32%	1. 抄写词语作业很简单，不需要过多思考。（12人） 2. 抄写可以帮助我记住这些词语。（12人） 3. 抄写的过程是练字的过程。（16人）
不喜欢	85	68%	1. 重复抄写很单调，我感受不到解开难题的快乐。（45人） 2. 抄写熟词占用很多时间。（23人） 3. 抄写后我也不一定能够记住这些词语。（17人）

第二阶段：分组实验比较熟词抄写与免抄对学生记忆熟词的影响

（一）随机分组

1. 在黄浦区蓬莱路第二小学 3—5 年级中，根据教师自愿报名情况随机选择 6 个班级为实验班，分别为三（1）班、三（5）班、四（3）班、四（5）班、五（1）班和五（5）班，共计 216 名学生。这6 个班级的语文教师参与实验和数据统计。

2. 根据各班学生学号，每班分实验组与对照组两个小组。其中单号学生为实验组，双号学生为对照组。

（二）分组实验

步骤一：同年级两个实验班的老师统一教学进度，选择一个单元的教材（包括 5 篇课文）进行实验，并且统一在课文中划抄熟词的数量。每学习一篇课文后，实验班教师都会分别给两组学生布置作业——实验组学生免去熟词抄写作业，但是仍然布置该组学生默写熟词的作业；对照组学生要求抄写熟词并复习默写。次日，实验班教师给全班同学听写这些熟词，并分别对两组学生的默写情况进行批改，统计正确率。正确率统计的步骤如下。

1. 统计个人默写得分率。如某生 25 个熟词默写有 20 个词语默写正确，该生默写得分率为 80%。

2. 统计两组平均得分率。即分别计算两组所有学生得分率的平均数。

3. 一个单元的五篇课文学习结束后，分别统计两组五课平均得分率，即计算五课默写平均得分率的平均数。

依据上述统计的步骤，6 个实验班的统计结果如表 4 所示。

表 4　第一单元实验默写正确率统计

班　级	实验组（免抄）	对照组（抄写）
三（1）班	91.6%	93.6%
三（5）班	87.9%	90.8%
四（3）班	88.2%	88.1%
四（5）班	90.3%	90.1%
五（1）班	97.1%	96.7%
五（5）班	95.0%	94.7%

步骤二：进入第二个单元（5篇课文）学习，各实验班将实验组和对照组对换，即实验组须抄写熟词，对照组免抄。实验班教师以同样的方法对默写情况进行统计，统计程序同"步骤一"。第二个单元实验默写正确率统计见表 5。

表 5　第二单元实验默写正确率统计

班　级	实验组（抄写）	对照组（免抄）
三（1）班	90.9%	91.5%
三（5）班	89.4%	95.9%
四（3）班	90.9%	91.3%
四（5）班	89.9%	90.1%
五（1）班	97.3%	96.6%
五（5）班	99.2%	96.4%

步骤三：一个月后，在 6 个实验班的学生没有复习准备的情况下，进行两次听写词语测试。第一次听写测试的词语在第一个单元的熟词中抽取，第二次听写测试的词语在第二个单元的熟词中抽取。同年级的实验班学生同时听写，听写的词语和数量都相同。根据学生默

写的情况，实验班教师再次统计默写的正确率（表6）。

表6　复测默写正确率统计

班　级	第一单元		第二单元	
	实验组（免抄）	对照组（抄写）	实验组（抄写）	对照组（免抄）
三（1）班	86.3%	87.9%	89.8%	91.3%
三（5）班	85.5%	86.1%	87.7%	88.7%
四（3）班	88.9%	87.4%	86.2%	88.1%
四（5）班	86.2%	87.0%	87.3%	87.8%
五（1）班	90.9%	89.6%	91.7%	91.2%
五（5）班	88.4%	89.5%	90.8%	89.9%

第三阶段：数据分析比较熟词抄写和免抄与学生识记的相关性

根据实验所得的各组数据，比较分析熟词抄写和免抄与学生识记这些熟词的相关性，具体分析如下。

1. 表2、表3问卷调查的数据表明，74.2%的学生对熟词抄写作业不喜欢，其中41.6%的学生认为熟词抄写作业单调，43.8%的学生认为熟词抄写作业占用比较多的时间。作业形式单调重复、占用时间长、作业内容没有留给学生创造性学习的思维空间等原因导致熟词抄写不受学生欢迎，属学生不喜欢的作业。

2. 表4、表5实验所得数据显示，第一单元实验组（免抄）与对照组（抄写）的默写正确率是91.68%：92.33%，免抄的实验组正确率略低0.65%；第二单元实验组（抄写）与对照组（免抄）的默写正确率是92.93%：93.63%，免抄的对照组正确率略高0.7%。实验数据表明，无论学生抄写熟词还是免抄熟词，两组学生默写的正确率的

差距小于 ±1%，也就是说熟词的抄写或者免抄，与默写的正确率之间不存在显著的正相关或者负相关。

3. 表 6 实验所得数据显示，学习课文一个月后，学生在没有复习准备的情况下参加了复测，第一单元实验组（免抄）与对照组（抄写）的默写正确率是 87.7% ：87.92%，免抄的实验组正确率仅略低 0.22%；第二单元实验组（抄写）与对照组（免抄）的默写正确率是 89.5% ：88.92%，免抄的对照组正确率略高 0.58%。实验数据表明，一段时间后，两组正确率的差距进一步缩小，进一步证明熟词的抄写或者免抄，与默写的正确率之间不存在显著的正相关或者负相关。

4. 综合分析表 5 和表 6 的数据，学生在学习课文一个月后，在没有复习的情况下，无论实验组还是对照组，默写正确率都出现了下降。数据说明，学生对熟词的记忆与默写前是否经过复习有密切关系。

五、实验的结论

（一）实验结论

小学中高年级语文学科可以免去学生熟词抄写的作业。

（二）理由陈述

1. 小学中高年级熟词抄写作业耗时多，作业形式学生不喜欢，与默写正确率之间无明显正负相关性，是可以免去的作业。

2. 在小学中高年级实行熟词免抄，仅要求默写的做法，受到学生和家长普遍欢迎。减少了作业量和作业时间，学生作业负担减轻，学生复习记忆熟词的积极性增加，默写正确率没有受到影响，相反还有小幅提升。

3. 德国著名心理学家艾宾浩斯认为：输入的信息会成为人的短时

记忆，如果不经过及时的复习，这些记住过的东西就会遗忘，而经过了及时的复习，这些短时的记忆就会成为人的一种长时记忆。因此保持记忆与复习的过程有关，对于已经学习过的熟词，教师应该指导学生如何通过复习和默写的方法记忆，而不是再一次抄写。

4. 免去熟词抄写作业，为学生节省大量时间，教师可以指导学生利用这一时间阅读自己感兴趣的书籍，制作读书札记或者参与其他语文学习活动。学生同样可以在这样的学习活动过程中，不知不觉地重温曾经学习的熟词。

5. 该实验于 2011 年 4 月—6 月在黄浦区蓬莱路第二小学 3—5 年级 6 个实验班进行，9 月起在全校 3—5 年级 15 个班级全体学生中试点实施，学生作业量减少，语文学习积极性增加，语文学业综合水平在市、区各项水平测试中均名列前茅。

附问卷

老师的话

亲爱的小朋友：

你好！

请不要紧张，这不是一张测验卷，也不是一份作业，更不会计算成绩，所以你不必写上班级和姓名。这只是一份关于语文学科作业情况的问卷，老师们希望通过这份问卷倾听你们的心声，所以请你实事求是地完成以下问卷，好吗？

语文老师

2011 年 3 月

语文学科作业情况问卷

1. 语文学科的作业中，你最喜欢做哪些作业？（可以选择1—3项）

1. 抄写生字		2. 抄写熟词	
3. 默写词语		4. 预习课文	
5. 写作文		6. 背诵课文	
7. 课外阅读		8. 自己编小报	

2. 语文学科的作业中，你最不喜欢做哪些作业？（可以选择1—3项）

1. 抄写生字		2. 抄写熟词	
3. 默写词语		4. 预习课文	
5. 写作文		6. 背诵课文	
7. 课外阅读		8. 自己编小报	

3. 你的语文老师平均每篇课文划熟词多少个？（单项选择）

1.10个以下		2.10—15个	
3.15—20个		4.20—25个	
5.25—30个		6.30个以上	

4. 你是否喜欢抄写课文中的熟词？（单项选择）

1. 喜欢		2. 不喜欢	

5. 如果你在第4题选择了"1"，请选择你喜欢抄写熟词的原因。（选择"2"的学生此题不做）（单项选择）

1. 抄写词语作业很简单，不需要过多思考。	
2. 抄写可以帮助我记住这些词语。	
3. 抄写的过程是练字的过程。	

6. 如果你在第 4 题选择了"2"，请选择你不喜欢抄写熟词的原因。（选择"1"的学生此题不做）（单项选择）

1. 重复抄写很单调，我感受不到解开难题的快乐。	
2. 抄写熟词占用很多时间。	
3. 抄写后我也不一定能够记住这些词语。	

7. 如果请你来设计一项语文作业，你会怎么设计呢？

_____

_____

第九章

如何做好结题工作

在一个崇高的目标支持下，不停地工作，即使慢，也一定会获得成功。

——（美）爱因斯坦

编筐编篓，重在收口。

——中国谚语

结题是相对课题立项而言的，是课题研究必须完成的终结性工作。结题的主要工作是课题研究成果的鉴定验收。课题研究工作完成后，其成果均须进行鉴定，通过鉴定后方可结题。结题，一般由课题负责人向课题管理部门提出结题申请，课题管理部门组织专家进行课题成果鉴定，成果通过鉴定后，予以结题。

一、正确认识结题

有的人重视课题的申请与研究，不重视结题；有的人重视结题，只是因为怕课题通不过，无法结题。对结题应该有个正确的认识。

（一）结题是研究成果的全面总结

有的人认为结题就是写结题报告，其实结题不只是写结题报告，而是对整个课题研究和课题研究成果的全面、系统的总结。通过结题可以把课题研究的阶段性成果、最终成果，各种类型的成果，进行一次系统梳理、提炼和升华，从而使成果物化、系统化。

（二）结题是研究经验的系统提升

在课题研究的过程中，课题研究者一定会有一些经验、心得，甚至失败的教训。通过结题的准备，可以对这些经验教训也进行系统的总结，把有价值的研究经验进一步提炼、提升。对研究经验教训的总结、提升是课题研究者研究能力和水平迅速提高的重要过程，有助于科研素质的提升。课题研究中系统化的研究经验，可供其他人学习借鉴。这些都可以看作是另一种形式的不必去参加鉴定的课题研究成果。这种成果也是很重要的。

（三）结题是研究成果推广的前提

有的人认为，结题之后课题研究就结束了。其实，结题只是课题研究的总结阶段，课题研究之后，还有科研成果的推广应用。如果不推广，不应用，做研究何用呢？结题对研究的成果进行全面总结，对研究的经验进行系统的概括，在这个基础上，可以很好地把科研成果推广出去，使之应用于教育教学实践。如果缺乏对科研成果和科研经验的全面系统整理，那么只能形成支离破碎、只言片语的东西，这是不好推广和应用的。所以，结题是研究成果推广的前提。

（四）结题是后续课题申报的基础

课题顺利结题，说明课题责任人或课题组成功完成了课题研究的任务，具备课题研究的能力和水平，为今后继续申请同类型、同级别，甚至其他类型、其他级别的课题，打下了一个坚实的基础。有的课题发布者或管理部门规定，前面的课题没有结题，不能申请新的课题。可见，及时结题可以为继续申请课题打下良好的基础。良好的结题记录，不仅是课题承担者学术能力和水平的标志，也是其良好科研诚信的记录，有助于后续课题的申请。

二、精心准备结题

为了保证顺利结题，要事先做出精心准备。结题准备需要做以下工作。

（一）分析结题条件

结题前必须对课题研究的情况进行梳理，详细周密地审查课题研究的材料和成果，客观分析是否具备结题的条件。对结题条件的分析主要从以下几个方面进行。

◆课题研究的目的是否达到？

◆课题研究各阶段、各方面的工作、活动是否落实？

◆课题研究的质量、水平如何？是否达到预期目标？是否能够满足课题管理部门的要求？

◆课题研究的各项资料是否齐全？

在全面分析上述条件的基础上，方可对课题的完成情况作出综合性判断。

（二）准备结题材料

结题材料要事先做出精心准备。结题材料的准备需要课题组全体成员都参与，而不是由一两个人去做。发动课题组成员一起做，不仅可以让大家有共享成果的感觉，而且可以集思广益，把材料收集得更全面，把材料整理得更好。

1. 结题材料的类型

结题材料，从课题研究过程角度看，主要包括课题研究的背景性材料、初始性材料、过程性材料、成果性材料、影响性材料等；从课题研究材料的性质看，可分为课题工作材料、原始材料、成果材料、影响性材料四类。

◆课题工作材料，主要有课题立项申报书、批复文件、课题合同书、课题研究方案、开题论证书、开题论证记录、研究过程的体会、课题活动大事记、工作小结或阶段总结等。

◆原始材料，即在研究过程中通过观察、调查、实验等方式采集的所有与本课题研究相关的有保存价值的材料，如调查问卷、访谈提纲、收集到的各种检测数据资料等。

◆成果材料，包括主件与附件，主要有结题报告、论文等文字资料，以及光盘、图表等非文字成果。成果主件只能是一件，其余材料可作为对成果主件进行补充说明的附件。

◆影响性材料，主要是社会对课题成果的反响情况、与课题效益有关的材料等。成果发表后引发的争鸣文章、转载转摘、引用等都属于这类材料。

在上述成果中要特别重视成果性材料的准备，因为成果性材料是结题的核心材料，课题鉴定在很大程度上是对课题研究成果的鉴定。

课题研究成果，从不同的角度看有不同的类型。

从成果存在的载体看，有文字成果、实物成果、实效成果。文字成果，即用文字撰写的材料，包括申报书、研究方案、结题报告、研究工作总结等；实物成果，即以实物形态呈现的研究成果，如工具、仪器、设备等；实效成果，是课题实施过程中和实施之后教育教学实践发生的实际改变，如学生学习成绩的提高、教师教学水平的提升、学校管理状况的改善等。

从成果完成的时段看，有阶段性成果和总结性成果。阶段性成果是在课题研究的过程中产出的具有局部性特征的研究成果，总结性成果是在课题研究完成后产出的具有整体性特征的研究成果。

从成果的重要性看，有主成果和附成果。主成果是课题研究最主要的成果，一般表现为结题报告、实际效果等；附成果是课题研究产生的次要成果，一般表现为阶段性成果、实际效果的附属效果等。

2. 课题材料的要求

课题研究资料的要求是真、精、齐、清、定、美。

◆真——材料真实。

真实是对课题研究资料的基本要求。课题研究的资料必须保持真实。历史资料，要保持原来的面貌，不能私自修改。调查资料、实验数据也要保持获得时的真实状况。要根据事实说话，而不是根据想要表达的意思来修改相关数据或资料。如果课题没有认真研究，为了结题假造，而且把一些材料凑在一起充数，更有甚者抄袭他人的研究成果来充当自己的研究成果，这是不可取的。

◆精——材料精练。

课题研究过程中会产生大量的资料，为结题做准备时课题资料是越多、越全面越好，但结题时，并不需要把所有资料都拿出来，有些资料是备查的。报结题材料时，要精选最有价值、最有代表性的资料。

◆齐——材料齐全。

提供鉴定的材料要齐全。齐全包括两层含义。一是内容要齐全，比如要求有结题鉴定申报书、结题报告、公开发表论文的原件与复印件、成果公报、课题立项通知、开题论证书、中期检查报告、其他佐证材料。二是数量齐全。比如要求成果鉴定的材料一式5份，就不能只交4份。

◆清——文本清楚。

文本清楚也包括两层含义。一是文本内容清楚，即内容质量到位，文本表达条理清楚，层次分明（层次之间是总分关系或并列关系或递进关系，而不是包孕关系），文脉清晰，文笔流畅（不用方言俗语，不用废弃的陈言旧语，不用冷僻的行业术语，不用少数民族的谚语，不用附加成分太多的长句），文法严谨（语法、修辞、逻辑和标点符号无错误），文风端正（无套话、废话、假话、大话）。二是文本形式清楚，不出现字迹模糊、看不清楚、辨认不出等情况。

◆定——文本定稿。

提交鉴定的材料或文本一定是全部文本的定稿。不能拿初稿、修改稿等去鉴定。定稿就是已经修改过，不再进行修改的稿件，至少在鉴定前是如此。

◆美——装帧美观。

"美"就是文本的设计、印刷、装订要精美。这就需要注意材料的封面、字体、字号、字间距、行间距等内容。装帧精美，不是追求华丽，而是追求美观。将鉴定材料装扮得华而不实、花里胡哨，也是不可以的，这会影响研究成果的庄重性、严肃性，所以在"美"的度上要有所把握，以庄重、大方、看上去舒适为好。

3. 结题材料的整理

对课题研究材料要进行分类整理，并列出成果清单。

【案例 9-1】某市教育科学规划课题结题评审材料内容及顺序（从上到下）

1. 封面

2. 目录

3. 课题申请·评审书

4. 课题立项通知书

5. 课题开题报告

6. 课题中期报告

7. 课题结题报告

8. 课题工作报告

9. 课题成果公报

10. 公开发表的论文复印件

11. 公开出版的专著版权页复印件

12. 课题成果影响证明材料（指课题成果运用证明、领导批示、成果整体或部分被采纳的证明等）

13. 课题重要变更报告审批表复印件

14. 封底

其中有些材料还需进一步细化分类整理，并列出材料清单。

例如，发表的成果，要把成果的名称、责任人、发表的刊物或书籍的名称、发表或出版的时间（期数）、成果的字数写清楚。有的还会把发表的页码、发表期刊的刊号等信息写清楚。

再如，获奖的成果，要把获奖的情况说明，把获奖成果的名称、获奖成果的责任人、所获奖项的名称、评奖的机构、获得的级别或等级、获奖时间等写清楚。如果有多项阶段性成果获奖，可以列表说明。

准备成果性材料时，要兼顾不同类型的成果，从不同的类型、不同的方面展示课题研究的成果，体现出研究成果的多样性和丰富性。

【案例 9-2】成果性材料清单示例

一、成果主件

"依托社区资源，构建校本社区文化课程的实践研究"

研究报告

二、成果附件

（一）课程大纲与教材

1. "社区文化"课程大纲（1 册）

2. "社区文化"课程教材（1 册）

（二）论文类成果

序　号	成果名称	责任人	发表期刊（期刊刊号）	发表时间	所在页码	字　数
1						
2						
3						

（三）获奖类成果

序　号	成果名称	责任人	工作单位	评奖机构	奖项全称	获奖等级	获奖时间
1							
2							
3							

（四）学生的作品

1. 学生的调查报告（可列出学生姓名、报告名称等信息）

2. 学生的学习作业（可列出学生姓名、作业内容等信息）

（五）成果公报

（六）课程网页

（三）撰写工作总结

课题研究工作总结不同于结题报告。结题报告是课题的研究报告，是针对课题研究"内容"而言的，课题研究工作总结是针对整个课题研究"工作"或"活动"而言的。课题研究工作总结是对课题从立项到成果形成的研究情况、工作、活动等的全面回顾、分析和概括。

课题研究工作总结一般包括以下几方面的内容。

◆研究过程，完成的内容，达到的目的和水平，科学意义和创新之处。

◆获学术奖励、专利及推广应用等情况。

◆分析超过或未达到预定目标、进度和研究内容的原因。

◆国内外同类研究工作取得的进展，以及对今后本领域研究工作的设计、建议。

写课题研究工作总结，不仅有助于全面回顾与梳理课题研究工作的情况，而且是促进课题研究者进行研究反思、提升研究能力与水平的方式，同时有助于课题鉴定者全面、深入地把握课题研究的整体情况。

（四）做好经费结算

有经费资助的课题，在结题之前必须进行经费结算。课题经费的来源一般有三种途径：主管部门拨款、课题研究单位资助、课题组自筹经费。因为经费的来源不同，所要负责的单位或部门不同，所以这三方面的经费要统一清理，分别结算。

课题经费结算时，要根据科研经费管理制度，检查经费支出是否符合管理制度的要求，是否在合理的范围之内，开支手续是否遵循常规，单据是否齐全，收支是否相符；是否还有余款或超支，准备怎么处理。

经费使用情况检查、结算后，应填写收支清单，附上单据，以备复查之用。

三、及时申请结题

在做好各方面的准备后，就可以向课题管理部门提出结题申请。申请结题需要做以下几个方面的工作。

（一）了解结题要求

结题前首先要了解结题的要求。结题的要求并不是在结题之前才提出来的，在课题发布时，结题要求往往就已经存在，在整个做课题的过程中，应该心中装着结题要求，并向着这些要求努力。结题前要做的，不过是把这些要求拿出来，再一一对照，关注具体要求、具体细节，按照要求和规范准备结题。不同地区、不同课题管理部门对结题的申请方式、申请时间等的要求不同，要严格按照相关要求来准备结题并提出结题申请。

（二）下载结题材料

结题前往往需要填写一些结题表格，这些表格现在多放在网络上。申请结题前需要到相关网站下载结题所需要的各种表格等材料。

下面是 H 省的教育科学规划课题结项申请审批书，可供参考。

【案例 9-3】课题结项申请·审批书样例

封面页：

H省教育科学规划课题
结项申请·审批书

课 题 批 准 号 ＿＿＿＿＿＿＿＿＿＿＿

课 题 名 称 ＿＿＿＿＿＿＿＿＿＿＿

课 题 负 责 人 ＿＿＿＿＿＿＿＿＿＿＿

所 在 单 位 ＿＿＿＿＿＿＿＿＿＿＿

组织鉴定单位 ＿＿＿＿＿＿＿＿＿＿＿

填 表 日 期 ＿＿＿＿年＿＿月＿＿日

H 省教育科学规划领导小组办公室

2011 年 5 月制

说明页：

填表说明

一、本表适用于 H 省教育科学规划课题结项鉴定申请。

二、按照有关规定认真如实地填写表内栏目。所填栏目不够用时可加附页。

三、"工作报告"、"申请免于鉴定的理由"的写法和要求见该栏目的"内容提示"。

四、课题研究完成后向省教科规划办报送纸质结项材料 3 套，每套材料包括：
1.《H 省教育科学规划课题结项申请·审批书》；2. 课题立项通知书；3. 成果主件（专著或研究报告）；4. 成果附件（发表的系列研究论文），相关证明（获奖情况、领导批示、媒体报道及被决策部门采纳等的证明文件），重要变更的申请及批复。
每套鉴定材料须按 1—4 顺序统一左侧装订成册，每套材料配用一个档案袋。

五、请将《课题结项申请·审批书》及课题最终研究成果（成果主件）电子文本（word 形式）发至 H 省教科规划办结项专用电子信箱 ***。

六、H 省教育科学规划领导小组办公室通讯地址：***，邮政编码：******。
联系人：*** ***；联系电话：******。

正文页（为省篇幅，作了缩略处理）：

一、基本情况

提交鉴定的成果	成果主件	
	成果附件	
申请鉴定方式		

课题负责人信息	姓名		职称／职务	
	电子信箱		移动电话	
	通讯地址		邮编	

课题组主要成员信息			
姓名	工作单位	职务／职称	承担任务

二、工作报告（不超过 2000 字）

内容提示：研究的主要过程和活动，研究计划执行情况，研究变更情况（课题负责人、课题名称、研究内容、成果形式、管理单位、完成时间等），成果的出版、发表情况等。

三、申请免于鉴定的理由（符合相关条件者填写此栏）

内容提示：参照《H省教育科学规划课题成果结项实施办法（试行）》第四条的有关规定填写。

四、学校科研部门意见

科研部门负责人签字：　　单位公章
　　　　　　　　　　　　年　月　日

五、专家组鉴定意见（由专家组组长综合专家组意见填写）

专家组组长（签字）: 　　　年　　月　　日

六、鉴定专家组成员

姓名	工作单位	职称/职务	签名

七、省教育科学规划领导小组办公室意见

省教育科学规划 领导小组办公室 负责人审核意见	负责人（签字） 　　年　　月　　日
省教育科学规划 领导小组办公室 验收、审批意见	公　　章 　　年　　月　　日

（三）填写鉴定申请

课题鉴定申请书和鉴定书要规范填写，填写时注意以下几个方面的内容。

1. 课题名称要精确

课题名称要精确填写，与课题立项时的名称保持一致。

2. 完成单位要盖章

要在课题鉴定书上盖上完成单位的公章。公章一般不用部门章，而是单位的公章。

3. 立项时间要准确

立项时间要准确，要与批准时间相一致。为了保证准确，要查看立项通知，按照立项通知上批准的时间填写，不能以接到通知或自己的记忆填写。

4. 成果形式相对应

课题研究成果的形式与申报的实际成果，无论在名称上、类型上，还是数量上都要相对应，避免出现不一致。

5. 鉴定项目不用管

鉴定书上有关鉴定的项目，如鉴定形式、鉴定日期、鉴定单位、鉴定专家等，申请鉴定者不用管，因为这是课题管理部门的事情。这些内容可以空着。如果有"申请鉴定方式"栏，可填写自己想要的鉴定方式，比如通讯鉴定、会议鉴定、现场鉴定、成果认定之类。

6. 主持者前后要一致

课题的主持者与课题申请立项时的一致。如果中间主持者有所更换，且报课题主管部门批准的，可以填写更换过的主持者。

7. 成员次序不更换

课题组成员的排名次序应与立项申报时保持一致，不应有所更换。如果课题研究过程中，课题组成员有所变动，向课题管理部门申报更换过的，可以按更换过的次序填写。

8. 按照要求打印

按照课题管理部门的要求，打印课题鉴定书，包括用纸的型号、大小，打印的份数等。

（四）递交结题材料

准备好结题所需的各种材料后，要按照指定的时间、方式、数量，准时、准确、足量地向课题管理部门递交结题申请的相关材料，包括结题申请书（鉴定书），研究成果的主件、附件及研究工作总结等。

四、课题成果鉴定

（一）成果鉴定的方式

由于各级、各种教育科研课题的管理办法不同，课题成果的鉴定方式，或结题方式，也存在差异，但其本质上是同行专家评议。课题成果鉴定的方式主要有以下几种。

1. 通讯鉴定

通讯鉴定就是课题负责人通过通讯的方式，把课题研究成果寄送给相关人员，请专家鉴定后得出鉴定结果。通讯鉴定一般是将结题材料送给同行专家，由各专家写出鉴定意见，再交鉴定专家组组长综合，形成课题成果书面鉴定意见。

通讯鉴定被认为是一种省时省力省经费的鉴定方式。这种鉴定方式的好处是各评审专家有足够的时间阅读成果材料，充分准备鉴定意见，同时较好地避免人际关系的影响。其不足是课题负责人没有机会与专家面对面交流，专家之间也没有交流沟通的机会，他们对研究的了解不一定全面，所做的鉴定可能会存在偏差。

2. 会议鉴定

会议鉴定就是以会议的方式对课题研究成果进行鉴定。在鉴定会议前半个月或至少一周，负责组织鉴定的部门要把鉴定材料分别呈送给参加鉴定的成员，并敦促他们提前审读材料，做好会议鉴定的准备。会议鉴定的一般程序如下。

（1）有关领导（鉴定委员会主任或鉴定组长）讲话，指明鉴定的意义，提出鉴定的要求。

（2）课题负责人汇报研究工作过程和研究成果。

（3）鉴定专家就汇报情况、结合前期资料提出质疑。

（4）课题组解答鉴定组成员的质疑。

（5）鉴定组成员现场考察或调查，查阅、检验相关资料。（有无

此环节根据需要而定）

（6）鉴定组成员参照鉴定标准和评估指标体系评分，或准备鉴定意见。

（7）全体鉴定组成员即席讨论评价，付诸表决，通过鉴定意见。

（8）课题负责人认可鉴定意见并表示态度。

（9）填写鉴定表格，全体鉴定专家签字，鉴定委员会主任或鉴定组长签字，鉴定结果生效。

会议鉴定可以使课题组成员与评审专家面对面地交流，有助于专家深入了解课题研究情况，从而做出准确判断，也有助于课题组成员从专家那里获得更多的指导和教益。

3. 现场鉴定

现场鉴定就是请评审专家到课题研究的现场检验课题研究的成果。现场鉴定适合于鉴定课题研究的实效性成果。这种方式需要课题负责人做许多会议组织工作，成本高，投入大。但通过现场鉴定，课题组成员可以与专家面对面地交流，得到专家深入的指导与评价，有助于课题组进一步提升研究成果的理论与实践价值。一般而言，现场鉴定不能单独使用，要与通讯鉴定或会议鉴定结合进行。

4. 成果认定

成果认定主要通过经审定或认可的社会专业评价机构的评价、在专业期刊上发表论文或公开出版著作、获得政府奖励等来表示研究成果已经获得社会认可，可以不再接受其他方式的鉴定，从而给予结题。

成果认定，也称免于鉴定，只要成果通过了认定，就可以不再参与通讯鉴定、会议鉴定和现场鉴定。成果认定其实质也是一种同行专家的评议，只不过不是由课题管理部门直接组织专家进行鉴定而已。

【案例9-4】J省教育科学规划课题免于鉴定条件

具备下列条件之一者可申请免于鉴定：

1. 课题成果主体内容获得省部级科研成果评奖一等以上奖励，包括省级哲学社会科学奖、省级科学技术奖、省级教学成果奖、省级教育科学成果奖等。

2. 课题成果主体内容在《新华文摘》、《教育研究》、《光明日报》、《中国教育报》、《人大复印资料》等报刊发表、转载的论文，或由省级以上出版社出版的专著（不含编著、编写、编集等）。

3. 课题组提出的报告、对策、建议等被省部级教育行政领导机关采纳，并取得明显效益。

免于鉴定的课题须履行结题手续。上述成果须经省教育科学研究领导小组办公室聘请同行专家审定；填写《J省教育科学规划课题结题申请·审批书》，注明免于鉴定的理由，提交课题研究报告、主要成果原件和佐证材料等。

成果认定，节省了课题管理部门的管理成本，也节省了课题承担者的结题成本，是一种比较好的结题方式。同时，这种方式在一定程度上鼓励了课题承担者通过发表高质量的论文、公开出版论著获得政府性奖励，有助于高质量研究成果的产出。

（二）成果鉴定的依据

同行专家鉴定课题主要依据以下几点。

1. 成果的科学性

科学性，主要看课题成果是否符合教育科学理论，是否遵循教育规律；是否符合逻辑，道理清楚，令人信服；论点、论据、论证正确与否。

2. 成果的创新性

创新性，主要看成果是不是"独、特、新"。独，指他人没有独我有，即常说的"填补了空白"。特，指大家都有，但我有自己的特色。新，即在他人的基础上有所创新，得到新论题、新观点、新见解、新看法、新技术和新结论等。

3. 成果的理论性

理论性，主要衡量课题研究总结出的观点、理念、理论达到了什么水平，是否发展了当代教育科学的最新成果，是否探求了教育现象的发生、发展、变化的规律，能否用来指导新的教育实践。

4. 成果的效益性

效益性，主要看课题研究的结果有什么社会效益和经济效益，研究成果有什么指导价值和推广意义，研究的成果是否管用。

5. 成果的规范性

规范性，主要看研究成果具体操作是否规范，文字表述是否准确等。

课题鉴定要本着科学态度，坚持实事求是、公平合理的原则进行。这样才能形成客观、公正、全面、中肯的鉴定意见。如果在鉴定过程中，弄虚作假，有偿交换，照顾人情，就无法形成正确的鉴定意见，使鉴定走上歧途，严重影响鉴定的结果。

【案例 9-5】课题评审等级评定表

评估内容	A 级	B 级	C 级	D 级	综合评定等级
科学性					
创新性					
理论性					
效益性					
规范性					

五、课题鉴定结果

课题鉴定的结果一般有三种：通过鉴定、限期再鉴、不通过鉴定。

（一）通过鉴定

通过鉴定，就是经过课题管理部门组织的鉴定专家的鉴定，课题成果达到预期目标和课题管理要求，课题研究获得了认同或基本认同，同意课题结题。

通过鉴定会对课题成果的质量有个等级评价，比如优秀、良好、合格之类。

鉴定、结题工作结束后，课题负责人应将进一步修改后的完整成果主件和成果公报（一般含两套，一套为文字版，一套为电子版）报送和邮寄到课题主管部门，以便存档和宣传推广。

课题鉴定结题后，课题管理部门会向课题组颁发"结题证书"。拿到"结题证书"，课题立项正式结束。

【案例 9-6】结题证书样本

封面：

H 省教育科学
规划课题

结

题

证

书

H 省教育科学学术委员会　监制
H 省教育科学规划办公室　制作

正文：

	H 省教育科学规划课题 **结 题 证 书**
立项批准号： 课题类别： 课题负责人： 所在单位： 起止时间： 结题证书编号：	＿＿＿＿＿主持的 H 省"十一五"教育科学规划课题"＿＿＿＿＿＿＿＿"，已通过省教育科学规划办组织的专家鉴定，并经 H 省教育科学学术委员会审定，准予结题。
课题组成员（限填 8 名）：	 H 省教育科学规划办公室 年　　月　　日

（二）限期再鉴

限期再鉴，就是课题研究成果还存在一些问题，没有完全通过鉴定专家的认可，课题研究者需要在限定的时间内继续研究或修改研究成果，然后再次进行鉴定。

（三）不通过鉴定

不通过鉴定，就是课题研究成果没有获得鉴定专家的认可，不给予结题，严重者可能会撤销课题，追回研究经费。不通过鉴定是一种比较严重的情况，会影响今后的课题申报，也会影响研究者的学术影响力，应力求避免这种情况的出现。

【案例 9-7】J 省教育科学规划课题鉴定、结题手续

通过专家鉴定或审定的课题，由省教科办办理结题手续。其中，通过专家鉴定的课题，颁发《J 省教育科学规划课题鉴定证书》和《J 省教育科学规划课题结题证书》；通过专家审定（含免于鉴定）的课题，颁发《J 省教育科学规划课题结题证书》。

鉴定或审定不合格者，限期修改（一般为半年）。经过再次鉴定或审定仍不合格的，省教科办宣布撤销课题。对有经费的课题将追缴课题经费。对撤销课题者，取消其在 5 年内申报省教育科学规划课题的资格。

结题是课题研究的收束阶段，收束的好与坏，取决于课题研究的基础如何、有无高质量的成果保障、精心准备结题与否。只有认真地做课题，产出高质量的研究成果，精心地准备结题，才能保证良好的结题结果，使课题研究有一个圆满的结局。

附1：成果鉴定指标内容 [①]

了解成果鉴定的指标内容，有助于中小学教师做好课题结项的准备工作，尤其有助于成果主件的完成。

一、基础研究成果的鉴定指标

基础研究成果的鉴定主要以成果的理论意义作为鉴定的标准。

1. 创造性。

创造新内容，提出新思想，是科学研究的根本目的。有无创造性，创造性大小，是理论性成果鉴定的首要条件。创造性有全新创造和创新之分，各有不同。

"全新创造"是指成果有全新的内容或创见，其表现形式是：

（1）提出新的理论、观点、概念，论证成理；

（2）对已有理论做出新的解释、论证，使原有理论深化；

（3）探索出事物的新规律或变未知为已知，深化了认识；

（4）对学术界争鸣的问题发现了新的资料，提出了新的见解，使问题有所突破，并得到学术界的认可；

（5）纠正了原有理论、概念、原理的错误；

（6）为本学科、边缘学科开辟了新的研究方向，或提出了有研究价值的新问题，并进行了首次科学论证；

（7）填补了某项科学空白，具有国内、国际意义。

[①] 高尚刚、徐万山编著：《中小学教师课题研究指导》，北京：中国轻工业出版社，2008 年 1 月版，第 201–203 页。

"部分创新"是指成果有某些新内容或新意，其表现形式是：

（1）对已有知识进行了充实和条理化、系统化；

（2）对已有原理、观点进行了某种合理的改变或补充；

（3）对事物之间的关系进行了较深入的分析，初步说明了事物的本质，得出某些新结论；

（4）资料、观点不新，但论述角度不同，论证方法是新的，给人以新意。

2. 学术价值。

（1）对学科建设或学科分支建设有一定的贡献；

（2）对学科、学科分析的发展产生一定的影响；

（3）对应用研究有重要指导、推动作用；

（4）理论紧密联系实际，指导实际。

3. 社会反应。

（1）对国家或地区、部门决策和管理产生了较大作用和影响；

（2）对人们的思想文化、伦理观念、价值观念、行为方式的改变具有一定的价值，产生了一定的影响；

（3）本单位研究人员实事求是的评论；

（4）省内、国内学术界同行反应强烈；

（5）专家的具体肯定的意见；

（6）报刊转载、评论、争鸣、引用等。

4. 逻辑性。

（1）文字通顺、准确、精练；

（2）方法科学先进，论证充分；

（3）结构严谨、逻辑性强，推理清楚；

（4）资料较系统全面，方案科学，适用性强。

二、应用研究成果的鉴定指标

应用性教育研究成果的鉴定主要以成果的应用价值作为鉴定的指标。

1. 成果的实用价值。

（1）成果对国家、地区或部门教育决策产生重大的积极影响；

（2）成果对国家、地区或部门教育决策产生一定的影响；

（3）成果所提政策建议方案符合实际情况。

2. 成果对教育过程和教学的影响。

（1）研究成果对当前教育改革和现实矛盾有无针对性，是否为教育工作所急需？

（2）研究成果是否从教育实践中总结和提炼出来，是否经过科学的验证，获得稳定的成效？

（3）研究成果有无推广与应用的可能性，能否形成一套可操作的方法？

3. 成果的现实意义。

（1）理论上的新颖性——有无新观点、新假说等；

（2）实践方面的新颖性——有无新规划、新方法、新建议等；

（3）革新的水平如何，在已有的理论和实践中是否提出了新观点？

三、开发性研究成果的鉴定指标

开发性教育研究成果的鉴定主要以成果的社会价值为鉴定的指标。

（1）成果对国家、地区或学校宏观决策和管理产生重大作用和影响，并直接或间接产生社会效益或经济效益；

（2）提出的方案、计划、程序被国家、地区或学校采用并实施；

（3）提出的方案、计划、程序被部分采用或实施；

（4）提出的政策建议方案部分符合实际情况。

附2：课题结项实施办法

河南省教育科学规划课题成果结项实施办法（试行）

为规范我省教育科学规划课题结项管理，确保课题研究的质量和水平，发挥课题研究发展教育科学理论、指导教育教学实践、服务教育科学决策的作用，根据河南省教育厅《关于印发〈河南省教育科学规划课题管理与成果评奖暂行办法〉通知》（豫教科〔2011〕337号）的有关规定，制定本办法。

第一条　河南省教育科学规划课题结项工作，由河南省教育科学规划领导小组办公室（以下简称"省教科规划办"）统一组织实施。

第二条　课题结项申报时间为每年两次，一般上半年在4月、下半年在10月。因特殊情况需要变更时间的，由省教科规划办提前通知。

第三条　申请结项成果的基本要求：重大课题须提交不少于3万字的研究报告、在核心期刊上发表1篇论文或在公开刊物上发表2篇系列论文（每篇不少于3000字）；重点课题须提交不少于2万字的研究报告、在公开刊物（包括河南省教育学会会刊《教育论坛》）上发

表 1 篇论文（不少于 3000 字）；一般课题、实验课题须提交不少于 1 万字的研究报告。

提交的论文，发表时须注有与申请结项课题一致的"课题类别 + 课题名称 + 课题批准号"。课题主持人应为论文的第一作者。

所有课题申请结项均须填写《河南省教育科学规划课题结项申请·审批书》（可从河南省教育科研网上下载）。

第四条　具备以下条件的，可申请免于鉴定。

1. 重大课题获得省部级（不含群团组织和报刊评奖项目）三等以上（含三等）奖励（奖项名称应与课题名称对应，课题主持人应为获奖项目第一人）；或最终成果的主要内容在《教育研究》、《新华文摘》等同级别刊物、杂志发表或转载，并有明确标识。

2. 重点课题获得省部级三等以上奖励或最终成果的主要内容在核心期刊上发表 2 篇以上（含 2 篇，每篇不低于 3000 字），或被《人大复印资料》等同级别刊物转载 2 篇以上（含 2 篇），并有明确标识。

一般课题、实验课题最终成果的主要内容在核心期刊上发表 1 篇以上（含 1 篇，字数不低于 3000 字），或被《人大复印资料》等同级别刊物转载 1 篇以上（含 1 篇），并有明确标识。

申请免于鉴定的，在填写《河南省教育科学规划课题结项申请·审批书》时，要写明理由，并附报发表或转载原件。

第五条　申请结项课题须报送以下材料：

1.《河南省教育科学规划课题结项申请·审批书》；

2. 课题立项通知书；

3. 成果主件（专著或研究报告）；

4.成果附件（发表的系列研究论文），相关证明（获奖情况、领导批示、媒体报道及被决策部门采纳等的证明文件），重要变更的申请及批复。

以上材料须按1—4顺序用 A4 纸左侧装订 6 套报送河南省教育科学规划领导小组办公室，同时把电子版发至河南省教科规划办专用电子信箱 ghjx808@163.com。

第六条　课题鉴定专家由省教科规划办从"河南省教育科研专家库"中选取，鉴定专家的职责是公正、公平、客观、准确地评价课题成果。每项课题鉴定由5—7人组成专家组，组长应由该项目领域权威专家担任。课题组成员以及所在单位的人员不能担任所承担课题鉴定专家。

第七条　课题鉴定应从科学性、创新性、规范性、难易程度、应用价值等五个方面的标准衡量。

科学性：课题意义和价值是否重要，研究问题是否真实，研究前提是否可靠，研究方法是否适当，论证分析是否严密充分，结论是否合理可信。

创新性：研究是否取得新的进展，是否丰富和发展了某种教育理论或学说，是否成功运用新的研究方法或技术，是否获取了大量第一手资料和事实，是否形成了创新的教育成果。

规范性：研究体系是否完整、系统；研究设计与实施是否规范、严格；是否做到论述全面，概念明确，逻辑严密；资料是否可靠、系统，引证是否规范。

难易程度：研究的问题是否复杂，工作难度如何；调查或实验工作量如何；资料的搜集与处理工作量如何。

应用价值：成果对解决教育决策问题的作用如何；对解决教育实践问题是否有创新性的指导意义，是否有广泛的应用与开发前景。

第八条　申请结项成果须经过省规划办指定的信息机构对成果查新检测、专家初审和专家组鉴定三个环节。

1. 成果查新。

省教科规划办指定的教育科研信息机构对申报鉴定成果进行查新检测，若出现成果剽窃等违规行为，除通报外，课题作撤项处理，并追回资助经费，课题承担者3年内不得申报河南省教科规划课题。

2. 专家初审。

省教科规划办根据申请鉴定成果的研究领域，选定初审专家1—3人，将申请鉴定成果的电子文本（隐去课题组成员单位及个人信息）发给选定的初审专家审读。初审专家在半个月内提出研究成果是否达到基本要求的明确意见。对未达到基本要求的课题，应指出优点和不足，提出具体的修改要求和意见。课题主持人（课题组）要根据专家意见继续开展研究，在一年内重新申请鉴定；重新鉴定仍不能通过的课题，作撤项处理；有经费资助的，追回已拨经费。

3. 专家组鉴定。

通过初审的课题可进入专家组鉴定环节。专家组鉴定可采用通讯鉴定或会议鉴定两种方式。采取通讯鉴定方式的，鉴定专家根据鉴定标准分别提出个人书面鉴定意见，提出能否通过的明确意见。再由专家组组长形成最终鉴定意见填写在《河南省教育科学规划课题结项申请·审批书》"专家鉴定意见"栏目中并签名。

采取会议鉴定方式的，课题主持人（课题组）要提前报告省教科规划办。课题成果在经过查新检测、专家初审的基础上，由课题负责人所在单位组织实施；会议鉴定由鉴定专家组集体评议，鉴定专家组中的 2 人由省教科规划办聘请，其他专家经省教科规划办核准可以由课题组聘请；鉴定组形成综合性鉴定意见和能否通过课题鉴定的明确意见报河南省教科规划办。

第九条　通过专家组鉴定的课题，省教科规划办要审核、汇总造表，报省教科所主管领导审定签字后，加盖"河南省教育科学领导小组办公室结项专用章"，分别给课题主持人和主要参加者颁发《河南省教育科学规划课题结项证书》。

第十条　课题鉴定坚持公平、公正、公开的原则，省教科规划办在收到申报材料后的两个月内完成结项审核等工作，并定期在河南省教育科研网上公示鉴定结果，接受社会监督。任何单位或个人对研究者及结项成果的科学性、真实性、管理的公正性持有异议的，可在鉴定结果公布之日起 30 日内向省教科规划办举报。规划办接到举报后，向主管领导汇报，及时研究处理。

第十一条　农村中小学（乡镇及以下）教师主持的课题通讯鉴定费为 1000 元，其他课题鉴定费为 2000 元；鉴定结项费由课题负责人所在单位解决，并在报送结项鉴定材料时一并交付。

鉴定结项费用于查新检测、专家初审和专家组鉴定。

未通过初审的课题，课题组重新申请鉴定时应再次支付查新检测费和专家初审费。采取会议鉴定形式结题的课题，申请结项时，应支付查新检测费和专家初审费。

第十二条　河南省教科规划办保护作者的知识产权，对相关成果具有宣传介绍、推广应用的责任和结集出版权。

第十三条　全国教育科学规划领导小组办公室委托的我省教科规划办管理课题的结项工作，在按照《全国教育科学规划课题成果鉴定结题细则》有关规定的前提下，参照本办法执行。

河南省教育科学规划领导小组办公室

二〇一一年五月十日

第十章
如何推广课题成果

国家支持、鼓励和组织教育科学研究，推广教育科学研究成果，促进教育质量提高。

——《中华人民共和国教育法》

如果说我们的研究工作取得了成果评了奖，就束之高阁，那么这样的研究本身没有完成，本身没有效益，或者效益很低。只有把研究工作与推广工作和扩展再研究联系在一起，这才是真正的完整的研究，也是最高的科研成果效益的体现。[1]

——张民生

结题是课题研究的结束，但就课题的影响和效果来说才刚刚开始。许多课题研究到结题为止，很多有价值的研究成果还停留在结题报告里。课题成果得不到进一步的推广与应用，不论对课题研究者，还是对其他人，都是一种损失。课题组在课题结束后，还需要进

---

[1] 张民生：《推广科研成果，促进素质教育》，《上海教育科研》，1997年第9期。

一步做好课题成果的推广工作，以便让更多人应用课题研究成果。推广，是推而广之，扩大事物使用的范围或起作用的范围。课题成果的推广，就是有计划、有步骤地将课题成果广泛传播，在一定范围内应用，使之转化为教育效益的过程。

一、科研成果推广的意义

（一）检验成果的实效性

课题成果出来之后，即使经过了专家的鉴定，甚至有些在课题成果鉴定前就已经通过了一定的实践验证，但它是否可以在更长的时段、更广的范围内接受验证呢？这就需要把课题成果推广出去接受检验。此外，在课题推广的过程中，还可以进一步丰富和发展成果内容。

（二）拓展成果的受益面

课题研究的成果，不能仅仅是课题研究者受益，还应该让更多的人受益。改变自身在教育教学中的困境，是教师做课题的出发点，但其落脚点却应该是通过自己的研究，让更多遭遇类似问题困扰的人走出来，让更多人受益。只有通过课题成果的推广，才能使课题走出去，让更多人知道、学习、运用，才能拓展成果的受益面。

（三）提高教育教学质量

教育科研课题主要来源于教育教学的实践，最终应该回归教育教学的实践。从实践中来，到实践中去，是大部分教育科研课题的原则与路径。课题成果只有落实到教育教学的实践中去，才能够发挥出它应有的作用，达到教育科学研究的应有目的。具有科学性、先进性、创新性的课题成果推广、应用后，可以帮助解决教育教学中存在的问题，提高教育教学的质量。

（四）促进教师专业成长

课题成果的推广可以扩大研究者或研究团队的学术影响力。这样做并不仅仅是庸俗地为了名利，更重要的是个人影响力大了，可以此为平台汇集更多资源，做更多、更大的事情，从而更好地进行科研，更多地为社会做出贡献。从这个角度讲，推广是为了更进一步的个人发展和学术发展。

另一方面，作为课题成果受益者的教师，在对课题成果的学习、消化、吸收、运用的过程中，接受新教育教学理念，学习新的教育教学手段、方法，完善教育教学行为，其专业水平和专业能力也会逐渐得到提高。

（五）提高学校的影响力

虽然课题研究是由学校的教师具体来做的，但其影响却不止于研究者，还会给所在学校带来社会影响。对于那些不出名的学校而言，一项有影响的课题成果的推广，可以提高学校的知名度，扩大学校的整体影响力。对于那些名校而言，课题成果的推广，可以进一步增加学校的美誉度，为学校的声誉增光添彩。

对接受成果的学校来讲，将新的课题成果应用于教育教学，或者根据成果的科学性和创新性进行后续研究、应用，对提升学校的教育教学质量，提高学校的办学品位和效益以及影响力等都是十分必要的。

二、科研成果推广的困境

科研成果的推广具有重要的意义，但是从成果推广的现状看，却存在着一些困境。

（一）科研成果发表难

发表是推广教育科研成果的重要途径。然而，许多科研成果却面临着发表难的问题。这有多方面的原因：一是课题成果本身可能存在不足，二是发表成果的期刊有限，三是课题成果与期刊要求不相适应。课题研究的成果，一般是研究论文或结题报告。研究论文的发表相对结题报告要容易一些，即使如此，也还存在一定难度，特别是在正规的、有影响力的刊物上发表更难。科研成果发表难，在一定程度上影响了科研成果的推广。

（二）成果推广积极性低

很多研究者，特别是作为教师的研究者，科研成果的推广意识很低，科研成果推广的积极性不高。关于科研成果的推广，有两种不同的意见：一种认为研究者的任务是进行研究，不负责成果的推广；一种认为研究者也应该是成果的推广者。持第一种见解的研究者，其成果推广的积极性就不高。我们认为，研究的目的就是应用，研究者对研究过程最清楚，对研究成果的使用也最熟悉，因此有责任向不熟悉的人推广、介绍自己的研究成果。然而，现实的情况是许多人对课题研究满足于课题的结束，满足于出书或发表论文，对成果进一步推广的积极性很低。课题研究者都没有推广的积极性，还靠谁进一步去推动呢？再者，有些研究者出于文化人谦虚谨慎的心理，一般也不会大肆宣扬自己的研究成果。这在一定程度上降低了科研成果推广和转化的可能性。

（三）成果推广力量薄弱

即使课题组有很强的成果推广的积极性，课题科研成果推广，也并不是说想推广就推广的，而是需要一定的人力、物力、财力、时间等的保障。课题成果的推广，面临缺乏推广经费、缺乏成果推广的组织、缺乏专职的推广人员等问题。课题负责人所在单位如果不给予一定支持，就会缺乏资金和物质条件的保证，成果推广举步维艰。

（四）成果转化的力度小

许多科研成果，发表了，出版了，获奖了，但停留于发表、出版及课题鉴定通过等表层，而不关注成果的推广与转化，以至于众多的研究成果仅仅成为获奖、评职称的基石。[①] 如果课题研究成果仅仅停留在这样的层面上，那么课题研究的意义，就没有完全彰显出来。只有通过课题成果推广，使研究成果被更多人了解、接受、使用，才可能使之进一步转化、运用、提升，从而达到"研以致用"的目的。研究成果的转化，一方面要靠课题组成员的努力，更重要的是要靠成果接受者根据自己的实际积极进行转化。科研成果只有被使用了，被创造性地转化了，才达到了其最终的归宿。因此，加强课题成果的推广与转化，是一项非常重要的工作。

（五）行政支持的力量弱

课题成果能否推广，成果本身的质量当然是重要因素，毋庸讳

---

① 曹建清、郑世良：《制约科研成果推广与转化的因素分析与对策》，《教学与管理》，2007
年 11 月 20 日。

言，在质量过关的前提下，如果能够得到行政力量的支持，则有助于科研成果的推广。但现实是，教育行政部门并不热衷于推广科研成果。这有多方面的原因，比如每年都有一定数量的成果结题，不可能每项成果都推广，只能有选择、有重点地推广。再者，推广太多，也会影响正常的教育教学，包括教研质量。课题成果的推广，也需要一定的财力、物力、人力等资源的支持，行政部门在这方面未必舍得付出。缺乏行政部门各方面的大力支持，课题推广的力度就减弱了很多。

三、科研影响的表现形式

科研成果形成后要产生一定的影响才能够证明其价值。如果成果产生后，没有一点反响，那么就无法知道其影响。因此，了解科研成果影响的表现方式，有助于明晓课题成果的影响情况。

科研影响指科研成果发表或完成之后所形成的对他人的影响。科研影响有以下表现形式。

（一）观点引用

观点引用，有"自引"与"他引"两种类型。"自引"是自己在后续研究中，引用以前的研究成果。"自引"在一定程度上表明了研究的连续性或延续性、关联性。"他引"是指成果发表后，被他人在论著里、发言中引用。"自引"一般不被视为科研影响，常用"他引"来衡量科研的影响。成果发表后，能够被他人引用，证明成果受到了关注，产生了一定的影响。观点引用是衡量学术影响的常用方法，一般用"引用率"或"他引率"来计算。

（二）内容摘编

有的刊物是专门的观点（内容）摘要性质的刊物，如《教育学文摘》、高校学术刊物文摘等；有的刊物则设有观点（内容）摘编的栏目，如《语文学习》设有"观点摘编"。如果科研成果能够被这类刊物或栏目摘编，也是产生影响的一种表现。

有一些综述性的著作，会摘录成果的核心或部分内容。比如，郑金洲教授主编的《中国教育研究新进展》，自 2001 年以来每年都会出版一本，对教育学界研究专题进行综述，会引录大量有价值的研究成果。课题成果如果被这类著作综述进去，也是影响的一种表现。

（三）全文复印

有些刊物，如中国人民大学报刊复印中心的刊物，专门从全国各期刊中全文复印已经发表过的论文、结题报告等。如果成果能够被这样的刊物全文复印，则说明产生了一定的影响。

（四）文集收录

有些文集专门收录一些有价值的研究成果，如果课题成果能够被相关文集收录，也是一种发表。如果课题成果是已经发表过的，再被相关文集收录，则更加证明了成果质量和影响力。

（五）篇目索引

有些刊物，比如中国人民大学报刊复印中心的刊物、《新华文摘》等，会在全文复印、部分复印、观点摘要等之外，设有具有价值的研究成果的篇目索引。虽然没有被全文或部分复印、观点摘编，但能够进入篇目索引，也是成果有影响的表现。同期全国有大量相类似的成果出现，并不是每篇都有机会被索引，能够被索引说明还是值得关注的。篇目索引带有推荐阅读、值得关注的意味。所以，能够被篇目索引是成果具有影响力的一种表现。

（六）文献参考

论文、结题报告、著作等后面往往会列有参考文献。参考文献是研究者学习、借鉴、引用、参考他人研究成果的一种呈现方式。成果能够进入他人的参考文献，显然是对使用者产生了一定的影响，是具有影响力的一种表现形式。

（七）引发争鸣

成果发表后，有人持不同意见，发表有针对性的文章或著作，也是成果产生影响的表现。这至少说明，这个问题还值得探讨。如果不值得探讨，别人就懒得回应。即使回应了，刊物也不一定会刊发。所以，成果发表后，引发争鸣、商榷的，是产生影响的一种表现。

（八）引发评论

研究成果发表后，引发他人的评论也是具有影响的表现。比如，论著出版后，有人写书评或分析性文章；论文发表后，有人在论著中作些评论分析。这都是有影响的表现。

（九）实践运用

科研是为了运用。科研成果产出后，被其他学校、教师学习，并运用到教育教学实践中去，改变教育教学的现状，则是研究产生影响的重要表现。这种影响是最为关键和最为重要的影响，最应该受到关注和重视。

（十）被抄被盗

成果发表后被他人在研究中抄袭，著作出版后被盗版盗印，也是成果产生影响的重要表现。被抄袭盗版严重损害了研究者的知识产权，但从成果影响的角度来看，却是有影响的表现。这说明这项成果具有价值，如果没有价值，人家连抄都不会抄，更不会去盗版了。成果被抄袭盗版后，"成绩"成了抄袭盗用者的了。因此，我们并不希望成果被抄袭，被盗用，还是希望人们能够通过正常的使用途径，使成果的影响发散出去。

除上述 10 种影响表现形式外，发表在互联网上的成果的阅读量、转载率、支持率、评论数、回帖量等，被中国学术期刊网等收录成果的下载率等，也可作为衡量成果影响的参照因素。

四、课题成果推广的论证

在整个课题研究的过程中，有很多论证。从选题到课题推广的整个过程就是一个不断论证的过程，包括选题论证、立项论证、开题论证、结题论证、推广论证等。它们在论证目的、论证内容、论证方式、论证人员等方面各有不同（见表 10-1）。

表 10-1   课题研究中各种论证之比较

项　　目	选题论证	立项论证	开题论证	结题论证	推广论证
论证目的	所选题目是否合适	是否给予立项、资助	如何更好地实施课题研究	课题研究是否达到预期目标	课题成果是否具有推广价值
论证内容	选题的大小，整个课题的价值、内容、可行性等	选题是否具有价值、申报者是否有能力完成、课题研究的可行性等	课题研究的实施措施是否得当、如何改进等	课题研究的过程是否规范、课题研究的成果是否得当、研究成果的价值如何等	课题成果是否具有推广价值、推广的可行性等

项　目	选题论证	立项论证	开题论证	结题论证	推广论证
论证方式	比较论证、逻辑论证等	专家匿名评审、专家论证会	个别咨询、集体讨论	专家匿名评审、专家论证会	专家咨询、推广论证会
论证人员	课题负责人、课题组成员	课题评审专家	相关理论专家、教育实践者、课题管理者等	结题论证专家	课题组成员、相关专家、行政领导

课题成果推广是一项很严肃的事情，需要经过严格的论证。因为一旦成果推广出去，在使用中失败，不仅会影响课题研究者和行政推广部门的声誉，而且会给教育教学实践带来难以逆转的损害。因此，不能轻易推广课题成果，以免造成不必要的负作用。在课题推广之前，应该有一个推广论证，以保证课题成果推广的价值、可行性和成功率。

课题的结题论证是论证课题研究的质量，而成果的推广论证则是论证课题推广的价值、可行性、成本效益比等内容。课题成果的推广论证会，可以由课题组或其所在单位组织召开。在论证课题成果推广时，可从以下几个方面考虑。

（一）成果品质分析

课题成果推广论证，首先要对成果品质进行分析，这是推广的逻辑前提。成果品质分析一般包括以下内容。

1. 成果的先进性

该成果是否体现了当代教育发展的趋势？是否符合国家、地区教育发展的需求？是否在该领域创造性地提出了新的理论观点，新的方法、策略或手段？是否超越了他人的研究结果，在本领域处于领先地位？

2. 成果的针对性

该成果是否很好地解决了所研究的问题？对同类或相近、相似问题是否具有解决的可能性？

3. 成果的可操作性

在选择推广成果时应当选择适合于应用的、可行的和可操作的成果。教育科研成果一般可以分为两类。一类本身就具有可行性和可操作性，拿来就可以用。如一些教育技术、方法、教学仪器设备、教学量表、声像制品、教学软件等。一类属于知识形态，以理论形式存在的成果，如实验报告、调查报告、论文、专著等。如果是后一类成果，则需要做进一步的拓展性研究，使之转化为可操作性成果后，再进行推广。

（二）成果受众分析

成果推广，不仅涉及推广方，更涉及接受方，即受众，要想达到好的推广效果，必须对成果受众进行分析，这是提高成果推广效度的关键。要论证成果受众接受成果的认知基础、情感基础，即他们接受成果的动机、对成果认同的可能性与程度、能否掌握成果等。换言之，就是该成果能否被相关学校和教师接受。如果不能，要论证影响接受的障碍或原因何在，如果继续推广应该如何解决这一问题。只有把这些问题搞清楚了，才能设计出有效的推广方案。[①]

（三）推广效益分析

课题推广不是做生意，不以经济效益为目的，但也要对课题推广的经济效益、社会效益等进行分析。不然，费了很大的劲，投入了很多资金，最终却没有多少收获，那么推广就没有多大价值。成果推广要考虑推广的人员、经费、时间等问题如何解决、如何保障，付出是否能够获得足够的效益。只有那些能够带来社会效益和经济效益的成果才有推广价值和必要性。

（四）推广可行性分析

课题成果推广还需要论证推广的方式和途径，推广的范围，推广的过程等。课题成果推广需要做出具体的组织、制度等建设，以保障成果的推广。这些组织和制度等如何建立、如何保持其有效运转等也需要论证分析。

经过论证，综合考虑后，可以判断一项成果，是否具有推广价值，推广的范围、措施、手段、保障等如何。一旦确定成果可以推广，那么就应该行动起来，制订推广方案，积极把科研成果推广出去，使之转化为实际的教育生产力。

------

①顾志跃：《设计教育科研成果推广方案的基本思路》，《上海教育科研》，1995 年第 3 期。

五、课题成果推广的方式

成果推广有不同的类型，从推广范围的角度分为内部推广和外部推广。内部推广，也可称为校内推广，是在课题实施的所在学校进行推广。有的课题是几所学校的教师一起做的，可在这几所学校之间推广。外部推广，也可称为社会推广，是指把课题推广到课题实施所在学校外的更广的范围里去。课题成果的推广，可从校内推广开始，逐步推广到社会上去。当然也可以直接推广到社会上去，或两者同步进行。

不论是内部推广，还是外部推广，都需要一定的推广方式。下面的方式，可供课题成果推广时参考。

（一）通过发表推广

课题成果较简便，也较容易产生影响的推广方式是以论文、结题报道等形式公开发表。公开发表的方式有期刊发表、会议发表、书籍发表、网络发表等。

1. 期刊发表

期刊发表，就是把科研成果投给合适的期刊。一般应在具有正式刊号、公开出版发行的期刊上发表。期刊有不同的级别，如市级期刊、省级期刊、国家级期刊，又如一般期刊、核心期刊等。在等级越高的期刊上发表，越容易产生较大影响。

期刊发表，需要选择合适的刊物，同时需要对成果进行必要的、适当的加工。一般情况下，结题报告之类的比较难发表，而论文类比较容易发表，因此可以把科研成果加工成论文发表。

为了达到期刊发表的要求，还要对课题成果进行必要的浓缩和提炼加工，同时根据期刊的投稿要求，进行形式上的加工。也就是说，所投的成果形式要与期刊的要求相一致。

2. 会议发表

在比较正式的会议上，比如在全省、全国性会议或国际会议上通过宣读或主题发言发表科研成果，也是一种公开发表。一般比较正式的会议，会汇编会议的论文集，或者观点摘编。科研成果被编进这种论文集，也算是一种发表。

3. 书籍发表

书籍发表就是把课题成果以研究报告、专著、文集、案例集等形式正式出版为图书，以图书的方式发行。出版社一般会通过发行渠道推广自己出版的书籍，这有助于课题成果在社会上传播。课题组也可以拿出版的图书进行宣传、推广。

4. 网络发表

网络发表就是把课题成果发表在互联网上，让更多人通过网络了解课题成果。可以通过专设的课题网站或博客等发表。互联网的力量是强大的，把课题成果发表在网络上，可以长期地扩大课题成果的影响。

（二）通过会议推广

会议推广是一种比较直接的推广方式。会议推广主要有两种类型：开会推广和与会推广。

1. 开会推广

开会推广，是指课题组或课题组所在学校主动组织召开课题推广会议。这种会议可以是内部推广会议，也可以是主动邀请相关专家或部门参与的对外推广会议。

课题组或所在学校可以"课题研讨会"的方式，组织学校内部教师进行课题的研讨、学习、论证。这个过程既是一个课题研讨、论证、推广的过程，也是一个校本培训的过程，可以提高教师的科研素养和专业发展水平。

开课题研讨会时，一般需要先把课题成果汇编成材料，提前发给与会教师或人员，以便他们熟悉课题成果。开会时，课题组成员先介绍课题研究的情况和课题成果，然后大家围绕相关成果进行研讨。通过研讨，达到课题成果推广的目的。

学校还可以组织课题成果的现场推广会。现场推广会，一般由学校领导直接组织召开。现场推广会上，要做以下工作。（1）科研成果材料展示。要布置参观室展示科研成果，如照片、奖状、课题档案材料等。（2）课题成果汇报课。就是让取得科研成果的教师上成果实践课（指与课堂教学联系密切的成果），一般把上课放在开会之前进行，那些能充分体现教师科研成效，又能结合课堂教学的课题实践课，是科研成果推广最有效的见证。（3）课题研讨会。在成果材料展示、听课的基础上，开展课题研讨会，使与会者进一步加深对课题的认识。

2. 与会推广

与会推广，是指课题组参加其他机构组织的相关会议发表研究成果，借机推广课题成果。

其他机构组织的与课题相关的会议，一般所请的人都是教育界的人，而且与会人员的范围比较广，是推广课题成果的好机会。可以事先与会议主办方联系，争取大会主题发言，如果大会主题发言有难度，可以争取分会场（或小组）的主发言，并且争取在分会场（或小组）总结中出示自己的课题成果。总之，要有心地、尽力地借机宣传科研成果。与会推广需要注意，不要因为强势的推广，而引起与会者的反感，那样就适得其反了。

（三）争取行政推广

国家教育部门的领导曾多次指出，要重视教育成果的评价和运用，凡是有重大社会意义和实用价值的科研成果，都应及时组织并利用行政措施来大力推广，充分发挥教育科研的社会效益。[1] 教育行政部门是教育科研成果推广的决策者、领导者和组织者，有责任推广有价值的教育科研成果。

----

①张民生：《推广科研成果，促进素质教育》，《上海教育科研》，1997年第9期。

行政力量对课题推广是极大的推动，如果能够获得教育行政部门或其他行政部门对课题研究成果推广的支持，那么课题成果就会在一定区域和范围内产生影响。

有的课题成果在获得好评后，被教育行政部门选中，下发通知，组织力量，投入经费，在行政所管辖的范围内部分试点或全面推广。这就使得课题成果转化为真正的教育生产力，带来实际的教育效益。

（四）开展实验推广

很多课题是一边做一边实验的。在做课题的过程中，就开始寻找实验学校，在学校中做课题，同时推广课题。当课题做得有些成果了，可以进一步增加实验学校，推广运用所取得的成果，同时进一步深化课题研究。

实验推广，一般遵循稳步推进、逐步扩展的原则，由近到远、由点到面地推广，即先在自己班级、自己学校实验，然后到少数几所学校实验，最后在一定区域内大面积地实验推广。

（五）加强宣传推广

媒体的宣传力量是强大的，课题组一定要积极运用各种媒体、各种渠道对课题成果进行宣传报道。

对内宣传，可以充分利用校刊、校报、校广播、宣传栏等定期或不定期地在学校内加强宣传报道。

对外宣传，可以在报纸、杂志、广播、电视、网络上宣传报道课题研究的成果。这种宣传一般通过简讯、简报、消息等方式发布。

（六）通过培训推广

把课题成果与教师培训结合起来是一种很好的成果推广方式。

一方面可以专门组织针对研究课题的培训，使接受方的领导、教师了解、熟悉、接受课题研究成果。另一方面，可以想办法把课题成果运用到其他单位或机构组织的教师培训中去，通过培训推广成果。

（七）通过课程推广

课题成果课程化，是课题成果开发、转化、运用的一个比较高的阶段。如果有些课题成果可以开发、转化成课程，或课题本身就是课程开发类的，就可以通过课程的方式进行推广。这种方式直接把课题成果转化为课程进入课堂，让学生成为课题研究的受益者。

在课题成果课程化，让学生直接受益的基础上，还可以向其他学校或教师进一步推广相关课程，使其在更多学校、更广范围内得到运用。

（八）通过奖项推广

为推广课题成果，课题组要积极参加各种科研评奖活动。科研课题的发布机构、教育行政部门或其他机构，如一些专业委员会等，往往会定期地（一般为一年一次）组织科研成果评奖，课题组应该重视这种评奖，并积极申报科研奖励。

申报科研奖励，不仅仅是为了获得荣誉、奖金，或者为今后评职称等捞取一些资格，也是一种推广课题成果的机会和方式。

科研评奖，一般不同评审部门的奖励可以分别申请，可抓住每一次机会参评。科研评奖有不同的层次，比如县级、市级、省部级、国家级等奖励。课题组如果有一定的实力，对各层次的奖励都可以尝试申请一下。有时，参加低层次的评奖不中，参加高层次的评奖反而中了。

课题成果一旦获得奖励，就有机会进一步宣传，进一步扩大影响，同时增加社会各方的关注，扩大获得各方支持推广的机会。

笔者了解到，一所学校里的几个教师自发做了一个校本课题，获得了州里的一等奖，后来又获得了省里的奖。这就引起了县教育局的重视，后来决定在全县的几所学校实验推广这一课题。因为获奖了，这项课题的影响力增大了，因为有行政力量的推动，这项课题的研究成果为更多学校、更多教师和学生带来了益处。

课题推广是一项长期的任务，经过不断推广，使课题成果逐渐扩大影响，逐渐扎根教育实践，从而为教育教学的发展做出贡献。这样课题研究的价值才会真正得到体现和最终实现。

附：课题成果推广案例

·市县教科研信息·

台州市举行小学语文发展性读写课题成果推广活动

5月15日，由天台外国语学校张敏老师主持的浙江省教科重点课题"小学语文发展性读写实践的研究"成果推广会在天台外国语学校举行。来自台州市与各县（市、区）教科所、学校的负责同志和小学语文教师代表共150余人参加了会议。推广会通过研究课、学生读写成果展示和学校第三届读书节经典诵读汇报等方式呈现，得到一致好评。天台外国语学校的叶敏芳、陈慧敏、王巍老师，首先展示了反映课题理念的应用习作课"我为游戏写名片"、读写整合课"走进童话故事"和学科整合课"歌词欣赏"三节研究课。接着，天台外国语学校小学部的孩子们为与会者献上了一场经典诵读的视听盛宴。汇报表演分为乡土诗词、经典启蒙、古典诗文、现代经典四幕。戴银杏校长介绍外国语学校的办学特色，张敏老师介绍以课题为载体打造书香校园所开展的读写实践研究情况。最后，上课老师与来自台州各地的老师进行互动交流。本次推广会充分说明，课题研究只有注重实效，真正与学校的发展紧密相连，真正与孩子的生命成长紧密相连，才能真正体现课题研究的价值。

（陈文东　天台县教育局教科室）

——原载《浙江教育科学》，2009年第3期

上面是关于课题推广会的一则消息。如果仅是课题推广会，影响的可能就是与会的150多人，其影响范围局限于市县。但通过这则消息的刊发，全省范围内，甚至更大范围内的人，都知道了有这样一项课题，有这样一项研究成果，如果有需要，他们就可以与课题负责人联系，加强学术交流或学习借鉴运用了。

这则消息给我们的一个启发是，如果通过召开会议或活动的方式推广课题，可以在会议或活动之后，尽快通过消息、报道等形式，通过多种媒体加强对活动的宣传报道，进一步扩大课题的宣传力量。

参考文献

1. 白芸著:《质的研究指导》,北京:教育科学出版社,2002 年 8 月版。

2. 陈瑶著:《课堂观察指导》,北京:教育科学出版社,2002 年 10 月版。

3. 丁念金编著:《研究方法的新进展》,北京:教育科学出版社,2004 年 3 月版。

4. 高耀明、李萍著:《教师行动研究策略》,上海:学林出版社,2008 年 6 月版。

5. 高尚刚、徐万山编著:《中小学教师课题研究指导》,北京:中国轻工业出版社,2008 年 1 月版。

6. 耿申、周春红主编:《课题研究方案设计》,合肥:安徽教育出版社,2004 年 6 月版。

7. 胡东芳著:《教育研究方法:哲理故事与研究智慧》,上海:华东师范大学出版社,2009 年 10 月版。

8. 嵇永宁、苗长广编著:《研究性学习教师导读》,南宁:广西教育出版社,2001 年 10 月版。

9. 江平、戴丽敏著:《中学语文课题研究与论文写作》,杭州:浙江大学出版社，2009 年 8 月版。

10. 乐军主编：《新课程背景下中小学教师如何选课题与做课题》，武汉：华中科技大学出版社，2008 年 2 月版。

11. 李冲锋著：《教师教学科研指南》，上海：华东师范大学出版社，2009 年 6 月版。

12. 李伟胜著：《实验研究指导》，北京：教育科学出版社，2002 年 10 月版。

13. 李兴贵主编：《数学教育课题研究及论文撰写指导》，上海：华东师范大学出版社，2009 年 10 月版。

14. 全国教育科学规划领导小组办公室编：《全国教育科学"十五"规划重点课题成果公告（上）》，北京：教育科学出版社，2009 年 9 月版。

15. 单鹰著：《中小学教师如何做好课题研究》，北京：北京师范大学出版社，2011 年 2 月版。

16. 孙菊如、周新雅等编著：《学校教育科研》，北京：北京大学出版社，2007 年 8 月版。

17. 陶保平著：《研究设计指导》，北京：教育科学出版社，2004 年 11 月版。

18. 吴亚萍编著：《统计分析指导》，北京：教育科学出版社，2003 年 9 月版。

19. 徐世贵、刘恒贺著：《教师怎样做小课题研究》，重庆：西南师范大学出版社，2011 年 8 月版。

20. 袁玥著：《教师微型课题研究指南》，上海：华东师范大学出版社，2011 年 11 月版。

21. 严开宏编著:《小学教育研究方法》,上海:华东师范大学出版社,2010 年 11 月版。

22. 曾天山著:《教育科研的视野与方向》,北京:教育科学出版社,2009 年 7 月版。

23. 张建编著:《研究报告撰写指导》,北京:教育科学出版社,2003 年 5 月版。

24. 张肇丰著:《从实践到文本:中小学教师科研写作方法导论》,上海:华东师范大学出版社,2011 年 4 月版。

25. 赵世明、王君著:《问卷编制指导》,北京:教育科学出版社,2006 年 10 月版。

26. 郑金洲著:《校本研究指导》,北京:教育科学出版社,2002 年 8 月版。

27. 郑金洲等著:《行动研究指导》,北京:教育科学出版社,2004 年 8 月版。

28.（美）安德鲁·弗里德兰德,卡罗尔·弗尔特著,郑如青译:《如何写好科研项目申请书（第二版）》,北京:北京大学出版社,2010 年 1 月版。

29.（美）弗洛伊德·J.福勒著,孙振东,龙藜,陈荟译:《调查研究方法（第 3 版）》,重庆:重庆大学出版社,2009 年 4 月版。

30.（美）哈里斯·库珀著,刘洋译:《如何做综述性研究》,重庆:重庆大学出版社,2010 年 9 月。

31.（美）劳伦斯·马奇,布伦达·麦克伊沃著,陈静,肖思汉译:《怎样做文献综述——六步走向成功》,上海:上海教育出版社,2011 年 6 月版。

32. （美）罗伯特·K.殷著，海涛，李永贤，李虔译:《案例研究：设计与方法》，重庆：重庆大学出版社，2010年10月版。

33. （英）乔纳森·格里斯著，孙冰洁，王亮译:《研究方法的第一本书》，大连：东北财经大学出版社，2011年1月版。

34. （美）韦恩·C·布斯，等著，陈美霞等译:《研究是一门艺术》，北京：新华出版社，2009年8月版。

35. （美）威廉·维尔斯马、斯蒂芬·G.于尔斯著，袁振国主译:《教育研究方法导论（第9版）》，北京：教育科学出版社，2010年6月版。

36. （英）安东尼·韦斯顿著，卿松竹译:《论证是一门学问》，北京：新华出版社，2011年1月版。

37. （英）萨莉·拉姆奇著，廖晓玲译:《如何查找文献》，北京：北京大学出版社，2007年9月版。

38. （英）朱迪思·贝尔著，马经标主译:《社会科学研究的基本规则》，北京：北京大学出版社，2008年2月版。

后 记

　　一本书的诞生绝非偶然，总有些机缘，本书亦是如此。

　　走向教学科研之路，丰富职业人生，提升教学质量，是一件美好而有价值的事情。多年来，我一直致力于引导教师走上教学科研之路。从教之初，我就在教师教育的课堂里热情呼吁教师们从事教学科研，此后一直思考如何帮助教师走上教学科研之路。2009 年，拙著《教师教学科研指南》由华东师范大学出版社出版，它是我在教师教学科研方面思考的阶段性成果，出版后受到教师们的认可，目前已经印刷了 3 次。这本书是我关于教师教学科研思考的一个母体，它孕育着很多关于教师教学科研的问题与领域，在完成之后，我就在酝酿如何把其中的一些内容独立出来加以深入研究，如果有可能就让它们一个个地长大。目前的这本《教师如何做课题》就是其中之一。

　　近年来，我为几所学校和一些教师指导课题研究，同时自己一直在主持、参与课题研究，也常遇到友人提出课题申报、课题研究方面的问题，这些都促使我不断深入思考课题研究方面的问题，希望通过探索，提高自己在课题研究方面的认识和能力，同时能够给那些在课题研究方面有困惑、有需要的人以帮助。

与顾晓清编辑的认识是偶遇，与她的一席谈话促成了本书的写作与出版。在整个过程中，我被她专业敏锐的眼光、干脆利落的做事风格和执著敬业的态度感动。感谢顾晓清玉成此书的出版。

写作过程中得到很多人的帮助和支持，感谢李艳璐、郦泺静、孙慧玲、余祯、于龙、王金涛、安波等诸位热心人提供课题研究方面的资料。感谢导师郑金洲教授多年来的教诲与帮助，郑老师的著作《教师如何做研究》、"中小学教育科研指导丛书"等使我在本书写作中受益良多，书名"教师如何做课题"亦受到《教师如何做研究》的启发。感谢博士后合作导师王荣生教授，王老师在研究方法方面给予我很多指导与启发，他还提供了很多机会使我深入学校、深入教师中间和他们交流与研讨。写作过程中，参考援引了许多中小学教师与研究者的精彩论著，在此一并表示感谢。爱妻王虹彩帮助校对了全部书稿。由于水平有限，书中的陋知浅见在所难免，恳请读者批评指正。

教学科研、课题研究能否为我们的职业生活、教育教学带来一片明媚的天空？我相信是可以的，只要我们努力去做。愿我们在课题研究的路上越走越顺利，在教学科研的路上越走越开阔、越走越长远……

李冲锋

2012 年 6 月 13 日

于卧书公室